"一带一路"

一位中国学者的丝路观察

赵磊 著

人民出版社

目录
CONTENTS

目
录

序：行者智见

2013 年 9 月、10 月，中国提出共建"一带一路"倡议以来，引起越来越多国家热烈响应，共建"一带一路"正在成为中国参与全球开放合作、改善全球经济治理体系、促进全球共同发展繁荣、推动构建人类命运共同体的中国方案。5 年来，共建"一带一路"大幅提升了中国贸易投资自由化便利化水平，推动我国开放空间从沿海、沿江向内陆、沿边延伸，形成陆海内外联动、东西双向互济的开放新格局；中国同"一带一路"相关国家的货物贸易额累计超过 5 万亿美元，对外直接投资超过 600 亿美元，为当地创造 20 多万个就业岗位，中国对外投资成为拉动全球对外直接投资增长的重要引擎。

过去 5 年，笔者追踪研究"一带一路"，一年有近四分之三时间在路上，不是在国内调研，就是在海外调研。"一带一路"需要一种精神，即行者智见：在办公室讨论机遇，往往是越讨论越"一筹莫展"，走在路上反倒是"柳暗花明"，真正的智慧远见是一步步走出来的。此书有多篇调研报告，从亚洲到欧洲、到非洲，这些调研报告近距离地观察"一带一路"进展，又通过扎实的建议去完善"一带一路"决策。

例如，《"一带一路"英文译法应尽早明确》一文的发表（2015年6月）比官方译法正式确认要早三个月；最早在国内建议"一带一路"不应总和"战略"挂钩，而应在国内强调"建设"、在国际强调"倡议"。《纠正"一带一路"的十大错误认知》一文中，提出"'一带一路'65+"的提法，慎用"桥头堡""过剩产能"等。

2017年2月，春节假期还没结束，笔者赴新疆阿拉山口调研。当时的阿拉山口天气极端恶劣，刮着十二级大风、下着暴雪，在航班取消的情况下，笔者在机场附近的快捷酒店完成了阿拉山口"一带一路"建设调研报告——《大风起兮云飞扬 "一带一路"兮通八方》，介绍了这个只有1.1万人口边境城市的真实状况，并通过内参方式上报中央，推动了相关部门对口岸建设以及中欧班列的系统研究。

2018年1月15日，笔者主编发布国内首个量化评估"一带一路"早期项目的指标体系报告，高度强调"软联通"建设。第二天，时任国务院副总理张高丽主持推进"一带一路"建设工作会议时，强调了"要加强互通合作，大力推进基础设施'硬联通'和政策规则标准'软联通'，继续实施好一批示范项目"。由此可见，笔者所提建议与中央政策是吻合的。

近年来，由于"一带一路"事业愈发忙碌起来，只要有时间就外出调研，"老在路上"成为常态。我于2015、2016年连续两年出版了两本关于"一带一路"的专著，分别是《"一带一路"：中国的文明型崛起》（中信出版社）和《文化经济学的"一带一路"》（大连理工大学出版社）。其中，《文化经济学的"一带一路"》入选中宣部、国家新闻出版广电总局2016年主题出版重点出版物，也是"一带一路"国际合作高峰论坛的上会书籍，并且翻译成了英文、俄文、阿拉伯文。两部书共近50万字，每一个字都是一步一步调研"走"出来的。

"一带一路"需要一种人，即"'一带一路'人"：常在路上，总倒时差，老换水土，不停找思路，时时被刺痛，但频频被感动。2015年5月，笔者推动成立"'一带一路'百人论坛"这一网络型智库。在"一带一路"研究圈内，百人论坛形成了一系列的产品：每年3月，与商务印书馆合作发布一本年度报告，举办一次专家高峰论坛。每年8月，举办一届年会，这些活动都已连续举办了四年。百人论坛的活动希望全面系统梳理每年"一带一路"建设的成绩单，另一方面通过专家、企业家的思路分享，为不断打造"一带一路"精品案例提供务实支持。

2016年10月28日，《"一带一路"大数据报告（2016）》在京发布。这是国内首部利用大数据技术全面评估"一带一路"建设进展与成效的综合性年度报告，"一带一路"百人论坛入选"一带一路"重点智库。此外，"一带一路"百人论坛入围首批中国智库索引（CTTI）来源智库名单，在社会智库MRPA测评综合得分中位列第四。2017年11月15日，西部地区首家以大数据为支撑的智库报告《中华智库影响力报告（2017）》在四川省社会科学院学术报告厅发布，"一带一路"百人论坛位列社会智库影响力第六位。2018年1月30日，最具权威性的全球智库排名报告——美国宾夕法尼亚大学"智库研究项目"（TTCSP）研究编写的《全球智库报告2017》在全球100多个城市的170多个组织发布。其中，"一带一路"百人论坛研究院入选"2017全球最佳新智库"。2018年2月，上海社会科学院智库研究中心发布《2017中国智库报告》影响力评价与排名，"一带一路"百人论坛入围"中国特色新型智库"新智库提名。

从某种程度上讲，笔者的研究成果是"一带一路"百人论坛所有专家集体智慧的结晶。光明日报智库版负责人对我说："国内像百人论坛这样，如此有规模、长时间段地聚焦'一带一路'，这个实践本身就是创新。"

这是笔者第三本有关"一带一路"的专著，此书的最大特点是全文相当于笔者的"一带一路"笔记，39篇文章还原了思索轨迹、调研足迹。此书也相当于"一带一路"时间轴，对广大读者了解这一倡议的成长过程有很大助益。这五年，笔者最难忘的记忆是：2017年5月14—15日，在北京举办了"一带一路"国际合作高峰论坛，是新中国成立以来由中国首倡、中国主办的层级最高、规模最大的多边外交活动。来自29个国家的国家元首、政府首脑与会，来自130多个国家和70多个国际组织的1500多名代表参会，形成了76大项、270多项具体成果。笔者有两个任务，第一个任务是5月14日下午参会，另一个任务是每天7个小时坐在中央电视台直播间全程解读"一带一路"，这一经历终身难忘。

常有朋友问我，"一带一路"究竟是什么？我说"一带一路"的内涵就是一个单词connectivity（互联互通），如果国际社会不反对互联互通，就应该欢迎"一带一路"。政策沟通、设施联通、贸易畅通、资金融通、民心相通的核心是"通"，点穴式地道出了全球治理的关键。中国人讲"通则不痛、痛则不通"，对国人而言，"一带一路"需要首先打通"己学"和"彼学"。有些专家知道"己"，有些专家清楚"彼"，但真正对"己学"和"彼学"融会贯通的少之又少。"一带一路"要补足人才短板，这一倡议需要战略对接、项目对接、规划对接，更需要智慧对接、舆论对接、行动对接。

新时代要强起来，真正的强者在于"通心能力"，"一带一路"是一个通心工程。"能攻心则反侧自消，从古知兵非好战；不审势即宽严皆误，后来治蜀要深思"，赵藩在武侯祠的《攻心》竹刻楹联，对今天的"一带一路"建设依然具有启发价值和现实意义。

"一带一路"建设要走深走实、行稳致远，需要我们审时度势，展现中国企业的国际化竞争优势，展现中国城市的文脉温度，展现中华民族的与时俱进能力。在一次学术研讨会上，我指出，"从公元前一世纪的汉朝开始，中国每700年都会出现文脉、商脉齐头并进的盛世。"断断续续、若隐若现的丝绸之路从来不是中国人修出来的，而是外国人一步步走出来的。为什么来到中国，第一是靠商脉——我们有丝绸、茶叶、瓷器等令他们着迷的商品；第二是靠文脉——中国人的文化、理念、制度甚至精气神代表着温度、彰显着先进。

今天，中国要销售什么产品、共振什么价值，需要每一个人群策群力，穷则独善其身、达则兼济天下，强者不仅是通路、通资、通电、通水等物理反应，更是通心的化学反应。有思路才有丝路，"一带一路"是宽广之路，更是大道之行。

赵 磊

2018 年 9 月 7 日

第一部分

理论篇：『一带一路』的逻辑

"一带一路"的逻辑与魅力 ^①

逻辑清晰，是任何事物能够科学发展的基础，也是逐渐深具魅力的基石。今年全国两会，"一带一路"成为引人注目的焦点，处处散发着"聚光灯"效应。《政府工作报告》五提"一带一路"，强调要扎实推进"一带一路"建设：坚持共商共建共享，加快陆上经济走廊和海上合作支点建设，构建沿线大通关合作机制。深化国际产能合作，带动我国装备、技术、标准、服务走出去，实现优势互补。加强教育、文化、旅游等领域交流合作。

就全国两会的整体效果而言，"一带一路"倡议扎实地从概念走向实践、自国内融入国际、由历史联通未来，其逻辑与魅力更加清晰、鲜明。"一带一路"的逻辑可以概括为三个字，即通、融、荣。

通（Connectivity）是前提、条件。"通"凸显经济层面的合作共赢，包容性全球化、世界经济再平衡、共同现代化、供给侧结构性改革、产能合作等是关键要素。

①　本文应《解放军报》约稿，写于 2017 年两会结束之际。自 2013 年开始，"一带一路"始终是两会关键词，本文强调"一带一路"四个字已经从中国倡议走向国际共识，由功能定位走向人文定位，"一带一路"不仅是推动发展的"宽广之路"，更符合哲学层面的"大道之行"。

三年多来，"一带一路"在互联互通层面取得了务实进展。一是共识增多。"一带一路"的"朋友圈"不仅数量增多，而且越来越稳定活跃。目前，已经有70多个国家和国际组织表达了合作的意愿。30多个国家同中国签署了共建"一带一路"合作协议。二是互联互通网络逐渐成形。以中巴经济走廊等"六廊六路多国多港"建设为标志，基础设施、贸易、金融、人文等领域取得了一批重要早期收获。中欧班列贯通欧亚，匈塞铁路、雅万高铁开工建设，中老、中泰等泛亚铁路网建设也迈开重要步伐。三是产能合作全面推进。中国同近20个国家开展了机制化产能合作，开创了中国—哈萨克斯坦合作新模式，一大批重点项目已在各国落地生根。

具体而言，互联互通包括三大统筹：陆海统筹、内外统筹、政企统筹。陆海统筹是格局观，"一带一路"将打破长期以来陆权和海权分立甚至对立的格局，推动形成一个欧亚大陆与太平洋、印度洋和大西洋完全连接、陆海一体的地缘空间新格局。内外统筹是关键点，"一带一路"以扩大开放倒逼国内深层次改革的举措，通过内外统筹真正推动中国与世界的双向互动。政企统筹是突破口，"一带一路"事业的有效推进既要靠政府，也要靠企业，两者是落实"一带一路"的双引擎，需要同步驱动。

融（Rongism）是路径、方式。"融"侧重文明层面的文明互鉴，通心工程、人文格局、文化条件、重义轻利等是关键要素。在英文中，融可以写作Fusion或Integration，但这两个表述与"一带一路"的具体内涵相差甚远。Fusion意指融合、熔解、熔化、核聚变等，Integration侧重混合、整合、一体化等。上述具有浓重"西方"意味的词汇均无法表述"一带一路"融的精神实质，故此建议用"Rongism"，这一词汇展现"太极""中庸""统筹"之道，凸显"一带一路"不仅要提供经济红利，更要创造国际社会良好的人文生态。

生硬的物理反应是"通"，柔和的化学反应是"融"，前者往往有形可见，易于感知与衡量，后者则无形不可见，但影响恰恰是最根本深远的。"融"的发力重点是"民心、人心"。在"融"的过程中，需要强调"一带一路"是通心工程，要打造一个相互欣赏、相互理解、相互尊重的人文格局。

"融"强调开放性聚合，而不是生硬地追求趋同、排他性或搞小圈子。开放，对中国而言，就是要真正站在世界地图面前规划自己的发展。"一带一路"是新时期中国对外开放战略的灵魂，也是统筹国内国际两个大局的总抓手。

"融"追求亲近，不是西方话语所恪守的等级分明的"门槛"或非此即彼的"同化"，更不是"大鱼吃小鱼"的"征服"，而是要"各美其美、美人之美、美美与共、天下大同"，即创造"一带一路"的文化条件。无论是通心工程，还是人文格局或文化条件，关键在人，关键在人心。

2017年3月5日，中共中央总书记、国家主席、中央军委主席习近平在参加他所在的十二届全国人大五次会议上海代表团审议时强调，要努力把上海自由贸易试验区建设成为开放和创新融为一体的综合改革试验区，成为服务国家"一带一路"建设、推动市场主体走出去的桥头堡。为此，要大兴识才爱才敬才用才之风，改革人才培养使用机制，借鉴运用国际通行、灵活有效的办法，推动人才政策创新突破和细化落实，真正聚天下英才而用之，让更多千里马竞相奔腾。

5月份举办的"一带一路"国际合作高峰论坛，汇聚全球各界精英，促进人才与思想充分对接、流动，同奏合作共赢新乐章。

荣（Prosperity）是愿景、目标。"荣"强调全球治理层面的公共产品，即物质性公共产品、理念性公共产品、制度性公共产品。"一带一路"关注全球的可持续发展问题，不仅要满足国际社会对中国负责任大国的预期，更要增强全球民众对美好图景与光明前景的信心与决心。

全国两会时，《政府工作报告》指出，中国积极促进全球治理体系改革与完善。中国作为负责任大国，在国际和地区事务中发挥了建设性作用，为世界和平与发展作出了重要贡献。不久前，印度尼赫鲁大学中国与东南亚研究中心教授狄伯杰曾表示：2016 年中国经济增速为 6.7%，对全球经济增长的贡献率高达 33.2%，在全球经济复苏乏力的背景下，这一数据给人留下深刻印象。德国杜伊斯堡—埃森大学东亚研究院教授李远也明确表示，目前世界经济复苏曲折，中国作为世界第二大经济体，是构建开放型世界经济的领头雁，中国的发展会为世界经济复苏创造更多机遇。

外交部部长王毅回答中外记者提问时指出，"一带一路"倡议是中国的，但机遇是世界的。提出这一倡议，顺应了亚欧大陆要发展、要合作的普遍呼声，标志着中国从一个国际体系的参与者快速转向公共产品的提供者。"一带一路"秉持共商、共建、共享原则，奉行的不是"门罗主义"，更不是扩张主义，而是开放主义。"一带一路"带给世界的，一定是一幅亚欧大陆共同发展繁荣的新的历史画卷。的确，"一带一路"不仅能够与各国发展倡议紧密对接，更与联合国 2030 年可持续发展议程等诸多顶层设计高度契合。

总之，"一带一路"是有深远历史意义的伟大实践，其魅力在于：一是在中国倡议的基础上，日益成为国际共识，而且整个进程越来越凝聚全球智慧。二是这一倡议充分预示国际社会发展的先进性，即由功能定位走向人文定位，"一带一路"不仅是"宽广之路"，更是"大道之行"。

纠正"一带一路"十大误区 ①

　　自 2013 年 11 月至今，笔者在参加"一带一路"相关学术会议以及在接受媒体采访时，常常感受到"一带一路"在很多人眼中已经成为一个大蛋糕，大家都忙着争抢，很多认知错误不断地发酵、传染……这些认知错误如不纠正，必然会导致"一哄而上、一抢而光、一哄而散"的窘境。

　　一、慎用"桥头堡"。很多省份定位自己为"一带一路"的"桥头堡"（bridgehead），但是桥头堡、排头兵、先锋队、主力军等类词汇是军事术语，它们的本义是防御性的，即"说什么我也不能让你进来"。这类词汇翻译成外文，不具开放性、包容性，并且容易让人产生误解。

　　二、慎谈"过剩产能"。常有媒体提到，"'一带一路'建设，可以把过剩产品销售出去"。这个词汇，让一些沿线国家听了会产

---

①　本文写于 2015 年 3 月 13 日，是"一带一路"研究领域影响最大的文章之一。就本文，中央领导多次批示，其中诸多观点完善了顶层设计，如"一带一路"最初的概念是 65 国，现在已经扩展为"丝路沿线国家"+"丝路相关国家"。此后新华社发布新闻报道禁用词，强调不使用"一带一路"战略的提法，而使用"一带一路"倡议，等等。

生反感。你不要的，别人会要吗？

三、"沿线有 65 个国家"的表述不准确。世界有 230 多个国家，只要致力于"一带一路"发展的，都是丝路国家。笔者主张用"65+"来概括丝路国家，这样看既包括美国，也包括拉美，等等。

四、"'一带一路'主要由发展中国家构成"的表述不准确丝绸之路经济带的核心区域是中国西北五省（区）以及中亚五国，21世纪海上丝绸之路的核心区域是中国东南、西南省份以及东盟十国，但它们的两端一头连着繁荣的东亚经济圈，另一头系着发达的欧洲经济圈。因此，发达国家也是"一带一路"的重要成员。

五、"资源、能源合作"不是"一带一路"的唯一主题。有一些人认为，"一带一路"就是要保障中国的资源、能源供给，确保稀缺性资源的战略安全。的确，丝路沿线国家大都有丰富的资源和能源储备，如"黑金"（石油、煤炭）、"蓝金"（天然气）等，但是这些国家不喜欢"一谈生意就是资源、能源"，它们不希望成为"骑士的马"。

六、有为才有位，不用忙着定位。很多省份在忙着争抢历史上谁是丝绸之路的真正起点，有的叫丝绸之路的新起点、有的叫丝绸之路的黄金段、有的叫丝绸之路的节点……这在全球化、互联网经济时代的意义是有限的，关键不是叫什么，而是要有内容、有亮点、有突破，即在今天本省份有哪些"错位竞争、不可替代"的丝路优势。

七、中国向丝路国家卖什么。有很多省份一想到丝绸之路，还在丝绸、茶业、陶瓷上等"老三样"上做文章，但这是历史上中国的主打产品。今天，我们要卖什么？首先，需要了解合作伙伴需要什么，要超越"有什么卖什么"的阶段：对方需要什么我们就卖什么；要多卖必需品（如美国的"三片"：薯片为代表的餐饮、芯片为代表的科技、影片为代表的娱乐）、少卖奢侈品，既是卖产品，也是卖价值、卖文化，通过消费中国产品要上升到对中国的欣赏和认同（而不是与之相反）。有很多省份抱怨，有了宽马路，但车上没有产品，"通道经济"对区域经济的带动与辐射作用远远不够。所以，要在卖什么上做文章。

中国向丝路沿线国家买什么：我们需要什么，就买什么。今天中国企业特别需要提升学习能力、适应能力、整合资源的能力，品牌价值是中国企业最需要购买的。中国城市特别需要好的创新与创业经验，中国省份需要找到真正治理现代化的路子，艺术气质、文化品位、坚持与坚守是中国城市最需要购买的。

八、"一带一路"既要顶层设计、更要基层创新。在调研过程中，很多地方干部最后的总结往往惊人地相似：希望中央重视我们，给予特殊的政策，在资金和政策上予以倾斜；我们有干劲，就等中央一声令下，让我们干什么，我们就干什么。这种现象概括为"寄希望于总书记怎么说"，但是，北京的专家再聪明，他们不一定比新疆的干部更了解新疆，中南海的领导再英明，也不一定比广西的干部更了解广西。所以不能等，要有基层创新，要先做起来。

九、"一带一路"不能自娱自乐，要了解、庖丁解牛每一个丝路国家。中国人往往把22个阿拉伯国家看作一个整体、往往把5个中亚国家看作一个整体、往往把54个非洲国家看作一个整体……据此制定整齐划一的政策。但"一带一路"要真正具有生命力，我们就不能想当然地、自娱自乐地、简单片面地同丝路国家打交道，要真正去了解每一个国家、每一个群体对中国的期望、对我们的需求。战略的避讳是肤浅。

十、"一带一路"不宜过快、过急，没有时间终点，但有时间节点，要适时推动"一带一路"落地，特别是要在智力支持上下功夫。海南的发展离不开中国（海南）改革发展研究院，上海的发展离不开上海国际问题研究院……它们的淡定与远见是因为它们有源源不断的智力支持。建议整合全国人才资源在南方省份建立海上丝路研究院，在西北省份建立陆上丝路研究院，同时配套建立智库产业园区，提供中国企业走出去所急需的信息交互、对接服务、风控管理等平台。同时，要积极发挥企业特别是民营企业的积极性，"春江水暖鸭先知"，它们的作用不可低估。

总之，在"一带一路"建设中，要时刻思考什么样的中国对丝路国家有吸引力，什么样的中国省份对丝路国家有吸引力。简单来说，第一是发展、稳定，第二是开放、便利。丝绸之路的魅力不仅是一条经贸通道，更是一条文明互鉴之路。今天，中国丝绸之路2.0版，对于全体中国人而言，不仅要产业升级、市场扩容，更要思路升级，有思路才有丝路。

"一带一路"的英文翻译应尽早明确^①

　　"一带一路"建设中，要关注细节，要防止相关资源的"碎片化"，首先要实现国内"四大主体"的联动效应："一带一路"的有效推进，既要靠企业（国有企业、民营企业），也要靠政府（中央政府、地方政府），两者如车之双轮，需要同步驱动；学者、专家、智库是第三大主体，相当于"大脑"和"中枢"，要提供"一带一路"建设的智力支持和思想保障，"没有思路就没有丝路"；第四大主体是媒体，媒体能够为"一带一路"建设插上"翅膀"。

　　为有效整合资源，推动"一带一路"项目早落地、接地气、有底气，笔者利用微信公众号成立了"'一带一路'百人论坛"，最初的想法就是想要将四大主体汇聚起来，能够进行有效地思维碰撞，传递"一带一路"的正能量，推动前期成果与标志性项目的落地。最近，为设计百人论坛的LOGO，突然为一件小事忙碌了很长一段

① 　此文是全国最早探索"一带一路"英文翻译的文章，写于 2015 年 6 月，通过内参报送后，引起了中央高层的重视。三个月后即 2015 年 9 月，国家发展和改革委员会会同外交部、商务部等部门，共同发布了"一带一路"英文译法的官方规范：在对外公文中，统一将"丝绸之路经济带和 21 世纪海上丝绸之路"的英文全称译为"the Silk Road Economic Belt and the 21st-Century Maritime Silk Road"，"一带一路"简称译为"the Belt and Road"，缩写用"B&R"。

时间，即发现"一带一路"的英文翻译非常混乱，特别是到目前都没有一个精准的英文缩写。

首先"一带一路"的英文翻译不应和"战略"挂钩（the Belt and Road Strategy），而应强调"倡议"（the Belt and Road Initiative）的性质。这样做，主要是向国际社会表明，"一带一路"不是服务于中国一国外交政策的工具，不是进行地缘战略博弈的筹码，而是中国推动的公共产品，对沿线以及国际社会均有利。

那么，问题来了，the Belt and Road Initiative 的缩写是"BARI"，这个词容易让人产生歧义，因为这个词已经有特定的指代了，即意大利东南部有一个港口城市"巴里"，就是如此的拼写。

如果把 Initiative 去掉，缩写可以变为"BAR"，但这容易让人联想到"酒吧"，好像和如此高大上的"公共产品"有些不搭配。有专家建议把 The 也加进去，即"TBAR"，但个缩写在电脑编程系统中代表着"内置工具栏"，不仅生僻，而且发音晦涩。

看来 the Belt and Road Initiative 虽然表述准确，但缩写困难。笔者最终回到了起点，开始琢磨 One Belt One Road 如何。有些人不喜欢用这个英文翻译，原因很多，如"一带一路"所指的丝绸之路不止两条，除了陆丝、海丝之外，还有一条经内蒙古到蒙古和俄罗斯远东的"草原丝绸之路"，因此认为"两个一"不准确，且缩写"OBOR"会让人产生误解。我上网一查，OBOR 也是地名，如俄罗斯、苏丹的"奥博尔"；同时也是巨蜥的一种，如 Varanus Obor。

有圈内朋友提醒我，在美国人看来这个缩写会让人想到指环王里的某种妖魔鬼怪。为此，我专门咨询了一位长期在美国工作的高级译员，她说："OBOR 是日本动漫或小说中的一个恶魔，但在美国没有这样的说法。在美国，更多人对 One Belt One Road 的使用是习以为常的，还有一种说法是 New Silk Road Initiative，但这同美国的'新丝路战略'很类似，而且极易让人类比成中国的中亚战略或霸权计划。"

最终，笔者还是选择了 OBOR，第一因为这样书写比较美观，另外"两个 O"是圆形饱满的，表示"一带一路"是政治中立的，强调要汇聚智慧；政府可以用倡议，智库或学者不妨就谈 OBOR，表明"一带一路"是开放性的知识平台。

总之，"名不正则言不顺"，建议"一带一路"的英文翻译需尽早统一，英文缩写需尽早确立。在国际关系舞台，很多全球词汇被人们熟知，往往不是其全称，而是其缩写，如 WTO、FIFA 等。在全球化时代，"一带一路"有了大名，也要有英文名和小名啊。"一带一路"才刚刚上路，要做的事情远比我们想象的要繁杂、要细致。

"一带一路"的最大痛点 ①

有思路才有丝路，有痛点才有突破。"一带一路"的版图有多大，矛盾和阻力就有多大。国内资源怎样整合来把握"一带一路"的机遇？周边国家如何看待"一带一路"，是否愿意接受中国来"开放"自己？"走出去"的中国投资将面临怎样的政治风险？

一句话概括"一带一路"：水深、浪急、有好鱼。

"一带一路"的大脑、嘴巴和
身体相互配合不容易

"一带一路"有四大主体资源：企业（国有企业、民营企业），政府（中央政府、地方政府），两者如车之两轮，需要同步驱动；学者、专家、智库是第三大主体，是"一带一路"建设的中枢和大

---

① 2015年12月，瞭望智库专访了作者，本文是《纠正"一带一路"十大误区》的姐妹篇，全文谈了"一带一路"的十大痛点。该文引起了巨大反响，在"一带一路"研究圈内好评如潮，作者提出"痛点经济学"概念，即人们的体验痛点，就是企业赢利的切入点，也是政府对体制机制进行完善的发力点。

脑，要为"一带一路"提供必要的智力支持和思想保障；而媒体是第四大主体。说是四大主体资源，但显然不只是它们，还包括非政府组织、民间群体甚至中国的游客，这都属于主体资源。

但现状是四大主体基本上是分散的，相关资源整合严重不足。比如，有很多政府、企业和高校也成立了"一带一路"研究院，但大多数单位只不过是挂一块牌子而已，没有进行实地调研，甚至没有专业的研究人员，最终很难向社会提供有分量的研究成果。而国内主体资源的碎片化必然无法形成合力，无法对接国际资源。

要实现联动效应，就要进一步识别主体资源，对接主体资源。进一步的建议是，建立"一带一路"的智慧园区，打造中国智谷。拿美国来做类比，美国之所以强盛，它的创新是底蕴，基础在于有硅谷等诸多创新平台。研究美国可以发现，产业创新与教育资源的对接是紧密联系的。以硅谷为例，没有斯坦福大学可能就没有硅谷，反之亦然。产业需求与教育资源实现了充分的互联互通。

而我们在"一带一路"上也是这样，聚智才能聚焦。聚智怎么聚呢？

我们的产业园区是相对过剩的。中国几乎每个县都有产业园区、工业园区，但是优质企业是有限的。拿中国的一些城市做试点，先打造"一带一路"的智慧园区。不一定要去引企业、引项目，我们可以尝试去引一些研究中心、孵化基地和高端智库。

之前党的十八届五中全会上，中央也提出了高端智库建设问题，说明中央也意识到，中国的建设离不开高端智库的思想支撑。而且这个智库不一定是研究中国的智库，更是研究沿线相关国家的智库，比如说在内蒙古，引入研究蒙古国、俄罗斯及其远东的智库，这样智慧园区可以更好地发力在中蒙俄三方。再比如，广西的发力可以是东盟十国的智库。频繁的互动才能碰撞出"一带一路"

的火花，才能碰撞出"一带一路"的实惠。

所谓有思路才有丝路，提供源源不断的思路，需要这些智慧园区的支撑。我们要发挥中国自身的话语权，打造智谷。其中四大主体资源很重要，让主体资源在智慧园区里交流互动，强化产、学、研的对接流动，孵化出我们所需要的"一带一路"人才。同时，智慧园区也是一个创新容错的基地。

有研究表明，首次创新的出错、失败概率很高，但是二次创新成功的可能性会很高。通过智慧园区，把首次创新失败的案例入库，二次创新的时候就可以在其中找素材，这样有利于避免走重复的试错的道路，这是中国目前急需的。

借"一带一路"的契机，建立全球创新容错的基因库，届时会有很多火花迸发出来。智谷作为一个平台纽带，可以统一规划上述资源，优化配置组合，避免重复试错，最终发挥出"1+1>2"的合力。

怎样破解"雷声大，雨点小"的难题？

中央和基层的对接中，似乎一直是中央在提战略构想，基层有些创新不足。甚至有的地方人才等资源缺乏，看起来似乎没办法承接中央的这个构想。

"一带一路"的核心是互联互通，除了产业的互联互通外，也包含中央地方的互联互通。

国家发展改革委、外交部、商务部在 2015 年 3 月 28 日联合发布了《推动共建丝绸之路经济带和 21 世纪海上丝绸之路的愿景与行动》。但是文件提出后，地方的状态是在"等"，坐等"一带一路"的规划和项目。而中央希望地方先有基层创新，先做什么。一时间，中央在看地方做什么，地方在等中央做什么、在等中央一声令下。

这种不联不通的状态长期没突破，所以现在出现"一带一路""雷声大、雨点小"的状况。标志性项目和精品工程少，以前做什么现在还在做什么，"一带一路"的特色产品和项目就显得少多了。

要在这一点上取得突破，首先地方要在理念上充分认识"一带一路"的基本内涵。很多地方对"一带一路"没有充分的认识，认为"一带一路"就像当年的 4 万亿一样，是一个打到地方去的利好红包。但是事实并非如此，"一带一路"是有为才有位的。

地方要主动思考什么是"一带一路"产品，自身如何打造出足够好的产品，打造出国际市场需要的产品，要充分进行"一带一路"的供给侧改革，使"一带一路"的中国城市和中国企业充满魅力。

地方城市的根本问题在于，很少充分研究过"一带一路"沿线有哪些国家，以及它们的具体需求是什么。研究后就会发现机遇是很大的，这样才能有的放矢。但是现在很多地方研究的是中央政策，而不是沿线国家，这就是痛点所在。

国内各地方政府内耗、排挤，
地方保护主义太浓怎么办？

断裂是"一带一路"的最大痛点。国内出现"行政区划式"的发展现象，不同地区在竞争中各行其是，有些地区间发展也有同质色彩，抬高自己，排挤别人，这个问题在"一带一路"中该怎么协调呢？

要防止"行政区划式"的发展方式，防止国内省、区、市之间出现断裂。举例来说，西北五省（区）都是做陆上丝绸之路的，但目前西北五省（区）联合发力的现象很少见。依然是传统的各自规划，各自落地。新疆、青海、甘肃等省区都在积极寻找主导权和优势资源，难免造成"抬高自己、排挤别人"的不良局面。整体来看，各省份不仅没能形成合力优势，反而在内部竞争消耗。

区域性的经贸合作目前没有形成联动效应，这就是痛点所在。"行政区划式"表现在区域内部一些大的经贸合作没有充分的配合、协调、互补和规划，更多的是区域性的自我规划，没有形成区域性联动。

就拿 2015 年 9 月 1 日新疆的亚欧博览会来说，我在西北调研的时候发现邻近的省份，比如甘肃、青海、宁夏等基本不知道这个博览会，这就失去了机遇，失去了联动。退一步讲，即使知道新疆的亚欧博览会，很多省份的想法也不对，认为跟自己没关系，只是新疆的企业服务于欧亚的五十几个国家。

这并不是个别现象，宁夏的中阿博览会，现在也主要是宁夏企业在做。中国经济似乎一直都有一个惯性：排他主义的地方化和保守主义的本地化。

"十三五"规划中专门提到"陆海联动"。针对现在沿海省份做"一带一路"规划，主要是面向海洋，而西部省份主要是面向亚欧大陆，这就是一个痛点。这方面我们可以多借鉴新加坡的经验。

新加坡很会发力"轻巧精准"，它的第一个经典案例是苏州工业园区，第二个案例是中新天津生态城，这两个都是在沿海城市做，但是第三个点就放到了重庆。新加坡本身是个海洋国家，按照我们的惯性，它只需要对接海上丝绸之路就可以了，但是这样一个城市国家也在做中国西部的开发，也就是陆上丝绸之路。

我们的城市也要有新加坡的这种视野。我认为，"一带一路"的地区联动，要形成省际的"一带一路"政策协调和项目联合推进机制，比如大型经贸论坛和旅游合作开放等。

这个构想的实现有赖于顶层设计。需要中央先有一个大的规划、助推两个机制：一个是区域性的，比如说"海丝"和"陆丝"相关省份的政策协调和联动机制；二是海陆对接的联动和协调机制也要建立。现在福建的泉州和陕西的西安已经在实现联动，但主要是自发性的。如果中央能助力推动，从个案变成普遍现象，一定是大有可为的。

"地缘上挨着谁，就和谁合作"这一套过时了

"地缘上挨着谁，就和谁合作"，比如内蒙古连通蒙古国及俄罗斯远东，云南连通孟中印缅经济走廊，战略推进按地域划分，而非按需求划分，这样会有不小的弊端。

比如广西对东盟十国发力，新疆在中亚五国做文章，内蒙古对蒙古国和俄罗斯远东地区发力。这种发展模式的短板在于经济结构高度单一、高度同质，新疆卖的产品中亚五国有，广西卖的产品东盟十国有。这种地缘就近的合作不是双向的互补，而是单向的输出，甚至有低水平重复竞争的色彩，不符合当下经济合作的新趋势。

现在有一种新的模式，以宁夏为例，宁夏是内陆省份，谁也不挨着，它探索出了一种新的合作模式——飞地（经济）合作模式（飞地经济是指两个互相独立、经济发展存在落差的行政地区打破原有

行政区划限制，通过跨空间的行政管理和经济开发，实现两地资源互补、经济协调发展的一种区域经济合作模式），寻求与阿拉伯国家的合作。

区别于地缘就近模式，更深层的就是按照需求导向决定合作模式。这种情况普遍存在，其中有一个案例不得不提，那就是义乌。义乌是中国的一个县级市，但它发展的是国际贸易。它本身地形上山地崎岖，地下又没有资源。本地的人口大约只有 80 万，而外来人口将近 150 万，这些外来人口中很大一部分是优质的外商，主要是阿拉伯人。

这种经济现象值得思考：为什么阿拉伯人宁愿到浙江的一个县却不愿到西北的一个省？原因就在于：义乌人敏锐地发现了阿拉伯人的需求，把痛点中的盈利空间都发挥出来了。阿拉伯人对礼拜和饮食有讲究，义乌就在清真餐饮和礼拜环境方面下功夫，打造出了一个国际贸易共同体，其中既有他们所需要的宗教文化，又有他们所需要的商业文化。需求的高度契合是阿拉伯人"舍近求远"的关键。

义乌的思路是买世界、卖世界，是对方需要什么自己就卖什么，就提供全面的采购和组货服务，这就是按照需求导向来的。

我认为，未来的合作模式还需要往需求导向上靠拢，这才是真正的互联互通。

而且这个"需要"不是坐等出来的，是要敏锐地去发现对方的需求。其实在商业领域，有些需求不是对接出来的，而是生产出来的，或者说不是要迎合需求，而是要去创造需求。当把一个好的产品或是好的服务提供给客户，会发现其实这激发了一种需求。

好比没有阿里巴巴的时候，人们并没意识到有电商平台的需求。但是当这个平台搭建好，就会发现人们的这个需求被充分激发出来了。所以说我们的需求导向有两种：对接需求和激发需求。因此我们要在找痛点的敏锐性方面下足功夫。"一带一路"的企业和城市参与者也要做好理念调整，跳出原来的地缘就近惯性，向需求导向迈进。

东北的振兴一定要依托于"一带一路"的机遇

"四大区块""三个支撑带"的联动也是和"一带一路"相关的。"四大区块"是指东北老工业基地的振兴、中部崛起、西部大开发以及东部的率先开放和发展。原来的问题在于各个模块联动不够，各行其是。那么"三个支撑带"是什么呢？党的十八大之后提到的京津冀一体化、长江经济带以及四大自贸区战略。现在"4+3"要实现它的互动、联动，才能解决中国自身的痛点问题。

"一带一路"两翼有两个最活跃的地方：一个是发达的欧洲经济圈，一个是繁荣的东北亚经济圈。而东北是"一带一路"上的重要构成，因为东北省份直接对接东北亚经济。东北和东北亚地缘上非常接近。一般中国人认为韩国的贸易和东北一定是最多的。但现实是，韩国和广东的贸易最多，江苏其次，与山东和东北的贸易排在后边。

东北和韩国地缘上接近，但经济上联通不活跃，互动性比较差。原因还是前面提过的需求匹配问题，韩国需要的东北提供不了，东北的发展思路和韩国不匹配、不活跃、不对接。

所以东北的振兴一定要依托于"一带一路"的机遇，特别是东北亚。在产业上、人才集聚上，东北不同的省份有不同的切入点。例如辽宁的海洋经济、文化产业，黑龙江、吉林传统的农业、土特产、制造业基础。东北不是去产业化的问题，而是需要产业升级。

这一点上，不妨借鉴一下韩国的经验。三十年前韩国的经济可能还不如东北。但韩国通过产业化——本土化——国际化三个阶段，现在打造出全球知名的品牌：三星、LG、大宇、现代等等。所以要给东北一个新的三十年，就一定要有相应的产业支撑和精准的国际合作对象。

另外教育资源和人才资源也要跟上。韩国产业强势发展和大学人才供给密切相关，例如首尔大学、延世大学、高丽大学、成均馆大学等为韩国产业发展提供了源源不断的人才。东北如何培养人才，如何使之成为人才的洼地，把人才留住，这是关键所在。当下中韩自贸区建成，东北地区更要主动抓住机遇，调整惯性思维，以敏锐的思维把握需求导向，而不是"等"中央下政策帮扶、"救济"。

警惕劣质企业，不是所有走出去的企业都代表"一带一路"企业

现在很多企业借着"一带一路"的名义蜂拥而出，这是个需要引起警觉的事情。一旦出现质量问题或者项目失控，"一带一路"的品牌就砸掉了，再恢复就难了。所以在最近两年的关键节点上一定要做好项目甄别把关，打造优质的"一带一路"品牌。

首先从理念上来说，不是所有走出去的企业都代表"一带一路"企业，不是所有走出去的项目都是"一带一路"项目，要甄别出来。

好的项目上红榜，向国际社会展示这就是中国优秀的"一带一路"企业，对它来说是一种激励和推动。不好的企业要上黑榜，告

诉国际社会跟这种企业要谨慎合作，甚至在资金支持上要对它有所限制。这样，中国企业会通过红榜、黑榜机制，使一些好的项目成为精品，不好的企业受到制约和约束。中国企业走出去的进程不是粗放的，而是以精品式打造、塑造的方式去赢得国际社会对中国"一带一路"的尊重。

"一带一路"项目不仅仅是在商言商，要有实惠，它更要赢得尊重。现在很容易出现一种状况，我们的企业走出去在某国的一个项目出现问题了，哪怕和其他中国企业无关，但对其他企业，比如上游的基建和下游的服务都会产生连带反应。

欧美其实也在做"一带一路"，以产品以文化征服沿线就叫"一带一路"。不同的是，我们的主体主要是国有企业，而欧美是跨国公司。而其他国家企业会认为，中国的国有企业是服务于国家战略，是有政府补贴的不公平竞争。

所以我们期望通过红黑榜方式，孵化一批有国际视野和全球竞争力的跨国公司。届时，人们就不会再区分这是中国的国有企业还是民营企业，而是区分为中国企业还是跨国公司。这是我们希望"一带一路"给中国经济带来的冲击。

具体来说，红黑榜的机制如何建立呢？从国家层面建立这种机制较难，会让沿线国家认为这是政治行为。

我认为应该以专业行会的方式解决，如企业协会或工会，从而进行优质项目的甄别和资质审核。国外跨国公司发展势头好，和企业协会（行会）的自律机制密不可分，这些都属于经济行为。

举例来说，我们培育出企业行会，审核优质的企业上榜，出现问题的企业下榜，这样就可以避免"一带一路"的过度政治化。

这个红黑榜要做，但谁来做很关键。通过企业行会、协会来做是国际化的趋势。我们很多并购失败就是因为我们单纯把企业拿来了，但跟企业内部工会、行会打交道的时候，我们发现这股力量极其强大，而且对于政治很敏感。所以我们也要培养中国企业行会、协会和工会，发挥它们的积极作用，做好企业的资质审核，形成良性的监督机制和严格的自律机制。

投资沿着"一带一路"出去了，
国内需求会不会受到冷落？

目前大家有几种担忧，一是冷落国内需求，像香港一样出现产业空壳化的现象；另一个是沿线基础设施都建好了，会挤占国内的劳动力和投资市场。以越南为例，越南在劳动力市场跟中国竞争，唯一短板就是国内基础设施差。如果基础设施变好了，我们的劳动力红利下降，他们的劳动力红利上升，海外投资就有可能更多地从中国转向越南。

但我认为这种担忧是没有必要的，中国依然是有强大吸引力的市场。

首先，中国的投资能力很强。比如英国，就非常看重中国的投资能力，此次习近平主席访问英国，150 家中国企业陪同到了英国，国际社会青睐我们的投资是普遍现象。其次中国消费能力极强。越南的劳动力红利和变好的基础设施可能会有吸引力，但毕竟它的市场太小。像中国这样庞大的、强有力的消费市场，没有哪个企业会放弃。我们的人口基数和改革开放以来生产力提升，衍生出强大的消费市场。这种投资能力和消费能力，是中国最重要的市场魅力，甚至是全球独有的。

其次，中国企业在海外找项目，能够提升找寻自身痛点的能力。比如，我们很多建设基础设施的企业，走出去后发现它做的是低附加值的项目，虽然项目数量很多，但利润很低。中国基建企业目前利润率在1%左右，而且还有下降的趋势。这跟项目性质有很大关系，很多重资产项目，劳动密集，财务成本大，负债率高，所以利润率低。这种企业项目必须走出去，因为国内好的项目基本上建完了，需求在国际社会，如大量的公路、铁路、港口等基建需求。

因此并这不是产业空心化的问题，而是企业在跟着需求走。

举个例子，中国交通建设集团有限公司原来做基础设施，如铁路、公路，而它走出去之后发现我们是工人在挣血汗钱，只拿到了项目建成中低附加值的部分，而管理、运营等高附加值部分我们并没抓住。新加坡人从不建港口，但却是全球港口管理和运营的品牌国家。运营管理资质和能力的缺乏，就是我们的短板所在、痛点所在。意识到这一点之后，中交建今年4月就收购了澳大利亚的一家公司，因为这家公司具有铁路运营和管理资质。所以说，"一带一路"给中国企业创造了一种可能，借船出海、借力发力的可能。同时让中国企业在沿线上分析自身最缺什么。

"一带一路"不只是中国要卖东西，其实也是中国要买东西，要在这个过程中找到最需要的，并把它买回来。

再举个例子，南车北车为什么分，因为它的技术源头各有侧重。最初，南车的技术源头主要是日本和加拿大，北车的技术源头主要是法国和德国。要有技术才能发展，那么这个技术怎么获得呢？当时的策略是以市场换技术，外资重视中国市场，就必须拿技术来合作。后来我们南车北车就分别有了日本、加拿大、德国、法国等国最先进的技术。在这一过程中，中国企业就是以渐进性创新最终获得突破性创新，所以现在中国的高铁总里程是世界上最长

「一带一路」的最大痛点

的，今天英国、美国和印尼等都有了我们的高铁项目。

中国一开始是自身有需求，所以去寻求合作对象，当自己获得技术优势，别人需要中国时，再把技术出口。这不是去产业化，而是产业升级的必要路径。

外媒传言"一带一路"是中国的"马歇尔计划"，我们的外宣该怎么破解这一谣言？

针对"一带一路"的外宣工作，目前我国有很多高校、媒体纷纷成立"一带一路"智库，但在成立之后没有产品内容的输出。主要表现为两点：第一是产品不够，特别是原创性的产品不够。第二是产品的输出不足，没有转化成国际语言。

有些新闻媒体在做尝试，甚至对"一带一路"进行专题研判，这是可喜的现象。但问题在于这些机构成立了研究院之后，大家在起步阶段都在做重复性建设，都是研究沿线国家的地理、历史、宗教等基本情况，或是围绕区域、国情、国别、投资风险做研究。这个过程中，大家都做同样的事就是在重复和浪费资源。如果国内研究机构能够共享资源，大家就不需要做重复性工作，而是要做往巨人肩膀上踏一步的事情。

现在成立了一些"一带一路"的联盟。这是一个趋势，但目前效力还是有限。我们急需做的是孵化出研究"一带一路"的真正的大家和高端智库。我个人感觉这一两年来，真正研究"一带一路"的人不超过二十个，这是不行的。

这里所谓的"真正研究"有两个限定标准：第一，你是不是上路了，是不是在中国的沿边省份和"一带一路"的沿线国家走。"一带一路"是需要打通"己学"和"彼学"的。有些专家知道"己"，有些专家知道"彼"，但真正都打通、了解"己学"和"彼学"的少之又少。第二，所做的研究能真正影响和完善政策，对"一带一路"的发展有实质性帮助。

所以我个人认为完善"一带一路"的外宣工作，需要从两点上发力：

第一，避免重复建设，共享资源和知识。

第二，针对研究人员多但真正意义上的"一带一路"专家太少的现象，应该发挥高校、研究院特别是企业的力量。有导向性地聚焦"一带一路"建设，通过聚智、聚焦，我们的制度性话语权才有可能产生。

此外，媒体和学者也要互动。国内，有人说"一带一路"不等同于"马歇尔计划"，但有人又兴奋地把亚投行比作美国的布雷顿森林体系，这就属于没有把问题搞清楚。"一带一路"究竟是什么，我们中国人得想清楚。我个人认为"一带一路"不是政治经济学，甚至不是地缘政治学，而是文化经济学。一说到地缘政治学就有人会担心，担心撬动地缘板块，会让人觉得这背后有大国动机、战略企图，而这是不利于我们的。

非常强烈地希望媒体和学者就"一带一路"的性质达成共识：它是文化经济学。对内我们可以讲文明的崛起，对外我们要定义是文化经济学。基于这样的观点，我们要从两个角度解释"一带一路"，它不仅仅是一个经济事件，更是一个文化事件。中国人在经济上要共享、共建、共赢，在文化上要引起共鸣，要贡献解决全球和平与发展难题的中国思路和中国智慧。

我们的解决方案是什么？全球有很多治理失败地区，而它们的失败在于有些人群被边缘化了。"一带一路"通过互联互通会打通治理失败地区的诸多痛点，边缘化的地区会逐渐融入世界主流。这是全球经济需要的，也是全球政治需要的。所以从文化经济学的角度，"一带一路"使中国不仅成为一个重要的国家，更要成为一个受尊重的国家。

更重要的是，要关注"一带一路"的细节。举个例子，"一带一路"正式提出后，一年半的时间过去了，我突然发现"一带一路"连英文缩写都没有。"一带一路"的全称这么长，别人问的时候应该脱口而出一个缩写。甚至有一段时间，媒体包括记者都在讨论是"一带一路"还是"一路一带"？是"一带一路"战略还是"一带一路"倡议？所以在这方面我个人建议要关注细节问题。要像雷区一样，一个一个地扫。

我建议2016年"一带一路"建设的关键是打造精品案例，要挖掘中国城市和中国企业的优秀案例。不求多，但求精美。与此同时，要关注细节。现在"一带一路"的缩写已经有了，"B and R"。但是我提的建议是学者可以谈"OBOR"。这就是个细节工作。

如果所有的中国人都说"B and R"的话，别人会认为学者是在为政府发声，这样反倒不利于"一带一路"的推广。我们说"OBOR"是从一个中立的角度、学术的角度来研究，而"B and R"是中国顶层的一个倡议。这样的话会让别人感到中国社会是多元的、是进步的，而不是所有的人都讲一套话。这又是细节工作。

"走出去"的中国企业轻重不均衡，轻资产项目为什么出不去？

重资产项目是目前我们的优势所在，也是国际社会对中国的需求，所以首先我们要接受它。现在我们提倡的不是要用轻资产替代重资产，而是要轻重并行。轻资产项目投资快、周期不长，但收益高。而重资产项目离沿线国家老百姓的生活有点远。比如一个城市建了大型水坝、水电站，老百姓可能不知道是谁建的。轻资产项目的性质就是要走到老百姓的工作和生活当中去。

那么，哪些项目属于轻资产项目呢？比如中医药、中餐、养生、民俗、移动医疗、文化产业等，这些都是有需求的。我做过调研，中亚国家为什么对中国有需求？他们对中国的中医药特别感兴趣，特别是针灸、按摩。因为这些可以解决他们民众的生计问题。沿线很多国家比较穷，老百姓首先要找工作。掌握了针灸或者中餐他们就可以过上体面的生活。

教育留学、民俗、古村落保护、文化产业等大有发展的空间。实际上，国外很多知名设计师借用了很多的中国民俗文化符号。但是由于我们没有相关的管理，没有相关的标准，在中国要素的出口和国际融合方面没有规范市场，所以人家就"白白借用"了。

现状是，中国在文化要素的出口和国际化方面很低端，我们有文化资源，但缺乏成功的商业模式和标准规范。这些都属于走到别人工作和生活当中的轻资产项目。例如，美国人说美国有"三片"：薯片、芯片、影片。最挣钱的恰恰是这些东西，是必需品。这些方面我们需要提升。

而在轻资产项目上我们也有"痛点"。拿中药和中餐来说，我们有丰富的资源，但是整合和转化资源的能力比较弱。也就是说别人不认同你的标准，甚至认为你没有标准，例如外国人认为中药的原产地、生产过程都没有标准。是"痛点"，同时又是机遇，总有企业会顺势而为、大有作为。

沿线国家被动地等着中国
"发红包"，我们要反思

这个问题也存在。沿线国家对中国的"一带一路"也存在误读，就以为中国在"发红包"。总书记讲现在"一带一路"就是微信群，愿意加入就加入。但有些国家入群了之后不说话、不合作、不交流，长期潜水，就等着砸红包。这样的就叫做"劣质群友"。当然我们也要考虑，我们是不是给别人造成这样的印象。

针对这样的现状，首先我们不要过度抬高某些沿线国家和项目。如果过高地抬高某些国家，说它一定是区域性核心国家、项目一定要落地，这些国家就一定会对中国坐地要价。这种情况下我们的成本负担会加大。我们需要让沿线国家明确的是，"一带一路"是一个双赢的经贸与人文性质的合作项目。你有需求我就来，我不是一定要追着你把项目给你。

其次，我们一定要做精品。双边合作意愿特别良好的，以及营商环境特别安全的，我们的项目就去了，就要努力做成精品。当项目成为精品，就会具有一定的区域带动效用、项目标杆效应，很多国家会主动来找你合作。中国是用品质吸引它们，因此"一带一路"是"五有"建设：有内容、有人才、有人气、有品牌、有品质。

最后的核心问题还是不要让"一带一路"项目过度政治化。总结成一句话就是：企业先行、市场推动、竞争导向。

水深、浪急处才有好鱼，外部环境风险不宜过分夸大

所谓"一带一路"的风险问题，现在有很多专家在研究。我个人的观点是不宜过高地、过度地强调"一带一路"的风险。原因是这样，十年前问中国企业为什么走出去，很多企业说是服务国家战略。但现在问很多企业为什么走出去，他会说是生存压力，服务企业自身战略。虽然说是从国家战略转变到企业战略，但是这一点并不矛盾，服务企业战略也就是服务国家战略。现在中国企业的问题在于不走出去可能风险压力更大，中国企业不走出去就不具全球竞争力。所以，虽然有一些灰色地带，但风险大可能收益就大。

有些专家的话讲得特别到位，在海上，水流越湍急的地方恰恰是出好鱼的地方。海滩上水一点都不急，可也没好鱼。全球市场也是这样。所以我们走出去之后，一方面是要用产品征服沿线市场，另一方面中国企业的文化也可能为当地带来福利和社会稳定。

例如，我们在非洲，冷战刚刚结束时西方国家基本全部都从非洲撤出，但是中国的企业、维和士兵去了以后，非洲恰恰成为全球聚光灯下的一个宝地。为什么？因为中国企业就是聚光灯。我们到哪里，灯就打到哪里。这就使得国际社会重新反思他们的对非政策。其实最终受益的是非洲。

从中国和日本在印尼高铁项目上的博弈你可以看出，我们的优势在于价格，而日本的优势在于安全。结果是，中国说我们既要保证价格又要提高安全，日本说我们既要保证质量和安全，同时也要控制价格。这就是一个竞争进步的动力，但最终受益的是印尼。当

然从长远来说也包括中国和日本。

全球的风险是普遍存在的，但不走出去风险会更大。关键是两句话：第一，明不明确走出去的目的。如果真的是为企业好，真的要培养一批具有世界竞争力的企业的话，走出去就是必然的。第二，项目要选好，自身要准备好。要提升中国企业的学习能力、适应能力、转化以及整合全球资源的能力。原来中国企业走出去的目的一个是市场，一个是资源。但现在很多企业认为它的目的是人才技术，是标准话语权，是国际视野。

国家对"一带一路"构想的扶持，
关键在于上下互动、互联互通

国家对"一带一路"构想肯定是有支持的。当然这个支持在于社会的充分互动，属于"五通"建设：政策沟通、设施联通、贸易畅通、资金融通、民心相通。现在有的误解认为"一带一路"会有很多强势的政策支持。不过这个项目不同以往，"一带一路"是自上而下的一个倡议，但提供的是一种上下互动的可能。

这就回到一个问题上：不要过度地把"一带一路"和亚投行挂钩。因为亚投行是一个金融平台，属于公共产品的范畴。当沿线国家认为亚投行服务于"一带一路"政策的时候，他会认为那是中国自身的工具，而降低他们的参与意愿。因此，我们强调亚投行是"公共产品"，"一带一路"是国际倡议，两者没有必然的联系。哪些是"一带一路"配套的、哪些不是，要区分清楚，不要把所有的事情同"一带一路"挂钩。

政策支持方面和以往不一样。"一带一路"不是中国国家发改委一家说的事。沿线有这么多国家，我们只是倡议的提出者和推动者。相关国家如果有合作和共享需求的话，需要进行双边和多边的政策沟通。性质决定了"一带一路"的获利要在基层、在路上，在那些不联不通的地方，而不是在于各国的配套经费。

"一带一路"——打通发展"痛点",仰望人文"高点"①

　　近年来，随着"一带一路"建设的不断推进，国际社会开始熟知"一带一路"这一词汇，但对于"一带一路"的基本内涵，以及这一内涵背后的时代潮流，尚待更加完整的认识。在笔者看来，"一带一路"建设包含两个层次，一是找准"痛点"、医治"痛点"，打造利益共同体，使沿线各国人民实实在在感受到"一带一路"带来的好处；二是"展现文明"，打造责任共同体和命运共同体，使"一带一路"赢得尊重，深入人心。前者可谓"痛点经济学"，是"一带一路"的起点和抓手；后者实为"文化经济学"，是确保"一带一路"可持续的血脉和灵魂。

---

①　本文于 2016 年 12 月 23 日发表于《光明日报》，主要观点：从"文化经济学"视角来看，"一带一路"倡议就是读心、暖心、通心的过程，也是打造经济与文化精品的过程。要建成"一带一路"，必须在沿线国家民众中形成一个相互欣赏、相互理解、相互尊重的人文格局。同一时间节点，2016 年 12 月 5 日，中央全面深化改革领导小组第三十次会议审议通过了《关于加强"一带一路"软力量建设的指导意见》，指出要为"一带一路"建设提供有力理论支撑、舆论支持、文化条件。

"互联互通"找准了"痛点"

"一带一路"的基本内涵是"互联互通",这四个字找准了中国以及"一带一路"沿线的最大痛点。

所谓"痛点经济学",意指人们体验中的痛点就是市场的赢利点和体制机制的完善点。在中国国内,丝路城市的痛点表现为,交通物流欠发达,产业层次属于中低端(以采掘业、资源加工业为主),外贸依存度较低,开放型经济占比较小,口岸基本上以转口贸易为主;十多条中欧班列的单向流(空驶回程,导致运价高昂),就是痛点;中资企业在亚非拉市场游刃有余,但由于资质等问题难以进入欧、美、澳等高端市场,就是痛点;中国有丰厚、绝伦的文化资源,但缺乏有全球竞争力的文化产品,所谓"有功夫、有熊猫,但没有功夫熊猫",就是痛点。痛点就是发力点,也是市场的盈利点。

医治痛点要以"五通"为抓手,即政策沟通、设施联通、贸易畅通、资金融通、民心相通。为此,我们需要真正了解我们的合作对象,了解沿线国家的差异性痛点,据此精准地提供"点穴式"产品。例如,中亚五国中的塔吉克斯坦和吉尔吉斯斯坦经济基础薄弱、结构单一,但水资源丰富,且开发量不足。针对这两国的"痛点",中国政府和企业应将同这两国的合作重心放在水资源利用以及国际旅游业的联合开发上,在合作中要真正惠及对方民众。再如巴基斯坦,该国电力短缺问题由来已久。"一带一路"倡议 2013 年推出以来,一批中国公司建设的电力能源项目在巴开工或建成投产。中国建设的电力项目周期短、见效快,缓解了巴基斯坦政府和民众的燃眉之急，受到了巴方各界的欢迎。

在中长期，医治痛点要实现硬联通与软联通的结合。就产品类型来看，要尽快完善"轻资产"名录。中国企业目前"走出去"的很多是港口、高铁、核电、大坝这样的"重资产"项目，如瓜达尔港、中巴经济走廊、孟中印缅经济走廊、中俄西线天然气管道项目、尼加拉瓜运河等，这些项目投资较大、周期较长、风险较大。因此，我们要打造一批有品牌价值的轻资产项目，如餐饮、民俗、文化产业、教育、中医药等，让这些产品走到沿线百姓的生活中去，发挥"润滑剂"和"黏合剂"的作用。

激发分享中国文化的冲动

国内外很多学者常用地缘政治学或政治经济学的工具去分析"一带一路"，但笔者更愿意将"一带一路"视为"文化经济学"的典型案例。理想中的"一带一路"产品，应该同时实现经济收益与文化收益。其实，"一带一路"之所以广受欢迎，不仅仅因为它是一个关系各国利益的经济事件，更因为它能够成为一个备受关注、引起共鸣的文化事件。

在话语权塑造方面，"一带一路"是对传统理念的超越。在国际社会中，"中心—边缘"秩序长期存在，这一秩序在国际政治上的特点是：以民族国家为核心、以"典型欧洲范式"的主权国家框架去规范世界不同的政治主体；这一秩序在全球经济上的特点是：以全球化为核心、以"资本主义范式"的"中心—边缘"框架去约束世界不同经济体，其内在逻辑是"中心侵蚀边缘""边缘依附中心"。中心国家是那些在世界体系中占据主导地位，依靠先进技术和工业产品控制支配其他国家的国家；边缘国家指那些不得不以出口自然资源和初级产品而受控于中心国家的国家。今天，欧洲的难民潮问题表明，被边缘的人群会轻易冲击中心国家的安全。

"一带一路"倡议的活力，直接体现在路、带、廊、桥等以"去中心"为特点的中国话语，其语义实质是平等、包容，代表着国际社会的"非极化""去边缘"发展倾向。人们不难看到，"互联互通"已开始成为一种时尚，"痛则不通，通则不痛"的中国文化与哲学思想开始备受瞩目。

从"文化经济学"视角来看，"一带一路"倡议就是读心、暖心、交心的过程，也是打造经济与文化精品的过程。要建成"一带一路"，必须在沿线国家民众中形成一个相互欣赏、相互理解、相互尊重的人文格局。"一带一路"最大的魅力或许在于，它能够激发沿线国家分享中国文化的冲动，这种冲动能够使中国文化行走起来，使"一带一路"拥有温度。这需要我们以开放的视野、谦虚的精神、合作的态度，打通"一带一路"沿线国家经济发展的痛点，最终抵达文化与文明交流的高点。

为什么说"一带一路"不只是经济实惠？^①

    国内外很多学者常用"地缘政治学"或"政治经济学"的工具去分析"一带一路"，但我更愿意将其视为"文化经济学"的典型案例。只有同时实现经济收益与文化收益，才是中国想要的、真正能够赢得国际社会尊重的"一带一路"。

    换句话说，"一带一路"受欢迎，不仅因为它是一个给各方带来实惠的经济事件，更因为它能够成为一个引起共鸣的重大文化事件。

    对中国以及国际社会而言，"一带一路"不是要我们去简单接受这四个字，而是去把握它的基本内涵，以及这一内涵是否适应了国际社会发展的迫切需求。"一带一路"的基本内涵就是"互联互通"，而这一内涵的确找到了国际社会的最大痛点。所以，我们可以想象一下，五年、十年后，中国社会还需不需要互联互通，中国与国际社会的互动还需不需要互联互通。

---

① 本文发表于 2017 年 4 月 17 日的《北京日报》，在此之前，国内外很多学者常用"地缘政治学"或"政治经济学"的工具去分析"一带一路"，但笔者提出"文化经济学"概念，认为只有同时实现经济收益与文化收益，才是中国想要的、真正能够赢得国际社会尊重的"一带一路"。

今天，中国西北有很多不联不通的地方，甚至沿海也有不少不联不通的地方，如中国西部投资不足的原因之一是物流成本高，根源则是中国西部有太多的物理、心理封闭性，缺乏互联互通。所以要先找准痛点，才能打通痛点，整个过程需要打造"智慧共同体"。

首先，"一带一路"是国人自我教育、自我修正、自我完善的过程，13亿中国人每一个个体开始尝试在思想、知识、心灵领域的互联互通。

其次，中国开始真正走向世界，成为世界之中国。几千年来，中国人一直习惯于国际社会主动了解我们，我们了解别人的意愿和能力始终不强，但今天，"一带一路"使中国人更加主动地去了解这个美丽星球。

"一带一路"的机遇在于，找准体验痛点就找到了商机的盈利点和机制的突破点。丝路城市的成功与否不单纯看经济增长指数的高低，更重要的是看文化建设在社会发展、对外开放中的含金量。

2014年底我去英国访问，从机场往爱丁堡走的时候，一位英国朋友指着一片城市建筑说："这是我们的新城，是18世纪的。"我以为是自己听错了，追问道："新城是18世纪的，老城是什么时候的？"对方淡淡且自豪地回答："老城是14世纪的。"

这个时候我突然加深了对一句话的理解：不知是岁月成就了英伦，还是英伦成就了岁月。在这里，淡淡的一个"CLASSIC"（经典）就遮住了一切浮躁。对中国城市而言，"一带一路"不仅是经济崛起的良好契机，更是中华民族文明型崛起的自我鞭策："一带一路"不会一蹴而就，需要精耕细作，只有耐得住性子、少折腾，才能造得出精品。

企业不仅要卖产品，也要卖文化。目前，中国企业的短板是：有产品不一定有品牌，有品牌不一定有品牌价值；渐进性创新不

为什么说『一带一路』不只是经济实惠？

少，但突破性创新不够。今天，中国企业不走出去也有风险，而且风险可能更大。

原来问中国企业为什么要走出去，很多企业家回答："要服务国家战略"，现在的答案往往是："走出去是要解决生存压力。"可见，企业家越来越在商言商，这是件好事。因此，在"一带一路"建设中，不要过分夸大中国企业走出去的风险，关键是自身要准备好，要把项目选好，要真正具有国际视野和品牌意识。

美国、日本和韩国等国的企业没说要做"一带一路"，但它们实际做的就是"一带一路"，即用产品和文化"征服"人心。其实，中国企业的最大风险是中国企业性格的内向性，不走出去，中国企业会越来越被动，会越来越受制于人。

目前，中国企业向丝路沿线国家重点推销的是"新三样"，即高铁，核电，以及航天、航空与造船等。其中，大多属于基建类企业，如中铁、中铁建、中交建、中建等。但这些"风风火火"的企业背后也有痛点，它们的主要特点如下：一是，初期，基建是"一带一路"的核心工种；二是，劳动密集型，但劳动力成本不断上升；三是，商业风险、政治风险与人员风险叠加；四是，财务成本大，负债率高，但利润率低。因此，企业不堪重负、负债率高，因为劳动力成本以及人员风险在不断上升，每年不是没事干，而是忙活一年最后留给自己的钱太少，属于流血流汗的"低附加值"行业。所以，在走出去的过程中，企业会不断发现痛点、解决痛点，如中交建、中电建等企业在海外进行基建主业的同时，努力开拓运营与管理服务业务，利润率明显提高。

中长期，中国企业在丝路沿线基础设施建设中要努力推进"硬联通"与"软联通"的互促结合。"软联通"就是把中国企业的标准带出去，例如肯尼亚蒙内铁路已经在积极使用中国标准。

蒙内铁路是肯尼亚独立百年来建设的首条铁路，也是规划中的东非铁路网的咽喉，2013年底开工建设，将采用中国国铁一级标准，把中国的资金、技术、标准、装备制造和管理经验带入非洲。

蒙内铁路建成后，将全面升级肯尼亚现有铁路网。运营了100多年（英国殖民者100多年前修建的）、时速仅40公里、年货运量仅100多万吨的肯尼亚老窄轨铁路将逐步退出历史舞台。

总之，文化自信是道路自信、理论自信、制度自信的基础，那么文化自信的基础是什么？是经得起时间检验和历史考验的人民（国内民众以及国际受众）满意。"一带一路"标志着中国走向文明型崛起的大道，借此找痛点、找差距、找路径。的确，文明型崛起的国家应该像麦穗一样，饱满的麦穗是俯身低头朝向大地的。

找准"一带一路"的关键点^①

　　"一带一路"的机遇在哪里？简单的回答就是：关键是要敏锐地发现商机的盈利点，找准"一带一路"机制建设的突破点。

　　以务实的经济项目做支撑。在调研过程中发现，很多城市和企业依然不知道要卖什么，还在丝绸、茶叶、瓷器等"老三样"上做文章，或者认为"新三样"（高铁、核电、航天科技）是国家和国有企业的事情，既不是自身的需求，也不是自己的强项，因此对"一带一路"的关注度不够、介入性不强。故此，中国城市和企业首先要在"买卖"等务实的经济项目上做文章。在很大程度上，之所以不知道卖什么，主要是因为不知道对方需要什么。此外，我们要摆脱对稀缺性资源的依赖，摆脱"有什么就卖什么"的顽固惯性。例如，一说到东北就卖粮食，一说到内蒙古就卖羊肉，一说到新疆就卖能源和棉花，一说到宁夏就卖枸杞，一说到广西就卖水果、橡胶和黄花梨……另一方面，要摆脱各省市"肥水不流外人田"的狭隘惰性。例如新疆举办亚欧博览会，仅新疆企业是难以满足近 50个亚欧国家商业需求的；广西举办中国东盟博览会，广西企业也满

---

① 本文发表于 2015 年 6 月 29 日的《学习时报》。

足不了东盟十国的差异性需求；宁夏举办中阿博览会，22 个阿拉伯国家到宁夏发现可买的东西实在不多……因此要打破地域限制，在务实的经济项目上做文章，找到市场的盈利点。

不要过度抬高某些国家或某些项目。不要让人感到中国在这个问题上"有求于人"。有企业家对笔者讲，中国企业原来到中亚投资，拿一个项目可能只需要 10 亿美元，现在对方知道"一带一路"是中国的国家战略，对中国企业来说是必须要做的"政治任务"，而本国又属于中国必须争取的"节点国家"，因此开始坐地要价，最后导致我们的企业可能要付出更多的成本去竞标一个项目，而且项目本身自然而然会延伸出不必要的政治风险。在经济上讨价还价是好事，但在政治上讨价还价，我们往往是只赔不赚。目前最突出的任务是先把标志性项目做好，积极去除"一带一路"过多的政治化色彩，等沿线国家主动来找我们，到那时候，我们提要求、设门槛，沿线国家必然会自愿提供相关项目的落地保障。

打造优质和品牌项目。在"一带一路"倡议下，很多企业"蜂拥"而出，不分企业业绩、能力、口碑、背景等，统统喊着"一带一路"的口号，"攻城略地"，其场面颇为壮观。但是，越火热时越需要冷静，需要国家对参与"一带一路"的中国企业进行识别管理，建立优质企业名单（红榜）和不达标企业名单（黑榜）制度，不好的企业和项目上黑榜，优质的企业和项目上红榜，国家要支持有能力、有品质的企业做大做强海外业务，鼓励有意愿走出去的企业逐步提升能力、树立品牌，并在综合考评的基础上代表中国去落实"一带一路"倡议。目前，中国企业已经有一些海外项目出了质量问题，不仅影响其他企业的后续项目，连相关基建项目都受到牵连。试想一下，如果所有中国企业的走出去项目都和"一带一路"挂钩，出了问题必然导致恶性的连锁反应，导致当地政府和民众对"一带一路"倡议的不满与排斥。

尽快编制与完善"轻资产"名单。中国企业目前"走出去"的很多是"重资产"项目：港口、运河、高铁、核电、大坝……这些项目投资大、周期长、风险大，我们再怎么低调，都会被人以高调看待，都会自然而然地联想到"战略意图"。现在已经有很多国家开始分析这些重资产项目了，他们认为这些项目是中国国有企业做的，而且这些企业几乎都具有军工背景，所以警惕性上升。例如，瓜达尔港、中巴经济走廊、孟中印缅经济走廊、中俄西线天然气管道项目、尼加拉瓜运河等，总让人感到这些项目背后的动机"不一般"。因此，我们要打造一批能够理直气壮推销的轻资产项目，如现代农业、中国餐饮、民俗文化、中医药等，但前提不是仅卖历史久远、独一无二、价值连城的稀缺资源，而是要通过资源的整合与转化能够严丝合缝地对接国际需求，在"必需品"上做文章。美国的"三片"文化、"双H"战略，即美国最赚钱的是"薯片、芯片、影片"以及"以好莱坞为代表的休闲娱乐＋以哈佛大学为代表的优质教育"，值得我们借鉴。

不要忘记和冷落国内市场和需求。我国对外开放的基本脉络是：由沿海向内陆延伸，由东部向西部推进。"一带一路"也要服务我国广大西部内陆地区的经济和社会发展需求。在这一过程中，西部内陆地区一方面要承接沿海产业转移，另一方面还需加大对外开放力度，有效释放发展潜力和空间，将改革开放的末梢变成新时期对外开放的前沿。常常有人问："在新疆、西藏建高铁，是'三股势力'利用得多，还是我们利用得多？"笔者认为，这个问题本身就是不负责任的命题，而且这种意识的杀伤力绝对不亚于恐怖分子。不能因为有一小撮恐怖分子，就不让广大的人民群众享受经济与社会发展的福利。在西部或在民族地区，经济发展不能解决所有问题，但没有经济发展一定解决不了问题。因此，要在"一带一路"框架下激励东部沿海的优质企业和负责任的跨国公司主动到西部去，既把项目和资金带到西部，也把相互了解和彼此欣赏带到西部。

避免"一带一路"主体资源的碎片化。要实现国内"四大主体资源"的联动效应。"一带一路"的有效推进，既要靠企业（国有企业、民营企业），也要靠政府（中央政府、地方政府），两者如车之两轮，需要同步驱动；学者、专家、智库是第三大主体，是"一带一路"建设的中枢和大脑，要提供必要的智力支持和思想保障，"没有思路就没有丝路"；第四大主体是媒体，媒体能够为"一带一路"建设插上飞翔的翅膀。目前，上述四大主体基本上是分散的，相关资源整合严重不足。此外，有很多政府、企业和高校成立了"一带一路"研究院，但大多数单位只不过是挂一块牌子而已，没有整合上述主体资源，没有进行实地调研，甚至没有专业的研究人员，最终很难向社会提供有分量的研究成果。国内主体资源的碎片化，必然无法形成合力，无法对接国际资源。

注重"一带一路"的细节问题。细节决定成败，有很多细节问题我们做得还远不够理想。例如，"一带一路"的英文译法较为混乱，特别是到目前还没有一个精准的英文缩写。首先"一带一路"的英文翻译不应和"战略"挂钩（the Belt and Road Strategy），而应强调"倡议"（the Belt and Road Initiative）。那么，问题来了，the Belt and Road Initiative 的缩写是"BARI"，这个词容易让人产生歧义，因为它已经有特定的指代，即意大利东南部的港口城市"巴里"。如果把 Initiative 去掉，缩写变为"BAR"，又容易让人联想到"酒吧"。看来 the Belt and Road Initiative 虽然表述准确，但缩写困难。还有一种说法是 New Silk Road Initiative，但这同美国的"新丝路战略"很类似，而且极易让人类比成中国的中亚战略或霸权计划。笔者建议，用 One Belt One Road（OBOR），政府用"倡议"，智库或学者不妨就谈 OBOR，避免所有的议题都同政府对标，导致很多事物被贴上政治标签，反而对我们不利。在国际关系舞台，很多全球议题被人们熟知，往往不是其全称，而是其缩写，如 WTO、FIFA 等。今天，"一带一路"有了大名，也要有英文名和小名。"一带一路"才刚刚上路，要做的事情远比我们想象的要繁杂、要细致。

不要过度放大"一带一路"的风险。从 2013 年 9 月至今，同"一带一路"搭配最多的词汇可能是"风险"，但诸多的风险分析基本上是泛泛而谈，而且仅仅讲风险是不够的，关键是要提供具体落地的可操作性建议。其实，中国企业不走出去也有风险，而且风险可能更大。原来问中国企业为什么要走出去，很多企业家回答："要服务国家战略"。现在的答案往往是："走出去是要解决生存压力。"可见，企业家越来越在商言商，这是件好事。因此，"一带一路"建设中，不要过分夸大中国企业走出去的风险，关键是自身要准备好、要把项目选好，要真正具有国际视野和品牌意识。美国、日本和韩国等国的企业没说要做"一带一路"，但它们实际做的就是"一带一路"，即用产品和文化"征服"人心。其实，中国企业的最大风险是中国企业性格的内向性，不走出去，中国企业会越来越被动，会越来越受制于人。

把产能合作的基本内涵讲清楚。"一带一路"上的产能合作要从"三个一"入手。具体来说："一个前提"是中国在诸多领域拥有先进的富余产能，如钢铁、水泥、铝、平板玻璃等。"一个条件"是中国在基础设施建设方面积累了丰富的经验，在铁路、公路、核电、电力等领域有竞争优势。上述富余产能能够提升沿线国家的基础设施条件。"一个路径"是在沿线国家就地取材，并建立相关园区，一方面开展基础设施建设，以解决中国富余产能的出路问题，另一方面可以促进沿线国家的工业化进程，最终实现合作工业化和共同现代化。当然，产能合作的升级版是基于平等与需求层面的产业合作。毕竟同产能相关的词汇往往是"过剩""富余"，这些词汇首先不准确，是相对的，同时也容易形成"中国中心主义"的错觉。

把"一带一路"的文化意义讲清楚。"一带一路"的文化意义：首先，中国希望自身在和平发展的过程中能够赢得尊重，不希望国际社会把中国人和中国企业仅仅看作是"会走路的钱包"。其次，要强调中国文化具有世界意义。现代化、信息化的负效应就是人与人之间关系的冷漠和疏离，人内心的孤独和空虚。即使在西方发达国家，暴力、自杀等极端事件依然是社会顽疾。故此，以"向善关怀""正心修身"为内核的中国优秀传统文化，也许能够对此作出独特的贡献。"一带一路"就是要通过文明互鉴解决相关国家的治理失败问题，解决深层次的国际冲突问题。再次，从本质上说，"一带·路"也是文化交流与人心亲近的项目，要让国际社会既"喜欢中国做什么"，也"喜欢中国是什么"。

总之，"一带一路"，需要我们一路行、一路思，唯有找准关键点，才能攻坚克难。

"一带一路"是"新型全球化"[①]

据《经济学人》报道称，非洲目前整体的债务率为 50%。按国际标准来看，这个数字并不是很高，然而由于去年全球大宗商品价格下跌，经济增长放缓，非洲国家的税收收入看起来很难偿还债务以及逐年增长的利息。因此，国际货币基金组织（IMF）近期发出警告称，撒哈拉以南非洲国家正在陷入"债务危机"。对此，印度以及西方国家习惯性地联想到这与"一带一路"有关。

2017 年底，印度新德里政策研究中心布拉玛·切拉尼（Brahma Chellaney）教授写了一篇题为《中国的债权帝国主义》（China's Creditor Imperialism）的评论文章，勾勒中国借用主权债务强迫他国依附的"帝国主义形象"。文中提及中国近年来"一带一路"的

---

① 本文原题目是《"一带一路"造"债权危机"?》，于 2018 年 8 月 6 日为英国《金融时报》中文网撰稿。进入 2018 年，西方舆论频繁炒作、抹黑"一带一路"倡议。3 月，美国一家智库发表报告称，有 8 个国家在"一带一路"倡议下因修建项目大量举债而导致财政状况堪忧；6 月，美国《纽约时报》发文污蔑中国"用债务陷阱令斯里兰卡将汉班托塔港拱手相让"；7 月，英国《金融时报》刊文称，"一带一路"项目在全球范围内遭遇困难，并将之归咎于"中国发展融资不透明，项目推进过程中不顾及当地实际情况"，等等，本文是对上述负面评价的系统回应。

重资产项目,如斯里兰卡汉班托塔、希腊比雷埃夫斯、吉布提、肯尼亚蒙巴萨等海上港口要冲,惊呼中国正在使"从阿根廷到纳米比亚再到老挝等许多国家陷入债务陷阱"。

文章的论述逻辑是:中国迫使这些国家为避免债务违约,痛苦地选择让中国控制本国资源,并丧失本国主权。作者将中国描述成"一个新帝国巨人,用天鹅绒手套隐藏着铁拳,压制着那些小国",最终得出的结论是:"一带一路"本质上是一个旨在实现中国帝国主义的野心计划。

"一带一路"是"新型全球化",不同于"传统全球化"。后者即世界体系理论所叙述的西方现代化,而"一带一路"要实现共同现代化。世界体系理论是美国社会学家沃勒斯坦首次提出的理论。他认为,"一体化"与"不平等"是资本主义世界经济体的两个最主要特征。首先,世界性劳动分工体系与世界性商品交换关系两条主线将各个国家牢固地黏结在庞大的世界经济网中。但是,一体化不等于均等化,相反,中心—半边缘—边缘的层级结构表明了世界经济体的极端不平等性。英、美、日等发达国家居于体系的"中心",一些中等发达程度的国家属于体系的"半边缘",某些东欧国家、大批落后的亚非拉发展中国家处于体系的"边缘"。"中心"拥有生产和交换的双重优势,对"半边缘"和"边缘"进行经济剥削,从而以制度话语权维护其政治优越地位。

"一带一路"是"新型全球化",基本逻辑是"去中心",将边缘激活成为节点,彻底消除"孤岛",由此将节点连接为全球网格,从而体现公平与普惠发展。因此,"一带一路"本质上是反对依附关系或结盟政治的,更反对殖民主义、帝国主义、霸权主义行径。在过去五年,"一带一路"建设有一个明显特征,就是大多数项目建在边缘或半边缘国家,如中亚五国、中东欧十六国等。这些国家很多是"内锁国"（老挝、埃塞俄比亚、捷克等），即锁在大陆腹地，无法连通海洋，无法享受全球化所带来的福利，"一带一路"的"五通"建设即要将内锁国变为陆联国，使其成为全球化网格中不可或缺的节点，这充分体现中国全球治理观中所强调的共商共建共享原则。

为什么说"中国债权帝国主义"是一个伪命题，需要聚焦以下几个问题：

第一，如何看待"一带一路"的基建项目：基础设施互联互通是优先领域，但不是唯一。在过去，就西方国家而言，外商直接投资（FDI）并不一定意味着跨国资本到别国投资建厂。很多资金可能只是出于避税或寻求高杠杆收益的目的流入他国。而中国的"一带一路"建设希望以点带面，不仅能够走出去，更希望"走进去"，即帮助相关国家提升其产业基础以及可持续发展能力。因此，可以发现公路、铁路、电站、港口等基础设施项目之后，中国企业致力于推动产能合作项目以及健康、医疗、教育等民生项目，如产业园区建设，帮助这些国家发展产业基础，一是满足国内市场需求，二是出口导向，帮助这些国家换取外汇。同时，中国投资会带动当地私营部门投资，推动私营部门发展，实现经济现代化。

笔者6月份去埃塞俄比亚调研，让埃塞官员选择，在他们心目中，以下项目，他们满意度最高的是：1.亚吉铁路；2.亚的斯亚贝巴轻轨；3.东方工业园；4.其他。对方选择最多的是亚吉铁路。原因是亚吉铁路在对方看来真正实现了国家之间的联通，使内陆国家埃塞俄比亚联通了吉布提，从而有了出海口。埃塞俄比亚是内陆国家，95%的进出口货物通过吉布提港转运，亚吉铁路为埃塞俄比亚打通了出海通道，极大地提高了物流效率，亚的斯亚贝巴至吉布提的运输时间从公路运输的5—7天降至15个小时。对吉布提来说，亚吉铁路将有效扩大吉布提港辐射范围和吞吐效率，奠定其非洲之角物流中枢的地位。亚吉铁路是非洲区域基础设施互联互通的代表性项目，被媒体誉为"新时期的坦赞铁路"。

有了中国企业、中国产业园，相关国家不仅解决了就业，也有了外汇。例如，华坚国际轻工业城在埃塞俄比亚是非常受欢迎的企业。非洲园区大多不提供食宿，而华坚为员工提供吃、住、车辆接送等福利。埃塞俄比亚老百姓爱吃英吉拉（英吉拉是埃塞俄比亚的传统主食，有 3000 年的历史，外观类似大摊饼，味道偏酸），这里无上限，想吃多少吃多少。员工宿舍一间房有两张上下铺，可以住四个人（笔者在埃塞俄比亚期间，首都到处可见无家可归、露宿街头的人）。截至 2017 年底，华坚成为中国在埃塞俄比亚最大规模的民营企业，已累计出口创汇超过 1.22 亿美元，为当地解决了 7500 多人就业。该企业年产超过 500 万双女鞋，是埃塞俄比亚最大的鞋业出口企业，占埃塞俄比亚鞋业出口的 65% 以上。

就债务与发展的关系而言，存在三种模式：第一种，有债务，有发展。第二种，有债务，无发展。第三种，无债务，无发展。"一带一路"建设，不希望看到第二种、第三种模式，而是要努力做到第一种模式。不怕有债务，关键是债务要能够解决关键问题。中国国内也有很多城市，在发展的关键时期也有大量政府债务，甚至很多领导最初为此饱受质疑。但要让时间来检验成效，即投资能不能找准发展"痛点"，让老百姓有实实在在的获得感，能够让相关项目产生"化学反应"。有经济发展不能解决所有问题，但没有经济发展一定解决不了问题。

第二，如何看待"一带一路"的资金融通：没有投资，没有健康的跨境资本流动就不会有经济复苏。2008 年国际金融危机爆发后，全球资本流动进入低谷期。根据麦肯锡全球研究院 2017 年 8

月的报告，全球跨境资本流动（包括外国直接投资、债券和股票投资、银行借贷和其他投资）相比 2007 年缩水 65%，发达国家对外投资的规模由 1.8 万亿美元下降至近 1 万亿美元。在一个"去全球化"的时代下，老牌资本主义国家不再像以前那样跑到世界各地慷慨投资，而纷纷提出"××优先"的口号。本国的工人就业比海外投资更加重要。发达国家对外投资动力熄火，而中国对外直接投资的规模却与日俱增，稳定在 1200 亿美元的规模。

笔者去年 12 月赴荷兰、捷克、奥地利调研，奥地利的经济学家普遍看好中国同奥地利以及中国同中东欧的合作前景。他们认为，中东欧经济向好有几个主要原因：第一，就整个地区而言，前几年投资少，是因为没有信心，现在经济总体形势向好，故投资加大。第二，企业很长一段时间推迟投资，但不能不投资，现在进入投资风口。可见，投资以及健康的资本流动是摆脱经济危机的重要路径。与之相反，美国发动"史诗级"的贸易战，不仅不利于企业放手投资，更减弱了各国的经济黏性，必然导致政治保守以及民粹主义抬头，这对全球经济而言是"雪上加霜"。

"剪羊毛"不是健康的资本流动，是美国霸权的具体体现。简单地说，就是国际金融资本先向某国投入大量"热钱"，炒高该国的房地产、股市、期市、汇市等，当泡沫吹大后再将热钱迅速抽走，造成民众恐慌和跟风撤出，造成该国股市、房市暴跌，引发经济危机。然后这些金融资本再以极低的价格收购该国的核心资产，洗劫该国积累的财富，国际金融资本则赚得盆满钵满。最后，通过"剪羊毛"，国际金融资本还会控制该国经济，以达到间接控制该国政治的目的。在实践中，美国交替使用量化宽松与加息两手政策，维护其美元霸权，通过美元"剪羊毛"收割别国。

第一手，量化宽松，即持续注入流动性，向市场投放大量货币。2008 年国际金融危机以来，低收入和中低收入国家政府的贷款量已从 570 亿美元激增到 2016 年的 2600 亿美元。其主要原因为，西方国家实行的量化宽松政策影响国际投资机构将业务方向转至发展中国家。其中，非洲国家是重头。放贷机构希望为非洲国家提供更多的贷款，以获得更高的利率回报。

第二手，美元加息，即美元升值导致各国外储缩水。4 月以来美元的升值，正对阿根廷、土耳其、俄罗斯、南非等一些新兴市场国家产生显著影响，其中尤以阿根廷为重。阿根廷政府为了稳住汇率，八天之内连续加息三次，将其基准利率从 27.25% 上调至 40%，但市场依然没有明显稳定迹象。在历史上，阿根廷曾遭遇过三次严重的债务危机，第一次在 19 世纪末，第二次在 20 世纪 80 年代，第三次是 2001 年。

无论是 20 世纪 80 年代那次还是本次的阿根廷债务危机，均发生在美元加息和缩表（缩减资产负债表）周期。美联储近期表态，称今年将会加息三至四次；与此同时，作为全球债市风向标的美国十年期国债收益也突破 3%——强势美元会让美国在全球资本争夺战中处于优势地位，这使得美元加速从新兴市场撤出，并流向美国。

最近，英国朱比利债务活动研究机构公布的一份数据表明，南部非洲一些国家的债务在过去两年内增加了 50%，为 2005 年以来的最高水平。该数据指出，导致历次债务危机的主要原因为大宗商品价格下跌和美国利率回升所致，"历史似乎正在重演，自 2014 年来，大宗商品价格指数下跌幅度已超过 40%，而美元升值幅度已达 15%"。对所有新兴市场来说，美元加息意味着它们在国际金融市场的融资成本将会不断提高，而且外资将加快从部分新兴市场国家撤离，其货币很可能将短期内大幅贬值，没有外汇从国际市场购买所需产品，更直接停滞其出口，经济出现恶性循环。

在埃塞俄比亚期间，笔者得知中国车企纷纷落地埃塞俄比亚市场。埃塞俄比亚每年大概有 18000 台各种车辆的进口，大部分为二手车，在为数不多的大约 3000 台新车销售中，力帆汽车的销售总量占据了约三分之一的份额。但是，力帆已经很长时间关停了生产线。其实企业不是缺乏订单，当地也不缺乏需求，力帆在埃塞俄比亚的工厂年产能有 3000 至 5000 台，但实际年产量只有 1000 台左右，主要是因为埃塞俄比亚现在外汇不足，导致企业无法申请到足够的外汇进口零部件。

第三，如何看待"一带一路"的辐射范围："一带一路"在美国、印度等国基本没有项目，但这些国家的债务也很高。2018 年 4 月。国际货币基金组织表示，全球债务规模已经膨胀至创纪录的 164 万亿美元，这一趋势可能令各国更难应对下一次经济衰退，或是在融资状况收紧时更难偿还债务。IMF 指出，全球债务现在是每年生产的商品和服务价值的两倍多，占全球 GDP 的 225%，现在比上一个债务高峰期——2009 年的债务水平高出 12%。

很多国家担心，美国的事态发展堪忧，因为该国除了以更快速度增加债务之外，还在加息，导致借贷成本上升，并有可能导致违约激增，这也是发展中家债务负担加重的重要原因。2018 年 6 月 26 日，美国国会预算办公室（CBO）公布最新的长期预算展望报告指出，美国公共债务目前占 GDP 的 78%，处于二战后以来的最高水平。美国总统特朗普上台一年之后，美国债务规模增长 1 万多亿美元，美国全国债务规模首度超过 21 万亿美元大关。IMF 最新报告显示，到 2023 年，美国债务与 GDP 的比率预计将扩大至 116.9%，而意大利将缩小至 116.6%；就财政负担而言，美国也将"领先"莫桑比克和布隆迪；日本债务与 GDP 的比率为全球最高，预计将连续第六年收窄，但到2023年仍居首位，达到229.6%。

随着经济增速放缓，印度企业大量出现无法偿还贷款的问题，尤其是电力、钢铁和电信公司。根据印度NSDL的数据，截至2018年4月底，印度净流出资本2.44亿美元。与此同时，包括印度银行和印度工业发展银行在内的很多银行均在抛售自身资产，以应对高企的债务和严重的不良贷款。

一句话，美印等国自身债务水平不低，却将发展中国家的债务问题归咎于"一带一路"，是典型的"不厚道"。

第四，如何看待"一带一路"的实践效果："一带一路"要打造"赢联盟"，不是"落井下石"，而是"雪中送炭"。中国落后贫穷过，对"落后就要挨打、贫穷就要挨骂"感同身受。只有殖民主义或帝国主义才希望建立"依附关系"，中国希望合作共赢，这不是中国的策略，而是中国的历史观、格局观、价值观。

越来越多的国际组织认为，非洲靠自身难以避免此次危机。西方资本是"有事就溜"，而中国人希望患难与共，从长远大局看待利益得失。目前，非洲仍将需要大量投资来建设基础设施进而推动发展。但非洲目前是全球财政收入占GDP比率最低的大陆，基建投资所需的大量资金很难依靠非洲自给自足，需要找到负责任的合作者。

在几内亚，中国魏桥携手新加坡韦立国际集团、烟台港、几内亚UMS公司组成魏桥赢联盟经济联合体，在几内亚博凯地区建设铝土矿出口基地。矿区周边农村大都不通电不通水。过去，村民喝的是雨水、坑水，赢联盟为当地村民打了井，村民喝上了干净的水。村里有很多人在矿上做工，挣到了钱，盖起了房子。中企还在村里办了一个妇女技术培训班，学习电工。

就环境保护而言，在开采完毕的矿区，每隔三米就种植着一株腰果树，平均树高已达 50 厘米，成活率 80% 以上。赢联盟在开采矿石之前，就把地表土堆存起来，开采完毕后，再把地表土复填，趁雨季到来之前种上腰果、芒果等经济树木，总计复垦面积达 85 万平方米。魏桥非洲项目负责人介绍说："等树木长成之后，中国企业就把这片腰果林免费送给村民。"

三年来，赢联盟为所在地居民修路、修桥、打水井、安路灯、维修学校房屋，进驻仅仅两年多，就为周边 137 个村庄打了 80 多口压水井。魏桥打算未来三年，投资 800 万美元，为企业周围 200 个村庄解决通电、吃水困难。几内亚总理接受记者采访时说："'一带一路'倡议是多边合作的重要渠道，中国经济深刻影响世界经济发展，中国的参与增强了国际行动的执行力。中国企业在几的投资激发了其他投资者的信心。"

有数据显示，在撒哈拉以南非洲国家政府负债构成比例为：38% 来自商业银行，36% 的债务属于世界银行、国际货币基金组织等多边机构，还有 26% 的债务来源于其他国家政府。中国在"一带一路"建设中所提供的金融支持主要属于后者，债务数量不大，但对经济社会发展的带动作用不小。

"一带一路"倡议提出五周年之际，多种负面评价此起彼伏，不是"一带一路"出了问题，而是西方国家的心态出了问题。当然，对中国而言，"一带一路"建设不应给国际社会的印象都是重资产、硬联通项目，也需要多些轻资产、软联通项目，特别是要有扎实的学理支撑、话语权支撑。

"一带一路" 更好造福各国人民 ①

　　"一带一路" 国际合作高峰论坛（以下简称 "论坛"）将于 5 月 14 日至 15 日在北京举办。此次论坛将成为推进国际合作，深化 "一带一路" 与各方发展战略对接，加强中国对外经济合作的有益平台。

　　三年多来，"一带一路" 建设从无到有、由点及面，进度和成果超出预期。全球 100 多个国家和国际组织共同参与，40 多个国家和国际组织与中国签署合作协议，形成广泛国际合作共识。与此同时，国际社会对 "一带一路" 内涵和属性的认识也变得更加清晰。

　　在经济层面上，强调合作共赢属性。经济内涵是 "一带一路" 的优先属性，这一倡议首先要 "在商言商"，即让中国民众以及国际社会切实享受到 "一带一路" 的红利与实惠。"一带一路" 的理念是共同发展，目标是合作共赢。它不是中国一家分蛋糕或拿蛋糕的大头，而是沿线各国共同把蛋糕做大，一起分蛋糕。三年多来，联合国大会、安理会、亚太经合组织、亚欧会议、大湄公河次区域

---

① 本文发表于 2017 年 4 月 13 日的《解放军报》，写于 "一带一路" 国际合作高峰论坛前一个月，将 "一带一路" 的基本内涵概括为在经济、人文、全球治理层面的充分 "互联互通"，其意义可以归纳为：提振世界经济的重要举措，深化人文交流的重要平台，参与全球治理的创新实践。

合作等有关决议或文件都纳入或体现了"一带一路"建设内容。经济走廊建设稳步推进，互联互通网络逐步成型，贸易投资大幅增长，重要项目合作稳步实施，取得一批重要早期收获。"一带一路"已经成为各方积极参与推进的重要事业，为增进各国民众福祉提供了新的发展机遇。

在人文层面上，强调文明互鉴属性。人文内涵是"一带一路"的重要属性。历史上，丝绸之路不仅是经济之路，同时也是文化之路。古代丝绸之路凝结了沿线沿岸国家共同的历史记忆和文化符号，为促进东西方的文化交流作出了卓越贡献。新形势下，"一带一路"不仅要秉持合作共赢理念，建设共同发展、共享成果的经济带，更要发扬丝路精神，建设开放多元、民心相通的文化带，构建有利于丝路沿线各国相互欣赏、相互理解、相互尊重的人文格局。3年多来，中国积极同"一带一路"沿线国家和地区，在文教、旅游等人文领域广泛开展合作，为"一带一路"建设奠定了坚实的民意基础。相信在丝路精神的滋养和"一带一路"沿线各国的努力下，不同地域、不同民族人们的心会越来越近，将汇聚起走向共同繁荣的强大动力。

在全球治理层次上，强调公共产品属性。"一带一路"体现了中国的全球视野和大国情怀。这一公共产品至少包含三个层次：物质性公共产品、理念性公共产品、制度性公共产品。物质性公共产品，如帮助其他国家修路、造桥、供电等，是在人、财、物等物质性需求层面的供给。理念性公共产品，主要是提供中国方案，以有效应对和解决全球性难题，其主要特点是主动与国际社会分享理念、共享价值。制度性公共产品是公共产品的最高形态，其本质是对规则的共塑与完善，难度最大，但一旦形成其影响力极其深远，亚投行和丝路基金的创设就是典型的代表。未来，更多制度性公共产品的出现，将有力推动"一带一路"的组织化、机制化发展，为"一带一路"建设注入更为持久的动力。

综上，"一带一路"的基本内涵可以概括为在经济、人文、全球治理层面的充分"互联互通"，其意义可以归纳为：提振世界经济的重要举措，深化人文交流的重要平台，参与全球治理的创新实践。"一带一路"既是中国倡议，也是国际共识，中方期待在这样的认知基础上，与各方共商合作大计，共建合作平台，共享合作成果，让"一带一路"建设更好造福各国人民。

"一带一路"展现新时期中国开放胸怀①

推进"一带一路"建设，是习近平总书记提出的伟大构想，是习近平总书记治国理政新理念新思想新战略中最具魅力的组成部分之一。经过三年多的实践，"一带一路"建设的逻辑更清晰，魅力更闪耀，已进入"争取更大作为"的历史新阶段。

"一带一路"的统筹之道

"一带一路"不是中国单方面去规划世界，而是要真正融入世界。"一带一路"建设涉及范围广、领域多，需要内外、各方协同联动。推进"一带一路"建设，要切实推进统筹协调，坚持陆海统筹，坚持内外统筹，加强政企统筹。

陆海统筹展现中国的全球观、大局观、格局观。就国内而言，这个倡议符合我国经济发展内生性要求，也有助于带动我国边疆民族

---

① 本文发表于 2017 年 4 月 3 日的《光明日报》，重点谈了"一带一路"的智慧对接问题。

地区发展。如果将国家利益分为安全利益和发展利益的话，"一带一路"陆海统筹就是要将安全利益与发展利益结合起来，将改革开放的末梢变成新时期对外开放的前沿。就国际而言，"一带一路"将打破长期以来陆权和海权分立甚至对立的格局，推动形成一个欧亚大陆与太平洋、印度洋和大西洋完全连接、陆海一体的地缘空间新格局。

内外统筹是关键点。"一带一路"建设制定了以政策沟通、设施联通、贸易畅通、资金融通、民心相通为主要内容的与各国的具体合作方案，阐明了中国各地方的开放态势，详细定位了相关省份在"一带一路"中的职能与责任，可以有机地统筹国际国内两个市场、国际国内两种资源、国际国内两类规则。这是新一届国家领导人以扩大开放倒逼国内深层次改革的深远考量，通过内外统筹真正推动中国与国际社会的双向互动，不仅要"互通"，更要"深融"。

政企统筹是突破口。"一带一路"的有效推进既要靠政府，也要靠企业，两者是落实"一带一路"的双引擎，需要同步驱动。推进"一带一路"建设，既要发挥政府把握方向、统筹协调作用，又要发挥市场作用。政府要在宣传推介、加强协调、建立机制等方面发挥主导性作用，同时要注意构建以市场为基础、企业为主体的区域经济合作机制，广泛调动各类企业参与，引导更多社会力量投入"一带一路"建设，努力形成政府、市场、社会有机结合的合作模式，形成政府主导、企业参与、民间促进的立体格局。就企业的"一带一路"定位而言，国有企业是主力军，民营企业是生力军。

"一带一路"的多层次内涵

"一带一路"建设的根本目的，是为了促进经济要素有序自由流动、资源高效配置和市场深度融合，推动沿线各国实现经济政策协调，开展更大范围、更高水平、更深层次的区域合作，共同打造政治互信、经济融合、文化包容的利益共同体、命运共同体和责任共同体。

"一带一路"的实质是"互联互通"，其内涵具有多层次性：

经济层次上，强调合作共赢属性。经济内涵是"一带一路"的优先属性，这一倡议首先要让中国民众以及国际社会切实享受到"一带一路"的红利与实惠。以"一带一路"建设为契机，开展跨国互联互通，提高贸易和投资合作水平，推动国际产能和装备制造合作，本质上是通过提高有效供给来催生新的需求，实现世界经济再平衡。特别是在当前世界经济持续低迷的情况下，如果能够使顺周期下形成的巨大产能和建设能力走出去，满足沿线国家推进工业化、现代化和提高基础设施水平的迫切需要，有利于稳定当前世界经济形势。

人文层次上，强调文明互鉴属性。人文内涵是"一带一路"的核心属性。民心相通是"一带一路"建设的重要内容，也是任何国际合作的人文基础。在新的历史条件下，中国提出"一带一路"倡议，就是要继承和发扬丝绸之路精神，把中国发展同沿线国家发展结合起来，把中国梦同沿线各国人民的梦想结合起来，赋予古代丝绸之路以全新的时代内涵，构建有利于中国和平发展，有利于沿线各国相互欣赏、相互理解、相互尊重的人文格局。

全球治理层次上，强调公共产品属性。公共产品内涵是"一带一路"的价值属性，体现了中国的全球视野和大国情怀。公共产品至少包含物质性公共产品、理念性公共产品、制度性公共产品这三个层次。长期以来，中国在物质性公共产品上的贡献巨大，帮助其他发展中国家修路、造桥、供电等，提供人、财、物等物质性需求层面的供给。"一带一路"建设则凸显中国在理念性公共产品、制度性公共产品上的作为。"一带一路"是对传统理念的一种超越，路、带、廊、桥等中国式话语开始崛起，代表着国际社会"消除边缘"的发展潮流。"互联互通"开始成为一种时尚，"痛则不通，通则不痛"的中国式文化与哲学思想开始备受瞩目。在制度性公共产品层面，"一带一路"所推崇的游戏规则更加强调公平、开放、包容，具有西方国家俱乐部化、排他性游戏规则无法比拟的道义优势。

据此，"一带一路"的基本内涵可以概括为在经济、人文、全球治理层面的充分"互联互通"，在此基础上，"一带一路"是提振世界经济的重要举措，深化人文交流的重要平台，也是中国参与全球治理的创新实践。

"一带一路"的智慧对接

"一带一路"是中国倡议，但其成功需要凝聚国际共识、全球智慧。共建"一带一路"既需要各方诚意决心，也需要各方远见卓识；既需要战略对接、规划对接、项目对接，也需要智慧对接、舆论对接、行动对接。不断夯实持续发展新框架，需要实现上述六大方面的全面对接，特别是智慧对接。

第一，实现智慧对接，要加强"一带一路"建设的学术研究、理论支撑、话语体系建设。要推动全球知名智库合作研究前沿问题、热点议题、棘手难题，实现"一带一路"的智慧成长，创造良好的文化条件和政治生态。"一带一路"是不断动态调试的过程，需要凝聚各方智慧。为此要逐渐建立与完善"一带一路"的动态评估机制，为这一伟大倡议提供有力的制度保障。

第二，要持续加强"一带一路"软联通项目的落地，如文化、标准、技术、专业服务等。目前，"一带一路"项目大多数是重资产项目，如道路、桥梁、港口、隧道、园区、能源资源、工程基建等，这类项目的特点是投资大、周期长，但风险也大。因此，特别需要一些能够发挥润滑剂和黏合剂作用的轻资产项目，轻资产项目离沿线国家民众的生活更近，更易于发挥杠杆效应，助益于"通心工程"。

第三，推进"一带一路"倡议，人才是关键。人才不仅是流动的，更是共享的。"一带一路"建设面临国际环境多变、区域状况复杂、现实需要众多等挑战，涉及地缘政治、文化、社会、法律、语言、宗教等多方面具体问题。要解决这些问题，就需要有方方面面的人才，要让人才和思想在"一带一路"上充分流动起来。只有将全球人才集聚起来，"一带一路"才能更有活力、更具魅力。

以"一带一路"激活"新未来"[①]

  中国国务院总理李克强 2016 年 3 月 24 日上午在博鳌亚洲论坛 2016 年年会开幕式上发表演讲时指出，中方愿将"一带一路"的倡议与地区国家及区域组织发展战略对接，打造规划衔接、生产融合、协同跟进的地区发展新格局；支持互联互通、产能合作等项目，让地区人民共享融合发展的红利。的确，亚洲是全球最具活力的地区，但依然有痛点，不联不通就是痛点，通过"一带一路"的"五通"建设，亚洲以及世界的共同体前景将更加聚化，即以"互联互通"激活"新未来"。今天，"一带一路"需要更多的标志性项目落地，需要实现硬联通与软联通的结合，需要以"通心工程"解决"信任稀缺"的问题。虽然叫亚洲论坛，但博鳌的关注点与影响

---

① 2016 年 3 月 25 日，在博鳌亚洲论坛期间，为英国《金融时报》中文网撰稿。写作之前，作者先后赴澳大利亚、捷克、意大利、英国等西方经济体调研"一带一路"。总体感觉是，西方国家高度关注中国的发展，认为中国拥有全球角色。具体来说，对中国的赞誉与期望集中在以下几点：中国是国际社会的核心国家，是全球治理的支柱国家（pillar）；对中国预见以及规划未来的能力印象深刻，认为中国领导层有很强的顶层设计能力；在全球化时代，各个国家都共享着中国发展的成就，中国对世界经济的贡献很大，中国脱贫的规模和难度是世界上其他国家不可比拟的；希望加强同中国的知识流动，加强人文交流。

力已经遍及全世界。

中国的聚光灯效应在放大

笔者最近先后赴澳大利亚、捷克、意大利、英国等西方经济体调研"一带一路"。总体感觉是，西方国家高度关注中国的发展，认为中国拥有全球角色。具体来说，对中国的赞誉与期望集中在以下几点：中国是国际社会的核心国家，是全球治理的支柱国家（pillar）；对中国预见以及规划未来的能力印象深刻，认为中国领导层有很强的顶层设计能力；在全球化时代，各个国家都共享着中国发展的成就，中国对世界经济的贡献很大，中国脱贫的规模和难度是世界上其他国家不可比拟的；希望加强同中国的知识流动，加强人文交流。

与此同时，西方经济体特别是欧洲对目前的发展状况有消极情绪，认为自身的竞争力在不断下降。笔者在调研过程中经常听到如下的表述：欧洲地区的危机是长期性的，涉及政治、经济、社会等深层次结构性问题；欧洲地区的危机是系统问题，而不仅仅是政策问题，因此要系统性地改造，而不是技术性地改良。在经济合作方面，相关国家希望在环保、现代农业、高科技、医疗保健、社会政策等领域加强同中国的合作，主动将其规划对接中国的"一带一路"倡议。

在亚洲，周边国家的领导人对中国经济多持积极认可态度。他们认为，中国经济增速减慢，但依然超过诸多西方经济体。亚洲诸多国家希望利用博鳌论坛以及"一带一路"把握住中国机遇。例如，中澳自贸协定的签署，对中澳关系影响很大，澳方认为中澳关系处于黄金期，两国在投资、贸易以及人文交流方面非常活跃。很多澳大利亚企业正在思考，高工资但高素质的澳大利亚人如何增强国家竞争力，通过"一带一路"倡议打开中国市场。澳大利亚的传统合作伙伴是欧美，现在经济上"向北看"，集中精力开拓亚洲，特别是中国。在调研期间，澳方问得最多的问题就是："一带一路"包不包括澳大利亚，"一带一路"对澳大利亚和亚太究竟意味着什么，"一带一路"和亚投行的关系如何定位，等等。这一方面反映出，澳方高度关注中方倡议，但对"一带一路"的认知基础薄弱（比如，认为"一带一路"的核心是基建项目和输出过剩产能），另一方面也说明我方工作力度不够、针对性不强。与国内不断有智库、商会、媒体去欧洲、中亚等地区宣讲、推介"一带一路"项目相比，我们事实上忽视了澳大利亚等亚太国家在"一带一路"中的优势和机遇。

"激活"要先打通"痛点"

"一带一路"沿线国家的痛点可以概括为：在经济上，一些经济体逐渐摆脱了持续多年的衰退而恢复增长，但深层次结构性问题依然存在，前景仍不容乐观。首先，投资不足的状况难以在短期内改变。同时，失业率高居不下，青年失业率更是惊人，直接影响到社会稳定。在政治上，有些国家深陷危机，希望加速振兴，但由于烦琐、低效的制度限制，无法迅速采取行动。虽然启动了改革方案，目的是简化立法程序、提高国家效率。然而，相关改革牵涉的党派与利益主体众多，阻力巨大。在外交上，保守主义情绪相互传染。诸多沿线国家的民众目前最关心的议题是就业、卫生、移民、养老金等，外交政策的内向性更加凸显，如英国启动"脱欧"公投就是具体表现。最后，难民、移民问题同民族、宗教问题相互交织，人们普遍缺乏安全感。

在此背景下，博鳌论坛以及"一带一路"的受欢迎，是全球"灰暗背景"中的一抹亮色，甚至可以预言全球会逐步迈入"新亚欧大陆时代"。这个时代的特点就是，国际权力重心逐渐向东方转移，相关国家主动加强同中国、亚太等新兴市场国家的双边关系以及多边制度安排，安全、经贸等硬实力积极同文化、文明等软实力互联互通。

"博鳌论坛"之后的三大工作要点

第一，除经贸合作外，要不断加强人文交流，要努力推动国家之间的文化和教育合作。在"一带一路"沿线上，有越来越多的学校开设中文课程，最近 BBC 的纪录片《中华的故事》就非常受欢迎，每周有几百万英国人在电视机前观看。澳、英、德等西方国家多次表示，希望加强同中国的人文交流，特别是在职业教育培训方面，它们有优势，愿意在工程、设计以及医疗保障等领域加强合作。目前，中国留学生正成为西方国家大学越来越重要的收入来源。在英国，其外交国务大臣雨果·施维尔明确指出，提高中英民众的相互了解对"黄金年代"的维护非常重要。目前，英国政府开始加强有关中文的语言学习投资，鼓励更多的英国学生学习中文。

虽然充分的语言、旅游、文化等人文交流未必能够使政治问题迎刃而解，但毕竟人文交流是"通心工程"。1616 年，东西方戏剧大师——汤显祖和莎士比亚，同年仙逝。2016 年是两位文学巨匠逝世400周年，中英两国可以共同举办纪念活动，如推动《牡丹亭》等传世名著在英国进剧场、进课程、进社区，举办汤显祖—莎士比亚文化国际学术研讨会等，以此推动两国人民交流、文化交融、加深相互理解。

第二，如何使博鳌论坛的效果可持续，值得认真研究。笔者非常赞成有些专家提出的"离岸外宣"概念，即借助外部资源鲜活地讲好中国故事。一是充分利用驻外华人华侨资源进行外宣传播。华人华侨中一些精英已融入当地社会，谙熟所在国的语言文化，积累了广泛的人脉资源。同时他们十分了解祖国的社会文化和经济发展，是沟通中外的有效桥梁。例如，《中国新闻周刊》英国版等媒体在这方面做了较有成效的尝试，聘请的工作人员多是华人，他们具有在英国广播公司（BBC）等主流媒体的采编管理经验，伦敦、北京两地采编中英、中欧重大新闻，本土操作，高端精准发行。其次，在投射文化软实力方面，除了支持孔子学院之外，可借鉴日本和中国台湾的经验，适当考虑出资在欧洲高校设立"特定教席"。比如，英国牛津、剑桥和伦敦政治经济学院产生了很多世界知名的学者和各类诺贝尔奖获得者，可以鼓励和支持一些中国机构和企业出资在这些高等学府特设"讲习教授"或冠名，加强和扩大与中国相关课题的研究，他们从事学术活动和发表文章时，都会自然地产生学术与社会影响，如同行走的中国名片。此外，根据英国牛津、剑桥等已有的成功经验，可以鼓励和支持中国机构和企业特设或冠名奖学金、楼宇甚至院系，如剑桥大学的贾吉（Judge）商学院、牛津大学的赛德（Said）商学院以及路透（Reuters）新闻研究所等。目前，可考虑在这类高校中由企业或个人出资设立"丝路"奖学金、"丝路"教席、"丝路"研究所等。

第三，要使"一带一路"的标志性项目真正落地。2015年的博鳌论坛期间，《"一带一路"愿景与行动》文件出台，完成了顶层设计。2016年，要以博鳌论坛为契机，使"一带一路"的标志性项目真正落地。目前，英国的北方经济引擎规划与"一带一路"对接的基础较好，可率先打造成为中欧合作的标志性项目。英国欢迎中国投资，尤其是到英格兰北部和北爱尔兰等地区投资。英国北方经济引擎规划的出发点：使英国的南北方地区发展更为均衡、实现区域内核心城市的经济联动，等等。相关做法有：1.区域内的城市（曼彻斯特、利兹、利物浦、谢菲尔德、纽卡斯尔）启动共同经济战略并进行联合投资，以改善这些城市、城镇及其港口之间以及城市内交通运输网络的连通性；2.相关城市组成"超级"经济体，打破现有各城市独立运营的状态，创造充分的商业机会，实现智慧城市；3.区域内高校、智库、科研院所组成学术联盟，对相关议题进行联合研究；4.政府的作用是为企业提供优质的服务与支持，增强区域内企业对接国际市场的便利性；5.充分的连通性与便利性有利于提高该城市群的国际竞争力，不断吸引优秀人才以及创新型全球企业入驻该区域。

上述内容对中国"一带一路"倡议、西部大开发战略以及长江经济带建设有启示意义。此外，英国北方经济引擎规划区域在能源、生命科学、医疗保健、先进制造业以及物流等行业具备雄厚的实力，同时，该规划涉及价值240亿英镑的投资项目，覆盖从住房到能源、从科学到航运的诸多行业，应鼓励我国企业以此区域为突破口，由此积累进入西方高端市场的资质条件以及人文经验。

总之，博鳌论坛以及"一带一路"必将为全球经济注入新的发展动力，使各国追求利益最大化的同时，积极探索合作之道，在确保各自国家拥有竞争优势的同时，夯实共识基础，在政策上逐渐采取去除贸易壁垒的措施，加强互联互通，增大彼此的开放力度。

"一带一路"软联通：
打通文脉　共享价值^①

　　"一带一路"是"通心工程"，要在沿线国家民众中形成一个相互欣赏、相互理解、相互尊重的人文格局。

　　首先，"一带一路"需要语言铺路，文化通心。"一带一路"的核心内涵是互联互通。其中，"软联通"就是要重视语言、文化、精神和价值层面的沟通和交流。从本质来看，民心相通是最高层次、最有意义的相通，但也是最难实现的相通。

　　语言是实现民心相通的基础。"一带一路"语言战略的短期目标是交流、便利。要建立"一带一路"沿线语言的人才库，包括专家和翻译人员等。在国内，义乌之所以能够成为国际贸易的品牌城市，其中一个原因是义乌集聚了大量的阿语人才。贸易离不开便利，准确的翻译能够使"一带一路"建设更加通畅。在"一带一路"建设中，语言不通也是"痛点"，在笔者调研过程中，有很多"走出去"的中资企业表示，由于语言问题而走了很多"冤枉路"。

---

① 2016年底，光明网专门做了2016年度文化盘点系列——文化走出去。本文是光明网对作者的专访，核心观点：软实力的核心是文化，文化的核心是价值，没有价值共振，所有的文化展现都是"花拳绣腿"。

　　"一带一路"语言战略的中期目标是学习、进步。学习是交流的高级层次，即不是被动而是主动地融入国际社会。在这个过程中，要发现语言和文化之美。今天，中国企业开拓"一带一路"，最需要的可能不是能源和市场，而是国际化思路和全球化视野。语言背后是习俗、传统，重视语言就是重视细节，就会切实观照沿线国家对中国的务实需求，从而倒逼中国企业进行供给侧改革，在渐进性创新的基础上，充分重视知识产权等"软联通"要素，实现中国的突破性创新和跨越式进步。

　　"一带一路"语言战略的长期目标是提升中国软实力，实现中华民族的文明型崛起。语言是丰富多彩的，但国际社会的主流语言（通用语言）会从一个侧面展现一个国家在国际社会的认可程度，就如同人民币国际化一样，汉语、中医药、中餐等具有鲜明中国特色的文化标识也会逐渐"走出去"，实现"国际化"。相信会有更多的人去学习汉语，了解中国文化，认同中国价值。在这个过程中，要用鲜活的语言、深刻的事例，讲好"一带一路"故事，让国际社会共同分享中国成长的红利。

　　其次，"一带一路"需要"受众本位"意识，不断夯实社会和民意基础。在海外调研时，笔者发现国际社会高度关注"一带一路"，有外国朋友说：他们对中国文化十分感兴趣，但感觉中国的文化供给严重不足；甚至有中东欧国家负责经济的领导人，依然不清楚"一带一路"还包括文化、教育、旅游等内容，他们的认知就是"一带一路"＝基建＋物流＋贸易＋能源＋投资，等等。可见，"一带一路"仍需加强外宣与文化交流力度。

　　在柬埔寨，孔子学院、中国文化中心非常受欢迎，但语言与技能培训机构应先补足。语言是文化的基础，也是文化的门槛。一般来说，孔子学院主要针对青年大学生、中国文化中心主要服务社会精英，但是如何解决普通民众对中文的广泛学习问题，应引起我们的高度关注，并应立即着手解决。柬埔寨的今天特别像 38 年前中国改革开放的初期，人们对知识的渴求非常强烈。在柬埔寨，70% 的人口都是 30 岁以下的年轻人。大家白天下班之后，去得最多的地方是夜校，主要学习语言，包括中文、韩语、英语、日语等，原因很简单，掌握一门语言对就业以及薪酬提升帮助很大。笔者在柬埔寨访问时，发现街道两边到处是韩语、英文、日语学校，而中文培训机构则相对较少。因此，建议在丝路沿线国家多提供中文语言培训以及专业技能培训，有利于夯实民意和社会基础。

的确，"一带一路"有深厚的文化土壤。2016 年 9 月，笔者赴波兰参加第 26 届东欧经济论坛，会议期间遇到一名吉尔吉斯斯坦议员，该议员认真地告诉与会代表：1."一带一路"是伟大倡议；2. 中亚国家可以通过"一带一路"，吸引外来投资、创造就业机会、改善国家经济状况、促进社会稳定；3. 吉尔吉斯斯坦及中亚国家全力支持"一带一路"。该议员是吉尔吉斯斯坦东干（回族）协会主席，说着一口非常地道的陕西话，令人印象深刻。目前，吉尔吉斯斯坦有着 7 万多回族人，是中亚回族人最多的国家。东干人的先人多数是 100 多年前由陕甘地区迁徙到中亚的回族人。中亚当地人称其为"东干"，就是从东岸（东方）来的。目前，中亚东干人有 17 万多人，主要分散于吉尔吉斯斯坦、哈萨克斯坦的 30 多个聚居点，他们还保留着部分陕甘方言和传统习俗。可见，文化有多深厚，"一带一路"的影响力便有多深刻。要充分调动每一位国人、全球 6000 万华人华侨对"一带一路"的热情，要让中国人的眼神中充满对文化的自信与灵动。

再次，"一带一路"要从功能定位走向人文定位。这一倡议蕴含的经济规律是，能源资源总是越挖越少，但文化资源则是越挖越多。未来，要持续加强"一带一路"软联通项目的落地。目前，"一带一路"项目大多数是重资产项目，如道路、桥梁、港口、隧道、园区、能源资源、工程基建等，这类项目的特点是投资大、周期长，但风险也大。故此，特别需要一些能够发挥润滑剂和黏合剂作用的轻资产项目，如文化、教育、健康、旅游、标准、技术、资质、专业服务等。在教育方面，可尝试建立"一带一路"大学，规模不一定很大，但一定是全球青年精英在一起，而且要"行走"起来，如每个学期可以在全球知名高校轮流学习，核心作用是加强青年人对世界的认知以及互信的建立，归根到底，"一带一路"的关键在人，要服务青年、依靠青年、为了青年。

对企业而言，企业的受欢迎不仅是令人惊叹的经济成就，更应是引起共鸣的文化事件。企业本身就是"一带一路"文化交流的主体：一方面，中国企业频频收购全球知名的文化品牌，努力提升自身的品牌价值；另一方面，中国企业在"一带一路"沿线充分履行社会责任，在出售商品、提供服务的同时，也在与国际社会共享中国的文化与价值，要引起国际社会对"一带一路"的文化共鸣与文化共振。

对中国企业而言，不仅要重视经济红利，而且要重视文化红利，要充分展现中国企业的文化修为。例如，国际金融危机爆发后，很多发展中国家的政府财政出现困难，无法按期支付工程款，与其合作的外国企业纷纷停工或跑路。但是，华为、中信建设等中国企业坚定地按合同要求履约。不久，政府财政危机解除，中国企业不仅很快收到了工程款，并且获得了旅游区开发、电信合作、农业技术合作、教育合作等更多高附加值的项目，中国企业收获了尊重与信任。

2016年12月5日，习近平总书记主持召开中央全面深化改革领导小组第三十次会议。会议审议通过的《关于加强"一带一路"软力量建设的指导意见》指出，软力量是"一带一路"建设的重要助推器。要加强总体谋划和统筹协调，坚持陆海统筹、内外统筹、政企统筹，加强理论研究和话语体系建设，推进舆论宣传和舆论引导工作，加强国际传播能力建设，为"一带一路"建设提供有力理论支撑、舆论支持、文化条件。

软力量的核心是文化，文化的核心是价值。其中，"文化条件"一语中的，"一带一路"不仅寻找商机、打通商脉，也在构建以多元文化为基础的命运共同体，致力于打通文脉、共享价值。总之，这一伟大倡议的魅力在于，要从过去 500 年西方国家主导的功能定位（商业属性），走向绵延千年人类文明史的人文定位（人文属性），让文化的热度温暖冷冰冰的器物。

"一带一路"要警惕扎堆的负面评价①

从 2018 年初到现在，有关"一带一路"负面评价的文章突然多了起来，是"一带一路"出了问题，还是某些国家的心态出了问题？2018 年，是"一带一路"倡议提出五周年，2019 年将举办第二届"一带一路"国际合作高峰论坛，在这一特殊时间节点扎堆出现的负面评价，一方面要引起重视和警惕，另一方面要客观总结五年实践，注重细节、完善政策。

最新的一篇文章是英国《金融时报》2018 年 7 月 13 日发表的《"一带一路"项目为何大量遇阻？》。作者指出，中国在马来西亚和哥伦比亚的项目相隔了半个地球，但它们的遇阻都与对华关系，以及北京方面不透明的发展融资方式所引发的争议有关。

与 2013 年有关"一带一路"的负面评价不同，当时的主要观点如"中国版的马歇尔计划""过剩产能输出""新版的朝贡体系""国际关系史上最大的烂尾工程""与美国争夺霸权的地缘战略"不同，今天有关"一带一路"的负面评价主要集中在"地缘扩张论""经

---

① 本文原题目是《"一带一路"：如何应对负面评价？》，于 2018 年 7 月 23 日为英国《金融时报》中文网撰稿。

济掠夺论""环境破坏论""规则破坏论""债权帝国主义论"等。其中，地缘扩张、经济掠夺、环境破坏等观点是"旧货"，新的挑战是将中国的"一带一路"倡议与规则、债权等所谓西方国家最擅长的话语权结合在了一起。从某种程度上说，在西方国家看来，中国进入到他们最敏感的红线区域了。其他的负面评价还包括"就业恶化论""分裂欧洲论"，等等。

《金融时报》的文章指出，在马来西亚，由于腐败问题，约230亿美元与中国相关的基础设施项目被叫停。在哥伦比亚，由中国提供融资的大型水电站大坝出现了溃堤危险，下游居民被迫疏散。这些描述很吸引眼球，但仔细想想逻辑不通，第一不是所有的中国海外项目都是"一带一路"项目，不是所有在海外的中国企业都是"一带一路"企业。第二，任何商业项目都有风险，不能因为水患疏散等情况就说项目本身有了问题。同时，西方媒体开始把中资的海外项目称之为"不平等条约"，并且将一些项目的失败归咎于"中国中心主义意识"。甚至从马来西亚前总理纳吉布被捕，被控贪污，直接想到了"一带一路"的失败，这就是典型的泛化和污名化。

对此，既要保持战略定力，不能乱了阵脚，也要对新情况做客观分析，确保科学发展，相关建议如下：

第一，要对"一带一路"企业和项目进行甄别。早在2015年笔者就写过一篇文章《"一带一路"的最大痛点》，提出要"警惕劣质企业，不是所有走出去的企业都代表'一带一路'企业"。现在很多企业借着"一带一路"的名义蜂拥而出，一旦出现质量问题或者项目失控，"一带一路"的品牌就砸掉了，再恢复就难了。对"一带一路"的企业和项目，要进行甄别。好的项目上红榜，向国际社会展示这就是优秀的"一带一路"企业，对企业家来说是一种激励和引导。不好的企业要上黑榜，告诉国际社会跟这种企业要谨慎合作，甚至在资金支持上要对它有所限制。这样，通过红榜、黑榜机制，使一些好的项目成为精品，不好的企业受到制约和约束。中国企业走出去的进程不是粗放的，而是以精品式打造、塑造的方式去赢得国际社会对"一带一路"的尊重。

欧美日其实也在做"一带一路"，即全球范围的互联互通。不同的是，"一带一路"早期项目的主体主要是国有企业，而欧美是跨国公司。故此，很多国家会认为，中国的国有企业是服务于国家战略，是有政府补贴的不公平竞争。因此，通过红黑榜方式，孵化一批有国际视野和全球竞争力的跨国公司，通过"一带一路"使中国企业离世界一流企业越来越近，而不是与之相反。

具体来说，红黑榜的机制如何建立呢？从国家层面建立这种机制较难，会让沿线国家认为这是政治行为。应该以专业协会的方式解决，如企业协会、工会或专家委员会，从而进行优质项目的甄别和资质审核，让相关项目回归经济本质，形成良性的监督机制和严格的自律机制，避免"一带一路"过度政治化。"一带一路"不是大水漫灌，而应是涓涓细流、由点及面，通过"点穴式发力"实现化学反应。

第二，需要补足轻资产的"软联通"项目。中国企业目前"走出去"的很多是港口、高铁、核电、大坝这样的"重资产"项目，如瓜达尔港、吉布提港、中巴经济走廊、孟中印缅经济走廊、中欧班列、中白工业园等，这些项目投资较大、周期较长、风险较大。因此，要打造一批有品牌价值的轻资产项目，如教育、培训、医疗、农业等，让这些要素走到丝路百姓的生活中去，发挥"润滑剂"和"黏合剂"的作用。笔者于 2017 年 11 月 24 日到 12 月 4 日赴欧洲三国（荷兰、捷克、奥地利）考察，对欧洲的"一带一路"进展进行了相关调研。笔者问欧洲朋友，在他们眼里什么是"一带一路"，对方回答："投资数十亿、数百亿美元的项目是'一带一路'，而且主要表现形态是工程基建以及能源资源项目等。"可见，他们的认知有偏差。但另一方面，就我们自身而言，过去五年"一带一路"的"软联通"项目挖掘不够，使国际社会对"一带一路"有了误读。

笔者建议像大型水电工程在海外修建的时候，要慎之又慎，园区建设也不是越多越好。在国内，"一带一路"的体制机制需要完善，同时，建议在非洲等发展中国家集中的区域（如东非的埃塞俄比亚、西非的尼日利亚等）建"一带一路"能力中心。目前，很多中资企业将当地员工派到中国培训，不仅成本极高，且回国后培育人员离开企业的比率极大。能力中心建设有助于提升合作对象国对中国"一带一路"关键性问题的近距离认知，将是中国软实力提升的重要标志。

需要提升中国企业的专业服务业水平，如战略咨询、会计、法律服务、企业文化塑造、金融支持、传媒等。华盛顿咨询公司RWR Advisory Group 的最新研究报告显示，中国 2013 年以来在 66个"一带一路"沿线国家宣布投资的 1674 个基础设施项目中，迄今约 14% 的项目（234 个）遭遇了麻烦。所遇到的问题包括公众对项目的反对、针对劳工政策的抗议、施工延期以及国家安全担忧，其中大部分问题源于管理不善。先不说数字是否准确，至少可以从一个侧面看出，"中国在做，西方在评"，后者的评论往往等同于权威、专业、标准。所以，西方的话语权体现在方方面面，如美国有麦肯锡，德国有罗兰·贝格，爱尔兰有埃森哲等，这些都是全球闻名的战略咨询公司，它们的研究成果直接影响舆情、影响投资，这是中国"一带一路"建设需要补足的。

提升金融支持的质量。笔者常在开发银行党校、进出口银行党校授课，提醒这两家政策性银行的领导，要尽快识别、推动一些"软联通"项目。目的不是做给别人看，而是"一带一路"升级所必需的。金融支持对企业而言，要做到"雪中送炭"，而不是"锦上添花"。最近，西方批评集中在：中方提供融资的大型基础设施项目协议往往都是在高调的政治宣示中达成，使得接收国很难提出反对意见——即便可行性研究发现了问题。所以，政策性银行、丝路基金、商业银行的"一带一路"合作要增强社会责任能力、透明度水平，不求时效而求成效。

第三，加强智慧对接，夯实"一带一路"的智库建设。笔者过去跟踪研究"一带一路"五年，发现的问题是，"一带一路"大活动之前很多单位或学者"蜂拥而至"，开会之后回归常态、按部就班。"一带一路"的智库建设有点畸形，在高峰论坛之后，几乎所有挂"一带一路"四个字的智库都不能在民政机构注册。管理是对的，的确国内有不少打着"一带一路"旗号招摇撞骗的，但不能因为少数人就不让大多数专家在规范的机制化平台上进行学术研究。不同于其他学科，"一带一路"需要跟踪研究，政策需要动态性调整，因此要鼓励优秀专家在这一领域进行智库研究的创新和尝试。如果都没有专家提供高质量的研究成果，这一伟大事业如何实现智慧对接，如何确保行稳致远？

"一带一路"的智库建设不能只是解读政策，讲"一带一路"怎么伟大，更应该能够打通痛点，实现通心。如前所述，外媒往往界定"一带一路"是中国领导人倡导的一项在世界各地提供融资并建设基础设施的计划。其实，这个定位本身就有问题，是典型的"以偏概全"，需要学者澄清。"一带一路"的内涵是"五通"建设，即政策沟通、设施联通、贸易畅通、资金融通、民心相通。基础设施互联互通是"一带一路"的优先领域，不是全部。而且，基础设施项目作为"一带一路"的前期项目是有需求的。笔者 6 月份去埃塞俄比亚调研，期间让埃塞俄比亚官员选择，在他们心目中，以下项目，他们满意度最高的是：1. 亚吉铁路；2. 亚的斯亚贝巴轻轨；3. 东方工业园；4. 其他。对方选择最多的是亚吉铁路。原因是 751 公里长的亚吉铁路在对方看来真正实现了国家之间的联通，使内陆国家埃塞俄比亚联通了吉布提，从而有了出海口，真正实现了"陆海联动"。这对后续项目的立项与建设有参考价值。

2018 年 1 月 15 日，笔者主编的中国首个"一带一路"早期项目动态评估报告在京发布。该报告以"五通"为主线，从硬联通和软联通两个维度，提出国内首个"一带一路"早期项目动态评估指标体系，涉及 6 个一级指标、19 个二级指标、81 个三级指标。该报告以定量研究的方式指出，中国企业对"一带一路"国家的投资效应具有明显的不平衡性，资本进去了，但项目人文性还存在诸多需要改进的地方。

最近，笔者到埃塞俄比亚为其官员授课，埃塞俄比亚官员原本以为"一带一路"就是道路相连，授课结束后他们明白了"一带一路"也是人文交流，包括民心相通。可见，"一带一路"不可能一蹴而就，需要在合作之前充分交流，增强对关键问题的了解。未来，"一带一路"的相关会议与项目要选好故事、选好项目、选好切入点，不能一看到高铁、核电、园区等重资产、硬联通项目就等于"一带一路"，要告诉各国朋友，"一带一路"不同于西方的殖民主义、不同于"送红包"，而重在共商、共建、共享。

"一带一路"的魅力在于开放、包容，因此欢迎不同意见，甚至批评意见。这一倡议不是包治百病的"万能药"，要首先承认它的能力边界，不要夸大其作用，也不要诋毁其成效。

如何讲好"一带一路"故事①

2015 年是"一带一路"倡议进入战略推进期的关键之年。"一带一路"受到了国内及国际社会的广泛关注和热烈讨论，百度上与此有关的词条高达 759 万。"一带一路"的故事正吸引着越来越多的国际受众，如何把"一带一路"故事讲得精彩，讲得打动人心要注意以下三个方面问题。

一、努力完善"一带一路"的外宣工作

针对"一带一路"的外宣工作，目前我国有很多高校、媒体纷纷成立"一带一路"智库，但在成立之后没有产品内容的输出。主要表现为两点：第一是产品不够，特别是原创性的产品不够。第二是产品的输出不足，没有转化成国际语言。

有些新闻媒体在做尝试，甚至对"一带一路"进行专题研判，

---

① 新华社于 2016 年 6 月 26 日对作者进行了专访，是新华社"一带一路"全球行项目的组成部分。

这是可喜的现象。但问题在于这些机构成立了研究院之后，大家在起步阶段都在做重复性建设，都是研究沿线国家的地理、历史、宗教等基本情况，或是围绕区域、国情、国别、投资风险做研究。如果国内研究机构能够共享资源，大家就不需要做重复性工作，而是要做往巨人肩膀上踏一步的事情。

现在成立了一些"一带一路"的联盟。这是一个趋势，但目前效力还是有限。我们亟须做的是孵化出研究"一带一路"的真正大家和高端智库。笔者个人感觉这一两年来，真正研究"一带一路"的人不超过二十个，这是不行的。

这里所谓的"真正研究"有两个限定标准：第一，你是不是上路了，是不是在中国的沿边省份和"一带一路"的沿线国家走。"一带一路"是需要打通"己学"和"彼学"的。有些专家知道"己"，有些专家知道"彼"，但真正都打通、了解"己学"和"彼学"的少之又少。第二，所做的研究能真正影响和完善政策，对"一带一路"的发展有实质性帮助。

所以笔者认为完善"一带一路"的外宣工作，需要从两点上发力：第一，避免重复建设，共享资源和知识；第二，针对研究人员多但真正意义上的"一带一路"专家太少的现象，应该发挥高校、研究院特别是企业的力量。有导向性地聚焦"一带一路"建设，通过聚智、聚焦，我们的制度性话语权才有可能产生。

此外，媒体和学者也要互动。国内有人说"一带一路"不等同于"马歇尔计划"，但有人又兴奋地把亚投行比作美国的布雷顿森林体系，这就属于没有把问题搞清楚。"一带一路"究竟是什么，我们中国人得想清楚。我个人认为"一带一路"不是政治经济学，甚至不是地缘政治学，而是文化经济学。一说到地缘政治学就有人担心会撬动地缘板块，会让人觉得这背后有大国动机、战略企图，

如何讲好「一带一路」故事

而这是不利于我们的。

非常强烈地希望媒体和学者就"一带一路"的性质达成共识：它是文化经济学。对内我们可以讲文明的崛起，对外我们要定位到文化经济学。基于这样的观点，我们要从两个角度解释"一带一路"，它不仅仅是一个经济事件，更是一个文化事件。中国人在经济上要共享、共建、共赢，在文化上要引起共鸣，要为解决全球和平与发展难题贡献中国思路和中国智慧。

二、及时纠正对"一带一路"的错误认知

"一带一路"自提出至今持续升温，在很多人眼中已经成为一个大蛋糕，大家都忙着争抢，一些认知错误也在不断发酵和传染，这些错误如果不纠正，必然会导致"一哄而上、一抢而光、一哄而散"的窘境。

第一，慎用"桥头堡"等进攻色彩浓厚的词汇。很多省份定位自己为"一带一路"的"桥头堡"（bridgehead），但是桥头堡是军事术语，它的本义是防御性的，即"无论如何，我也不能让你进来"。因此，"桥头堡""排头兵""先锋队""主力军"等词汇翻译成外文，不具开放性、包容性，而且容易让人产生误解，以为中国是要来"打仗的"。

第二，慎谈"过剩产能"。常有媒体提到，"'一带一路'建设，可以把过剩产品销售出去"。"过剩"这个词汇，让沿线国家听了很反感，"你不要的、过剩的，别人会要吗？"给人的感觉是，中国要到丝路沿线去"倒垃圾"。因此，要避免使用这种令人不舒服的词汇描述"一带一路"建设中的核心概念，我们可以用中国的优势产

能、富余产能及产能合作等词汇来替代。

第三，"沿线有 65 个国家"的表述不准确。千万别把丝路沿线国家限定在 65 个，传统沿线 65 国不包含欧洲最发达的西欧国家，也不包含亚洲最活跃的日本与韩国，显然是不合适的。我认为，全世界有 230 多个国家，只要致力于"一带一路"发展的国家，都是丝路国家，这样看丝路沿线既包括美国，也包括拉美各国。因此，对丝路国家的界定应该是"65+"的概念。

第四，"资源、能源合作"不是"一带一路"的唯一主题甚至优先主题。有很多人认为，"一带一路"建设就是要保障中国的资源、能源供给，确保稀缺性资源的战略安全。的确，丝路沿线国家大都有丰富的资源和能源储备，如"黑金"（石油、煤炭）、"蓝金"（天然气）等，但是这些国家非常不喜欢"一谈生意就是资源、能源"，他们不希望成为"骑士的马"。

第五，有为才有位，不用忙着定位。很多省份在忙着争抢历史上谁是丝绸之路的真正起点，有的叫"丝绸之路的新起点"、有的叫"丝绸之路的黄金段"、有的叫"丝绸之路的节点"……这在全球化、互联网经济时代的意义是有限的，关键不是叫什么，而是要有内容、有亮点、有突破，即在今天本省有哪些"错位竞争、不可替代"的丝路优势。

第六，丝路倡议落地既要顶层设计，更要基层创新。在调研过程中，很多地方干部最后的总结往往惊人地相似，大家习惯用两句话结尾：希望中央重视我们，给予特殊的政策，在资金和政策上予以倾斜；我们有干劲，早就做好准备啦，就等中央一声令下，让我们干什么，我们就干什么。但是，北京的专家再聪明，也不一定比新疆的干部更了解新疆；北京的领导再英明，也不一定比广西的干部更了解广西。所以不能等，要把基层创新先做起来。

第七，"一带一路"不宜过快、过急，没有时间终点，但有时间节点。要适时推动"一带一路"落地，特别是要在智力支持上下功夫。海南的发展离不开中国（海南）改革发展研究院，上海的发展离不开上海国际问题研究院……这些省份的淡定与远见是因为它们有源源不断的智力支持。建议整合全国人才资源，在南方某省建立海上丝路研究院，在西北地区建立陆上丝路研究院，同时配套建立智库产业园区，提供中国企业走出去所急需的信息交互、项目对接、风控管理等服务。同时，要主动发挥企业特别是民营企业的积极性，"春江水暖鸭先知"，它们的作用不可低估，要充分激发它们的活跃性和敏锐性。

三、准确找到"一带一路"的痛点机遇

中国讲述的"一带一路"故事已经成功引起了国际社会的关注，展现出中国主动"设置议题"的姿态，但是如何真正落地，赢得国际社会的持久支持，考验的则是中国维持话语有效性的能力，即"话语权"。要打造中国的话语权，应该从痛点中找出路。痛点经济学就是文化经济学，因为找痛点就是读心、暖心、攻心的过程，就是打造文化经济精品的过程。

第一，"一带一路"首先要以务实的经济项目做支撑。笔者在调研过程中发现，很多城市和企业依然不知道要卖什么，还在丝绸、茶叶、瓷器等"老三样"上做文章，或者认为"新三样"（高铁、核电、航天科技）是国家和国有企业的事情，既不是自身的需求，也不是自己的强项，因此对"一带一路"的关注度不够、介入性不强。故此，中国城市和企业首先要在"买卖"等务实的经济项目上

做文章。在很大程度上，之所以不知道卖什么，主要是因为不知道对方需要什么。此外，我们要摆脱对稀缺性资源的依赖，摆脱"有什么就卖什么"的顽固惯性。要打破地域限制，在务实的经济项目上做文章，找到外商的买卖痛点，就找到了市场的盈利点。

第二，不要把所有走出去的中国企业和项目都称为"一带一路"项目，要打造优质项目和品牌项目。在"一带一路"倡议下，很多企业"蜂拥"而上，不分企业业绩、能力、口碑、背景等，统统打着"一带一路"的旗号"攻城略地"。但是，越火热时越需要冷静，需要国家对参与"一带一路"的中国企业进行识别管理，建立优质企业名单（红榜）和不达标企业名单（黑榜）制度，不好的企业和项目上黑榜，优质的企业和项目上红榜。国家要支持有能力、有品质的企业做大做强海外业务，鼓励有意愿走出去的企业逐步提升能力、树立品牌，并在综合考评的基础上代表中国去落实"一带一路"倡议。目前，中国企业已经有一些海外项目出了质量问题，这不仅影响其他企业的后续项目，连相关基建项目都受到牵连。

第三，要尽快编制与完善"轻资产"名单。中国企业目前走出去的很多是"重资产"项目：港口、运河、高铁、核电、大坝等，这些项目投资高、周期长、风险大，我们再怎么低调，都会被人特别对待，都会令人自然而然地联想到"战略意图"。我们要打造一批能够理直气壮走出去的轻资产项目，如现代农业、中国餐饮、民俗文化、中医药等，但前提不是仅出售历史久远、独一无二、价值连城的稀缺资源，而是要通过资源的整合与转化达到严丝合缝地对接国际需求的目标，在"必需品"上做文章。

第四，避免"一带一路"主体资源的碎片化。要实现国内"四大主体资源"的联动效应。首先，"一带一路"的有效推进既要靠企业（国有企业、民营企业），也要靠政府（中央政府、地方政府），两者如车之两轮，需要同步驱动；学者、专家、智库是第三大主体，是"一带一路"建设的中枢和大脑，要为"一带一路"提供必要的智力支持和思想保障；媒体是第四大主体，媒体能够为"一带一路"建设插上飞翔的翅膀。目前，上述四大主体基本上是分散的，相关资源整合严重不足，无法对接国际资源。

"一带一路"才刚刚上路，"一带一路"故事才刚刚展开，需要更多走在路上、总倒时差的，常换水土、不断找思路的，时时被刺痛、但频频被感动的"一带一路人"。有思路才有丝路。

打造"一带一路"人文格局 ①

    "一带一路"倡议，唤起了沿线国家的历史记忆。古代丝绸之路是一条贸易之路，更是一条友谊之路。在中华民族同其他民族的友好交往中，逐步形成了以和平合作、开放包容、互学互鉴、互利共赢为特征的丝绸之路精神。在新的历史条件下，提出"一带一路"倡议，就是要继承和发扬丝绸之路精神，把我国发展同沿线国家发展结合起来，把中国梦同沿线各国人民的梦想结合起来，赋予古代丝绸之路以全新的时代内涵。

    建成"一带一路"，要在沿线国家民众中形成一个相互欣赏、相互理解、相互尊重的人文格局。民心相通是"一带一路"建设的重要内容，也是"一带一路"建设的人文基础。要坚持经济合作和人文交流共同推进，注重在人文领域精耕细作，尊重各国人民文化历史、风俗习惯，加强同沿线国家人民的友好往来，为"一带一路"建设打下广泛社会基础。

---

① 本文发表于 2017 年第 6 期《瞭望》杂志。

文明互鉴是人文格局的动力

文明是多彩的，人类文明因多样才有交流互鉴的价值。人类在漫长的历史长河中，创造和发展了多姿多彩的文明。不论是中华文明，还是世界上存在的其他文明，都是人类文明创造的成果。推动文明交流互鉴，可以丰富人类文明的色彩，让各国人民享受更富内涵的精神生活、开创更有选择的未来。

文明是平等的，人类文明因平等才有交流互鉴的前提。各种人类文明各有千秋。要了解各种文明的真谛，必须秉持平等、谦虚的态度。傲慢和偏见是文明交流互鉴的最大障碍。

文明是包容的，人类文明因包容才有交流互鉴的动力。一切文明成果都值得尊重，一切文明成果都值得珍惜。只有交流互鉴，一种文明才能充满生命力。只要秉持包容精神，就不存在什么"文明冲突"，就可以实现文明和谐。

当今世界，人类生活在不同文化、种族、肤色、宗教和不同社会制度所组成的世界里，各国人民形成了你中有我、我中有你的命运共同体。世界上有 200 多个国家和地区，2500 多个民族以及多种宗教。如果只有一种生活方式，只有一种语言，只有一种音乐，只有一种服饰，那是不可想象的。

在"一带一路"建设中，可以积极发展教育事业，通过普及教育，使人们在持续的格物致知中更好地认识各种文明的价值，让教育为文明传承和创造服务。大力发展科技事业，通过科技进步和创新，使人们在持续的天工开物中更好地掌握科技知识和技能，让科技为人类造福。应大力推动文化事业发展，让人们在持续的以文化人中提升素养，让文化为人类进步助力。

从历史上看，古丝绸之路不仅是一条通商合作之路，更是一条和平友谊之路、文明互鉴之路。中国走向世界，世界了解中国，文化的桥梁作用和引领作用尤为重要。时至 21 世纪的今日，地跨亚欧非三大洲的"一带一路"倡议，为沿线国家不同文化间的交流往来提供了新的机遇。

"一带一路"建设，倡导不同文明、不同文化要"交而通"，而不是"交而恶"，为不同地区和不同文明开展对话搭起了一个重要平台，成为沿线各国加强交流和增进互信的精神纽带，建立在民心相通、文明互鉴基础上的合作才是可持续的。

民心相通是人文格局的基础

"国之交在于民相亲，民相亲在于心相通"，"一带一路"为相关国家民众加强交流、增进理解搭起了新的桥梁。2016 年 1 月 21 日，国家主席习近平在位于埃及首都开罗的阿拉伯国家联盟总部发表演讲指出，中方愿同阿拉伯国家开展共建"一带一路"行动，推动中阿两大民族复兴形成更多交汇。"一带一路"建设需要倡导文明交流互鉴，开展增进友好行动。

习近平主席提出，中国将实施增进友好"百千万"工程，包括落实"丝路书香"设想，开展 100 部中阿典籍互译；加强智库对接，邀请 100 名专家学者互访；提供 1000 个阿拉伯青年领袖培训名额，邀请 1500 名阿拉伯政党领导人来华考察，培育中阿友好的青年使者和政治领军人物；提供 1 万个奖学金名额和 1 万个培训名额，落实 1 万名中阿艺术家互访。

事实上，人文交流也是中美关系的重要组成部分。党的十八大以后，习近平主席凡是会见美国来宾时，几乎每次都会提到人文交流对双边关系的重要性。2015 年 9 月习近平主席访美期间，除经贸议题外，人文交流也是习主席在当地的一项主要活动内容。作为访美期间最重要的一次政策宣示，他在出席各界主办的联合欢迎晚宴上发表的主旨演讲中，最后落脚点就是人文交流，提出"中美友好，根基在民众，希望在青年"。

在联合国，习主席出席了一系列重要峰会，其中出席并主持全球妇女峰会是一项重要活动。习主席郑重承诺，中方向联合国妇女署捐款 1000 万美元，用于支持落实《北京宣言》和《行动纲领》，落实 2015 年后发展议程相关目标；今后 5 年帮助发展中国家实施 100 个"妇幼健康工程"；实施 100 个向贫困女童提供就学资助的"快乐校园工程"；邀请 3 万名发展中国家妇女来华培训和在当地为发展中国家培训 10 万名女性职业技术人员；等等。这是中国在全球层面，通过妇女这一具体领域为全球人文交流注入的一股强大正能量。

2016 年 8 月，教育部《推进共建"一带一路"教育行动》提出，未来 3 年，中国每年面向"一带一路"沿线国家公派留学生 2500 人；未来 5 年，建成 10 个海外科教基地，每年资助 1 万名沿线国家新生来华学习或研修。《行动》提出，将推进"一带一路"国家间签证便利化，扩大教育领域合作交流，形成往来频繁、合作众多、交流活跃、关系密切的携手发展局面。

无论是对发展中国家，还是对美国等发达国家，以教育为核心的人文交流都是中国"一带一路"倡议的重要内容。它不仅着眼于双边关系本身，更放眼全球，意味着人文交流已经成为中国全球责任中一块成熟的、不可或缺的重要组成部分。

文化自信是人文格局的前提

在习近平总书记"七一"讲话中，除了"不忘初心"，同样备受瞩目的一个词是文化自信。中国的自信，本质上是文化自信。打造优质的"一带一路"人文格局，说到底也是要坚定文化自信这个更基本、更深沉、更持久的力量。

一是文化自信要解决内心归属问题。中华文化是共同培育的民族精神，是凝聚人心的理想信念。为此，应重视中华传统文化研究，继承和发扬中华优秀传统文化。实现中华民族伟大复兴的中国梦，必须要有中国精神，而中国精神必须在坚持社会主义核心价值体系的前提下，积极深入中华民族历久弥新的精神世界，把长期以来我们民族形成的积极向上向善的思想文化充分继承和弘扬起来，使之为培育和践行社会主义核心价值观服务，为建设社会主义先进文化服务，为党和国家事业发展服务。人民有信仰，民族有希望，国家有力量。

二是文化自信要解决价值认同问题。2016 年初，一部由英国广播公司（BBC）和美国公共电视网（PBS）联合制作的《中华的故事》火爆西方，这六集讲述中国的历史和传统的纪录片，占据BBC 二台黄金时间。可以说，世界正在以更积极的态度认知"文化中国"。从本质而言，研究文化说到底是研究价值的，传播文化说到底是传播价值的。国际社会开始关注"文化中国"，本质是关注文化背后的价值理念，特别是对全球华人而言，要通过文化自信体现中国人的价值认同。

三是文化自信要解决和平与安全问题。从亚投行到"一带一路"，从丝路基金到金砖国家新开发银行，为何中国倡议能够如此迅速赢得众多国家的响应？是因为中国没有用支配性、排他性的思维，而是坚持和衷共济、合作共赢的理念。"一带一路"所倡导的这种"和平发展""互利合作"的"和合理念"，体现着中国五千年历史文化传统的精髓。美国著名学者乔舒亚·库珀·雷默曾用"淡色中国"来形容中国的形象。"淡色品牌"是营销领域的一个概念，认为世界上最能征服人的品牌都是象征着融合、和谐的白色，这种化矛盾为和谐的理念正是中国传统文化的精髓，也无疑为"一带一路"推进中各国处理矛盾与冲突提供了一种新的思维模式。

四是文化自信要解决全球治理问题。党的十八大以来，中国领导人在全球治理领域提出一系列新倡议新方案，展示了凝聚东方智慧以及中国文化的新理念，积极引导全球治理体系更加公正合理。亲诚惠容、新型国际关系、人类命运共同体等，这些中国主张正引发国际社会越来越多的共鸣。国际舆论普遍认为，中国对国际体系的塑造力前所未有，中国正走向世界舞台的中心。许多国际观察家认为，发挥中国传统文化的优势和精华，将其注入到全球治理创新当中，中国可以作出独特的贡献。

五是文化自信要解决好国家形象、国家声誉问题。在全球化时代，国家形象受到各国前所未有的重视。中国长期致力于构建和平、民主、负责的国家形象，并取得一定成效。但国际社会的普通民众对现实发展的中国认识仍很滞后。对此，我们应主动了解国际受众的认知喜好，塑造国际社会对"一带一路"有利的"认知偏好"，营造有利于中国和平发展的国际舆论环境。

以"一带一路"构建更加紧密的中非命运共同体 [①]

2018 年,"一带一路"倡议迎来了五周年。五年来,"一带一路"从无到有、由点及面,从蓝图变成路线图,从倡议到付诸实践,从纸面的理念变成地面的项目,从一国主张到被写进中国共产党章程、联合国最高文件……"一带一路"已经成为中国参与全球治理最亮丽的公共产品。

2018 年 8 月 27 日,习近平总书记在北京出席推进"一带一路"建设工作 5 周年座谈会并发表重要讲话,强调共建"一带一路"顺应了全球治理体系变革的内在要求,彰显了同舟共济、权责共担的命运共同体意识,为完善全球治理体系变革提供了新思路新方案。5 年来,共建"一带一路"大幅提升了我国贸易投资自由化便利化水平,推动我国开放空间从沿海、沿江向内陆、沿边延伸,形成陆海内外联动、东西双向互济的开放新格局;中国同"一带一路"相关国家的货物贸易额累计超过 5 万亿美元,对外直接投资超过 600

---

① 2018 年 9 月 3 日至 4 日,作者受邀成为中非合作论坛北京峰会中央电视台的直播嘉宾,会议期间受《学习时报》邀请,为此次峰会写了专稿。

亿美元，为当地创造 20 多万个就业岗位。

座谈会之后，立即迎来 2018 年中国规模最大的主场外交活动——中非合作论坛北京峰会。本届峰会聚焦中非共筑命运共同体、共建"一带一路"。今年恰逢"一带一路"倡议提出五周年，从基础设施建设到助力非洲经济结构转型，峰会将谱写"一带一路"对接非洲发展的新乐章，以更多可视性成果推动"一带一路"与命运共同体建设不断走深走实。

构建互联互通的新型全球化

中国对外投资成为拉动全球对外直接投资增长的重要引擎。2018 年 6 月，联合国贸易和发展会议发布的《2018 世界投资报告》显示，在全球经济增长疲弱的背景下，2017 年全球外国直接投资（FDI）下降 23%，为 1.43 万亿美元。中国仍是发展中国家最大的吸收外资国和对外投资国。2017 年中国吸收的外资在全球排名中位居第二，仅次于美国。与此同时，2017 年中国对外投资全球排名第三，位居美国和日本之后。中国对外投资的高速增长反映了中国企业品牌化、国际化的客观需要。随着"一带一路"建设和国际产能合作的进一步推进，中国对外投资有望保持在较高水平。

很长一段时期，世人印象中的全球化是"西方中心式"的全球化，西方国家不仅提供动力，还塑造标准。在 20 世纪 50、60 年代，以帕森斯为代表的现代化理论家认为，西方发达国家所经历的道路正是不发达国家所要对标的道路，即现代化就是西化、美国化。在经济层面，商品经济、资本积累和追求最大限度利润的逻辑成为全球标准；在文化或制度层面，西方"文明"通过社会科学和意识形态被逐渐普遍化，并且在普遍化的过程中异化为一种维护"西方中心"利益的道德优越感。这种结构后来被沃勒斯坦称为"中心—边缘"秩序。由于信息技术鸿沟、人力资源缺乏、基础设施落后、产业结构脆弱等，发展中国家长期处于国际社会的边缘地带，全球化的获得感不强。相反，西方发达国家处于中心地带，坐享全球化的红利。

美国社会学家沃勒斯坦是当代世界体系理论的代表人物。沃勒斯坦早年曾从事战后非洲发展研究，他认为，在世界体系中，国与国之间存在着等级，少数西方国家成为核心国，多数发展中国家成为它们的附属国。世界体系的结构是固定的，即一些国家地位的上升必然伴随着另外一些国家地位的下降，所有国家同时发展是不存在的。需要强调的是，沃勒斯坦对于中国一直予以重视。他在为中文版《现代世界体系》所作的序言中真诚地指出："占人类四分之一的中国人民，将会在决定人类共同命运（的历史进程）中起重大的作用。"

这一轮全球经济危机不同于以往的是，过去习惯于给其他国家开药方的"医生"也生病了，西方大国纷纷提出"本国优先"，造成了相当普遍的反全球化以及逆全球化浪潮。最近，美国外交关系委员会高级研究员查尔斯·A.库普钱撰文分析，一场治理能力危机正在吞噬着世界各大工业化民主国家。美国、欧洲和日本正不约而同地经历着政治衰退，这不是巧合。面对当今的全球权力再分配，西方除了其物质至上主义陷入危机外，其自由民主的现代性理念也面临窘境。

"一带一路"的核心内涵就是互联互通，将过去的边缘地带打通成为新型全球化的节点，节点之间形成网格，由此构建公平、普惠的利益共同体。非洲诸多国家有不联不通的"痛点"，因此中非

合作已经超越了双边、多边范畴，展现了中国、非洲等发展中国家
对全球化的态度，不是反全球化，而是要重塑全球化。"世界经济
的大海，你要还是不要，都在那儿，是回避不了的。想人为切断各
国经济的资金流、技术流、产品流、产业流、人员流，让世界经济
的大海退回到一个个孤立的小湖泊、小河流，是不可能的，也是不
符合历史潮流的。"

在"一带一路"建设中，中国不是主人，大家都是主人。"一
带一路"没有主导权之争，要真正体现共商共建共享的全球治理原
则。对中国而言，共建"一带一路"是经济合作倡议，不是搞地缘
政治联盟或军事同盟；是开放包容进程，不是要关起门来搞小圈子
或者"中国俱乐部"；是不以意识形态划界，不搞零和游戏。

中国人民张开双臂欢迎各国人民搭乘中国发展的"快车""便
车"。最初，"一带一路"有64国的范畴，非洲只有埃及一国上榜，
但今天，这一倡议在非洲全面落地，峰会之后整个非洲大陆都将纳
入"一带一路"合作的大框架内。目前，中国已同9个非洲国家签
署共建"一带一路"谅解备忘录。非洲名副其实地成为"一带一路"
建设最具潜力和活力的样板区块。

找准关键项目推动共建"一带一路"走深走实

在"一带一路"5周年座谈会上，习近平总书记强调，要坚持
稳中求进工作总基调，贯彻新发展理念，集中力量、整合资源，以
基础设施等重大项目建设和产能合作为重点，解决好重大项目、金
融支撑、投资环境、风险管控、安全保障等关键问题，形成更多可
视性成果，积土成山、积水成渊，推动这项工作不断走深走实。

设施联通要优先。从亚吉铁路到蒙内铁路，从公路、铁路到机场、港口，中国承建的基础设施项目遍布非洲大陆，为破解非洲经济发展瓶颈发挥了至关重要的作用，助力非洲国家实现自主发展和可持续发展。有研究表明，每10亿美元的基础设施投资将带来13000至22000个就业岗位。

陆、海、空、网等交通运输基础设施建设具有投资密集和劳动力密集的特点，对其增加投入，可以带动钢铁、建材、机械制造、电子设备和能源工业等一大批相关产业的发展，并可以吸纳大量劳动力。在非洲，很多国家的基本国情是70%左右的人口是30岁以下的年轻人，如果失业率居高不下，直接影响政局稳定。其实，今天美欧的变局很大程度是来自于就业压力，这个问题解决不好，会加剧脆弱的政治局势，引发新的不稳定。从全球层面来看，如果无法创造更多的就业机会，那么反全球化甚至政治风险的压力将会倍增。

2018年5月28日—6月2日，笔者赴埃塞俄比亚调研，很多"一带一路"的具体项目在埃塞俄比亚落地，如亚吉铁路、亚的斯亚贝巴轻轨等。其中，亚吉铁路被誉为埃塞俄比亚和吉布提两国的"运输生命线"。埃塞俄比亚是内陆国家，95%的进出口货物通过吉布提港转运，亚吉铁路为埃塞俄比亚打通了出海通道，极大地提高了物流效率，亚的斯亚贝巴至吉布提的运输时间从公路运输的5—7天降至15个小时。对吉布提来说，亚吉铁路将有效扩大吉布提港辐射范围和吞吐效率，奠定其非洲之角物流中枢的地位。亚吉铁路是非洲区域基础设施互联互通的代表性项目，被媒体誉为"新时期的坦赞铁路"。

亚的斯亚贝巴轻轨是东非第一条现代化的城市轻轨。轻轨在多个方面改变了这座城市的面貌。以前由于缺乏公共交通，到了晚上 8 点，整座城市就进入了睡眠状态。现在轻轨运营到晚上 10 点，商店、餐馆可以开得晚一些，城市的商业因此活跃起来。轻轨成为埃塞俄比亚的城市品牌，每年有很多非洲大型会议在亚的斯亚贝巴召开，很多国家代表团都会来参观这条轻轨，对它赞不绝口。未来，基础设施互联互通依然是中非"一带一路"合作的优先领域。

民心相通是基础。2015 年 12 月，习近平主席在出席中非合作论坛约翰内斯堡峰会开幕式发表致辞时提到，为推进中非全面战略合作伙伴关系建设，中方愿在未来 3 年同非方重点实施"十大合作计划"，其中在中非人文合作计划中包括为非洲 1 万个村落实施收看卫星电视项目。四达时代发挥自身优势，积极参与，成为实现"一带一路"软联通的优秀企业。

早在 2002 年，四达时代远渡重洋，开启了与非洲各国携手并肩，共同推动社会数字化、信息化的伟大事业。已在卢旺达、尼日利亚、肯尼亚、坦桑尼亚、乌干达、莫桑比克、几内亚、刚果（金）、南非等 30 多个国家注册成立公司并开展数字电视运营，发展用户近 2000 万。四达时代的电视信号覆盖全非洲，拥有一支总人数超过 4000 人的非洲本地员工队伍，共有 480 个频道，用 10 种语言播出，成为非洲大陆发展最快、影响最大的数字电视运营商。

医疗卫生是中非人文合作的重要组成部分。50 多年来，中国累计向非洲国家派出援外医疗队员 2 万多名，诊治非洲患者近 2.1 亿人次。目前，中国每年有近千名医疗队员在非洲工作，为非洲人民提供无偿医疗卫生服务和人才培训。2007 年，新南方集团与广州中医药大学联合组建广东青蒿抗疟研究团队，奔赴非洲科摩罗开展"复方青蒿素快速清除疟疾"项目，把疟疾传染控制住，将死亡率降为 0，该国总统曾多次公开赞赏这个中国团队。目前，该项目继续在非洲推进，在巴布亚新几内亚、多哥、马拉维都效果显著。不仅如此，新南方计划未来在非洲建 10 个工业园区，建立 10 个医疗中心，带动 10 万人就业，并响应世卫组织"千年计划"，2030年消灭疟疾。

民心相通，中非有基础。过去，中非人民风雨同舟、患难与共，今天"一带一路"要为中非命运共同体建设创造相互欣赏、相互理解、相互尊重的人文格局。

产能合作成关键。目前中国在非洲建成、在建或筹建的产业园有近 100 个，其中 30 多个已经开始运营，入园企业近 400 家，累计投资额近 50 亿美元，总产值约 130 亿美元，初步形成产业集聚效应。在北非，中埃苏伊士经贸合作区，是中国企业在海外建设的第一个国家级工业园区，是中国和埃及"一带一路"倡议下合作的标志性项目。十年间，在戈壁滩上建立起来的这座现代化产业城，已吸引近百家企业入驻，带动 3 万人就业。在南部非洲，北汽南非工厂是中国企业在南非投资规模最大的汽车工厂，目前该厂在南非已有 17 家经销商，预计今年年底可达 27 家。从 2016 年 8 月开工以来，北汽南非公司已直接为当地提供 1540 个工作岗位，为工厂所在地东开普省创造的总经济效益高达 24 亿兰特，折合人民币超 12 亿元。

越来越多的非洲国家重视学习中国改革开放的成功经验。很多非洲国家启动"增长与转型"计划，类似于中国的五年规划。多年来，非洲政府各级官员高频次到中国考察，回国后积极发展基础设施、能源和电信等基础性行业，大建以出口创汇为先导的工业园，为国民经济的长期发展打下基础。例如，埃塞俄比亚政府 2013 年聘请中国开发区协会为其拟订工业园发展规划。2015 年埃塞俄比亚政府颁布《工业园法》，将工业化作为重点优先发展方向，工业园开发战略成为其中核心战略举措。

总之，非洲正成为"一带一路"优质项目汇集与展现的样板间，中非友谊也在"一带一路"框架下体现得更加务实、具体。命运共同体不是一句空话，"一带一路"正使中国梦与非洲梦彼此助力、相互拥抱。

在澳大利亚找寻"一带一路"机遇

2016年2月17日至22日，作者受邀赴澳大利亚进行实地调研，交流中澳在"一带一路"建设中的机遇与挑战。过去，大家一说"一带一路"就想到亚非拉等新兴市场国家，但这一倡议也要进入欧、美、澳等成熟市场国家。此报告展现了澳大利亚对"一带一路"的参与热情，也分析了与西方国家进行"一带一路"合作的现实难点。

当前，中澳关系处于历史最好时期。中国保持澳大利亚的"九个第一"：第一大贸易伙伴、第一大出口市场、第一大进口来源国、第一大贸易顺差来源国、第一大农产品出口市场、第一大服务贸易出口目的地、第一大外资来源国、第一大旅游收入来源国、第一大留学生来源国。在调研期间，调研组先后走访了澳大利亚中国工商业委员会、Asia link（其会员是专注开拓亚洲市场的澳洲企业）、墨尔本大学、皇家墨尔本理工大学、中电建澳洲公司、华为澳洲总部、中医孔子学院等澳中代表性机构、企业和组织。调研发现，尽管矿业、农牧业依然是澳大利亚的传统优势，但澳大利亚向知识经济方向转型速度加快，教育产业、健康产业、旅游业成为澳大利亚新的优势，中澳在上述方面的合作非常具有发展前景。调研组认为，澳大利亚有条件率先成为海上丝绸之路建设的节点国家，且对欧美等高端市场开拓有重要启示意义。

踌躇满志——中资企业对
"一带一路"的总体认知

中澳自贸协定的签署，对中澳关系影响很大，中资企业信心和干劲大涨，但对"一带一路"了解不够。在一定程度上，中资企业对中澳自贸协定的关注超过了对"一带一路"的关注，认为前者务实，而后者务虚。具体来说，中资企业关注的焦点问题是：什么样的项目能够得到"一带一路"的政策和资金支持。中资企业希望在海外拿到项目，能够在国内获得优惠，如出口退税、降低贷款利率、前期投资费用得到一定补偿等。[①] 此外，其他关注点集中在：

1.澳大利亚市场充满商机、回报率较高，但门槛高、制约多。中资企业的传统投资区域是亚非拉地区，现在将澳大利亚看作是开拓欧美"高端市场"的试金石和敲门砖。在一般人看来，澳大利亚的投资效率和施工效率较低，中资企业进入是有竞争力的；同时，澳大利亚的基础设施亟待更新和完善，中国企业的作为空间很大。但是，不可忽视的是，澳大利亚是有高门槛准入条件的市场，在矿业和农牧业方面的投资项目对中国持欢迎态度，但在其他项目上的制约不少。高门槛对本土企业呵护得非常好，但对海外企业则非常

---

① 在发展中国家，基建、能源、电力等项目，往往是政府与政府签订协议，中资企业施工可以获得很多优惠（税费减免或补贴等），但在澳大利亚等高端市场，这样的优惠基本不存在。因此，中资企业面临全新的竞争环境和生存压力。

残酷。例如在建筑施工领域，澳大利亚注重对本地人的就业保障，在语言和资质方面对海外劳工限制很多，中国工人很难进入澳大利亚。因此，目前中资企业在澳大利亚主要有一些小的投资项目，施工项目很少。当地中资企业建议，可采取 PPP 模式，鼓励民营资本合作开拓澳洲的"一带一路"市场。

2. 如何解决中资企业的人才和资质问题。中资企业在海外生存非常不易，很多年轻人不愿意来，有人把原因概括为：在国内是生活，在国外是活着。另外，澳大利亚的最低工资在国内就是高收入（工资标准是每小时 17.23 澳元），因此中资企业无法大规模地带国内员工来澳大利亚。受人才和资质等问题的制约，使得中资企业在澳的本地化战略势在必行，也就是要在当地找适合的人、找明白人。以资质问题为例，之前中资企业在发展中国家取得的资质在澳大利亚等发达国家完全作废，按照对方标准我们的技术人员甚至连工人资质都不够。

3. 如何解决中资企业的转型问题。中资企业希望利用"一带一路"机遇积极转型——从劳动力密集、资本密集向知识、技术和人才密集转型，但转型十分艰难。例如，很多中资企业在澳大利亚先买了土地，但干什么没有想明白。

4. 如何提升中资企业的总体形象。在澳大利亚，中资企业形象还有待提升。安全事故、劳工条件、环保标准、企业透明度、社会责任等问题同中国企业全球化如影随形。例如，中国企业买了当地的标志性建设，但后来很随意地拆掉了，社会影响很负面。

5. 如何减少对中国企业非市场因素的影响。例如，美国、英国对华的态度会在很大程度上影响澳大利亚对华的态度。因此，要从全球和全局的高度看待"一带一路"建设和中澳双边关系。

在澳中资企业对"一带一路"建设的具体建议：

1.不要过度倡导"赚快钱"。鼓励大家都去"赚快钱"是不理性和不可持续的，对社会、对年轻人是一种误导；建议用"+互联网"概念，而不是"互联网+"；中国企业要专注于技术创新，而不仅仅是模式创新。本质而言，创新的基础是知识和技术。今天，中国最缺乏的不是资源和模式，而是人才和思想。在"一带一路"建设中，不仅要尊重轰轰烈烈的作为，更要加倍珍惜兢兢业业的极致。

2.不要过度解读"一带一路"。需要厘清"一带一路"的边界，过度解读或过分许诺，会使澳大利亚等沿线国家对中国产生不合理的期望。现在，在澳大利亚很多人对中国的认知是：钱多人傻。要降低国际社会对中国以及"一带一路"不合理的期望值，中国不能被看作是"会走路的钱包"。

3.政府不要过度干预。企业最大的责任就是解决就业、多交税。企业希望政府背书，但不希望政府过度干预。政府即使帮助企业，最好也不要通过行政手段（往往是帮倒忙），要以市场化运作方式支持企业，在经济层面介入，按照商业方式支持，即政府做引导，让"一带一路"回到商业本质。在"一带一路"建设中，政府的角色定位应是"销售员"，而不是"总经理"。换句话说，政府不能太有成就感，有成就感的应该是企业，同时要加强商会、行业协会、非政府组织等的润滑剂作用。

雾里看花、蓄势待发——澳方对"一带一路"的总体认知

澳方认为中澳关系处于黄金期，两国在投资、贸易以及人文交

流方面非常活跃。很多澳大利亚企业正在思考，高工资但高素质的澳大利亚人如何增强国家竞争力，通过"一带一路"倡议打开中国市场。

澳大利亚的传统合作伙伴是欧美，现在经济上向北看，集中精力开拓亚洲，特别是中国。2012 年 10 月，澳大利亚政府发布《亚洲世纪中的澳大利亚》白皮书，为澳大利亚在未来抓住亚洲崛起机遇规划发展蓝图。澳大利亚认为，亚洲正走在重返全球经济和政治主导地位的道路上。这一趋势不仅不可阻挡，而且正在加速。预计到 2025 年，亚洲将拥有世界最多的中产阶级，将敦促澳大利亚人重新思考与亚洲的经济关系。澳大利亚的每一个州都频频向中国伸出"橄榄枝"，以澳大利亚的教育和文化中心——维多利亚州为例，在调研中，前澳大利亚维多利亚州州长，现澳大利亚中国工商业委员会主席 John Brumby 明确指出，维多利亚州工党政府希望成为最支持中国的州政府。在任的维多利亚州州长安德鲁对华友好，宣布每年至少去中国访问一次。维多利亚州政府和企业家强调，维多利亚州在教育、文化、医疗等领域拥有澳大利亚最好的资源，希望中国加强对该州的投资。

在调研期间，澳方问得最多的问题就是："一带一路"包不包括澳大利亚，"一带一路"对澳大利亚和亚太究竟意味着什么，"一带一路"和亚投行的关系如何定位，等等。这一方面反映出，澳方高度关注中方倡议，但对"一带一路"的认知基础薄弱（比如，认为"一带一路"的核心是基建项目和输出过剩产能），另一方面也说明我方工作力度不够、针对性不强。与国内不断有智库、商会、媒体去欧洲、中亚等地区宣讲、推介"一带一路"项目相比，我们事实上忽视了澳大利亚在"一带一路"中的优势和机遇。

总的来说，澳方对"一带一路"的关注焦点集中在：

1. 中澳自贸协定究竟能给澳大利亚带来哪些实惠。在此之前，澳大利亚同其他国家签署双边自贸协定之后，澳大利亚企业的动力依然不足，没有很好抓住机遇，投资和贸易额均没有大幅度增长。中澳自贸协定是否能在双方的共同努力下成为例外？

2. 中澳自贸协定以及"一带一路"建设会不会影响澳大利亚的就业以及劳工待遇问题。在澳大利亚，本地劳工的福利很高，当地人担心大量的"一带一路"项目会使外籍劳工涌入澳大利亚，从而影响到本地人的就业和福利。

3. 澳方非常看重中国的投资能力和消费能力。二战后，在澳大利亚的海外直接投资经历了三个阶段：美国主导的第一阶段，日本主导的第二阶段，今天进入了中国主导的第三阶段，例如墨尔本 90% 的直接投资来自中国。澳方认为，中国在澳大利亚的房地产市场（商业房产、普通住房）会有大的发展，农牧业投资（乳制品、红酒、生鲜等）在增加，基建以及能源投资的势头会保持。

澳方对"一带一路"建设的具体建议：

1. 希望中国政府和企业重视澳大利亚。在政策支持方面，澳方会积极欢迎中国代表团来澳访问；会主动建立各个层面的沟通和联络机制，澳大利亚工商业委员会等机构将为致力于开拓"一带一路"市场的中小企业提供咨询和对接服务。

2. 澳政府的基本态度是重视市场作用，不过度行政干预。但会在降低贸易壁垒等方面发力，其目的是给中国等海外投资者创造良好的市场环境。

3. 希望中国政府重视澳大利亚媒体作用。建议有关"一带一路"的权威信息发布可先让澳大利亚主流媒体发声，之后中国媒体跟进，而不是与之相反。

4.希望中国关注并助益澳大利亚的经济转型。澳大利亚总理宣布，澳洲经济要摆脱对矿业和农业等传统产品的依赖，现在要聚焦教育、科研等知识经济。为此，中国的创新创业、"中国制造2025"、"一带一路"等倡议完全可以对接澳大利亚的经济转型，如北部大开发。澳大利亚多份民调显示，澳大利亚对中国企业的认知在悄然发生改变，之前的印象是中国企业来澳大利亚疯狂买铁矿石、煤炭，是廉价商品的输出国；今天，中国企业在全力进行科研投入和技术创新。澳方非常欣赏，中国每年用于研发的资金投入超过2000亿美元（而印度则不到500亿美元）。中国将2%以上的国内生产总值（GDP）投入到研发领域——比大多数欧洲国家的比例都高。需要强调的是，中国对研发投资的激增不是由政府主导的，而是由企业主导的。企业的研发投入在中国的研发总投入中占四分之三以上。例如，华为2015年的研发投入超过154亿美元，研发费用超过苹果。

5.希望中国提供给澳方有关"一带一路"的权威信息和对接渠道。澳方非常想在"一带一路"特别是海丝建设中发挥重要作用，但不知道同谁对接、如何对接，依然不清楚什么是"一带一路"项目、如何获得"一带一路"或亚投行的具体支持，感觉始终是雾里看花。

总之，在澳大利亚越来越形成以下共识：澳大利亚在安全上依赖美国，在文化上依赖英国，但在经济上依赖中国。澳大利亚四大产业(矿业、农牧业、旅游业、教育产业）对中国依赖极大。此外，在体育产业、艺术、文化产业、创意产业、银行及金融、科学技术领域、制造业和服务业、自然资源管理、城市规划、医疗及养老服务等，中澳合作前景广阔。

因势利导——加快打造中澳
"一带一路"的标志性项目

调研组建议：

1. 充分利用华人华侨资源，尽快补足人才短板。"一带一路"的人才一定是在沿线实干出来的，而不是在国内培训出来的。澳大利亚 770 万平方公里土地上，居住着 2400 万人口，其中有 132万华人（5.5%）。澳大利亚华人参与"一带一路"的意愿很强，且在房地产、教育、律师、会计师等领域有较强的优势和资源整合能力。

2. 要增强中资企业的软实力。中国开拓"一带一路"的主体主要是国有企业，而西方国家在沿线同中国竞争的主体是跨国公司，两者的差距主要不是硬实力而是软实力。中国企业要自觉定位为全球企业，要以全球化视角看待竞争对手。目前，过度鼓励和强调中国企业"抱团出海"，对中国企业真正实现国际化目标未必是件好事。

3. 充分挖掘轻资产项目。迄今，就全球看，"一带一路"的重资产项目集中，但风险大，例如受汇率影响非常直接。建议中资企业要专注于自己最强的主业，在"主航道"上不要分神，不是什么赚钱快就做什么，要逐渐摆脱对重资产项目的依赖，要摆脱粗放的拓展模式。在澳大利亚，轻资产项目往往属于增值业务，中资企业要在金融、教育、贸易、会计、咨询、媒体等领域发力，这些领域能够发挥"牵一发而动全身"的杠杆作用。

4.中资企业开拓澳大利亚市场要进行文化融入。很多中资企业在澳大利亚有项目，但不活跃，很少进行社会和文化融入，即使中资企业成功收购，文化融入不够也会限制企业的运营和管理。此外，澳大利亚等西方国家是"小政府、大社会"，重视知识产权，认为服务和标准是有价值的（银行等服务行业的角色非常重要），但中国企业往往不这么认为，且不善于同其打交道。中国企业要适应主流文化、面向主流市场，而不仅仅是侧重于输出中国文化、面向中国市场。

5.中资企业要充分认识澳洲环境的特殊性。在调研中，笔者发现，很多成为世界500强的央企在澳大利亚进展缓慢，缺乏标志性项目。[①] 在澳大利亚，对项目的审核往往关注以往的经验和业绩，但央企来澳大利亚时间很短，几乎没有什么业绩，所以，落地不易。此外，在澳大利亚投标的成本很大，投标就是烧钱（例如，尽职调查需要第三方评估，所以当地的律师、会计师、设计师等都把钱赚走了），且不一定中标。因此，按照当地人的说法，澳大利亚经济很大程度上是"空转"。针对澳大利亚市场的特殊性，中资企业在国内的审批以及考核机制需要有相应的完善和调整。

6.尽快打造中澳"一带一路"的标志性项目。所谓标志性项目一定是"硬联通"和"软联通"的结合。其中，"软联通"主要指文化、价值、标准、品牌等。例如，中医药和教育产业非常有潜力成为中澳"一带一路"的标志性项目。澳方非常重视中国的留学市场，希望同中国名校合作办学开拓国际市场。同时，在调研过程中发现，中医药在澳洲社会非常受欢迎，甚至有不少大学成立了中医

[①] 例如，中建、中电建、中铁、中铁建等央企来澳大利亚时间不长，而且来两三年了也没有什么像样的业务。

系。2012年7月，澳大利亚本地的中医师开始由全国统一注册管理。这意味着中医师在澳大利亚终于获得合法的行医"身份证"，这也是中医首次在西方国家获得正式承认及注册。这方面，澳大利亚走在了西方国家的前面，建议在"一带一路"建设中，中澳双方在中医孔子学院模式拓展、中医药国际化研究以及标准认证等领域开展广泛合作，以此成为中医药走向西方世界乃至国际社会的"试验田"。

总之，发达国家门槛多，但必须进入，这是检验中国"一带一路"受欢迎程度的关键区域。其中，澳大利亚是地理上最接近中国的西方发达国家（其西部地区与中国完全没有时差）；澳大利亚自然以及社会环境安全、舒适；澳大利亚是英联邦国家，中资企业在澳大利亚开拓的标准完全可以复制推广到其他西方发达国家（英联邦国家的资质是通用的）。在澳大利亚总理访华之际，要尽快推动澳大利亚成为海上丝绸之路建设的节点国家。

"一带一路"：联通中国与世界共赢之道 [①]

"一带一路"国际合作高峰论坛将于 5 月 14 日至 15 日在北京举办。此次论坛将成为推进国际合作，深化"一带一路"与各方发展战略对接，加强中国对外经济合作的有益平台。

近 4 年来，"一带一路"建设从无到有、由点及面，进度和成果超出预期。迄今，全球 100 多个国家和国际组织共同参与"一带一路"建设，40 多个国家和国际组织与中国签署合作协议，产生与中国企业对沿线国家投资达 500 多亿美元，一系列重大项目带动了沿线国的经济发展并创造了大量的就业机会。中国以"一带一路"建设为统领，推进更深层次更高水平的对外开放，促进国内国际要素有序流动、资源高效配置、市场深度融合，与世界各国创建多赢、共赢的良好局面。

---

① 2017 年 5 月 14—15 日，央广网开设了"一带一路"国际合作高峰论坛特别版块，本文是央广网对作者的专访，原题目是《"一带一路"书写合作共赢的壮丽画卷》。

"一带一路"推动中国经济转型升级

"十三五"规划提出推进"一带一路"建设"以企业为主体，实行市场化运作"。这要求中国企业必须向高附加值企业转型升级。"一带一路"对于中国经济最大的刺激就是出口。促进优势产能"走出去"，积极主动开展国际产能合作，实现互利共赢，是近年中国出口的突出特点。高铁、核电等满足沿线国家硬性需求的优势产能开始集群式地"走出去"。

中国与印度尼西亚企业合作建设的雅加达至万隆高速铁路总承包合同于4月正式签署，该项目是中国高铁首次全系统、全要素、全产业链走出国门，并将全部采用中国高铁技术和装备，堪称中国高铁标准"走出去"第一单。

在"一带一路"之前，中国的大多数出口，主要走向发展中国家，而这两年，中国的优势产能进入到了发达国家。我们"走出去"的市场，由低端走向高端，中国产品附加值，也由低附加值逐渐走向高附加值。

"一带一路"贯穿亚欧非大陆，一头是活跃的东亚经济圈，一头是发达的欧洲经济圈，中间广大腹地国家经济发展潜力巨大。通过"一带一路"建设将缩小东西部地区发展差距，打通中国西部地区向西开放的通道。同时，还将打通国内国际两大市场，让投资、消费、出口"三驾马车"重新获得动力，得以良性循环，并实现互联互通。

"一带一路"是中国对于全球化进程的创造性改进

"一带一路"是中国对外开放的升级版，远比人们起初想象的距离更为绵长，未来，其范围也必定更加宽广。其意义可以归纳为：提振世界经济的重要举措，深化人文交流的重要平台，参与全球治理的创新实践。"一带一路"既是中国倡议，也是国际共识，中方期待在这样的认知基础上，与各方共商合作大计，共建合作平台，共享合作成果，让"一带一路"建设更好造福各国人民。

在经济层面上，"一带一路"强调合作共赢属性，它不是中国一家分蛋糕或拿蛋糕的大头，而是沿线各国共同把蛋糕做大，一起分蛋糕。联合国大会、安理会、亚太经合组织、亚欧会议、大湄公河次区域合作等有关决议或文件都纳入或体现了"一带一路"建设内容。经济走廊建设稳步推进，互联互通网络逐步成型，贸易投资大幅增长，重要项目合作稳步实施，取得一批重要早期收获。"一带一路"已经成为各方积极参与推进的重要事业，为增进各国民众福祉提供了新的发展机遇。

在人文层面上，"一带一路"强调文明互鉴属性。历史上，丝绸之路不仅是经济之路，同时也是文化之路。古代丝绸之路凝结了沿线沿岸国家共同的历史记忆和文化符号，为促进东西方的文化交流作出了卓越贡献。新形势下，"一带一路"不仅要秉持合作共赢理念，建设共同发展、共享成果的经济带，更要发扬丝路精神，建设开放多元、民心相通的文化带，构建有利于丝路各国相互欣赏、相互理解、相互尊重的人文格局。近4年来，中国积极同"一带一路"沿线国家和地区，在文教、旅游等人文领域广泛开展合作，为"一带一路"建设奠定了坚实的民意基础。相信在丝路精神的滋养和"一带一路"沿线各国的努力下，不同地域、不同民族人们的心会越来越近，将汇聚起走向共同繁荣的强大动力。

在全球治理层次上，"一带一路"强调公共产品属性，体现了中国的全球视野和大国情怀。这一公共产品至少包含三个层次：物质性公共产品、理念性公共产品、制度性公共产品。物质性公共产品，如帮助其他国家修路、造桥、供电等，是在人、财、物等物质性需求层面的供给。理念性公共产品，主要是提供中国方案，以有效应对和解决全球性难题，其主要特点是主动与国际社会分享理念、共享价值。制度性公共产品是公共产品的最高形态，其本质是对规则的共塑与完善，难度最大，一旦形成其影响力极其深远，亚投行和丝路基金的创设就是典型的代表。未来，更多制度性公共产品的出现，将有力推动"一带一路"的组织化、机制化发展，为"一带一路"建设注入更为持久的动力。

"一带一路"联通中国与世界共赢之道

"一带一路"倡议于 2013 年 9 月提出，是中国经济发展的亮点之一，因为这段时间恰好是中国经济增速下行，且全球经济乏力的时候。"一带一路"打通国内国际两大市场，吸引外资到中国，特别是沿边沿海地区。跟"一带一路"直接相关的省市，投资态势已逐渐回暖。此外，"投资双向性开始凸显"，国际资本注入中国"一带一路"沿线城市，而中国的企业实施"走出去"战略，开始走到沿线去投资相关国家。

近 4 年来，中国出台了一系列顶层设计加快构建开放型经济新体制，进一步破除体制机制障碍，使对内对外开放相互促进，"引进来"与"走出去"更好结合，以对外开放的主动谋求经济发展和国际竞争的主动。

正如习近平主席所言，"一带一路"不是某一方的私家小路，而是大家携手前进的阳光大道。"一带一路"是开放的，源于古丝绸之路但不限于古丝绸之路，地域范围上东牵亚太经济圈，西接欧洲经济圈，是穿越非洲、环连亚欧的广阔"朋友圈"，是所有感兴趣的国家都可以添加进入的"朋友圈"。

开放发展　合作共赢[①]

——"一带一路"的文化经济学视角

　　国内外很多学者常用"地缘政治学"或"政治经济学"的工具来分析"一带一路"，但笔者更愿意将"一带一路"视为"文化经济学"的典型案例。什么是"一带一路"产品，只有同时实现经济收益与文化收益，即实现"双收益"的，才是中国想要的、真正能够赢得国际社会尊重的"一带一路"产品。换句话说，"一带一路"受欢迎，不仅因为它是一个给各方带来实惠的经济事件，更因为它能够成为一个引起共鸣的文化事件。

　　"一带一路"给很多学者创造了打通"己学"和"彼学"的机会，也倒逼中国城市和企业思考如何医治诸多不联不通的痛点，纠正一些错误认知，开创对外开放新局面。

---

① 　本文发表于 2016 年第 2 期《党政研究》。

一、"一带一路"是中国对外开放的升级版

中国共产党十八届五中全会把推进"一带一路"建设作为是中国"十三五"规划的重要内容之一,从扩大内需增长点和开创对外开放新局面作出了重大战略部署。未来五年,"一带一路"将如何继续对中国经济以及世界经济产生积极影响,值得期待。

自提出"一带一路"构想两年多来,"一带一路"倡议得到国际社会特别是沿线 60 多个国家积极响应,正在逐步收获早期成果。

"一带一路"让"三驾马车"重获动力。"一带一路"倡议于2013 年 9 月提出,是中国经济发展的亮点之一,因为这段时间恰好是中国经济增速下行,且全球经济乏力的时候。"一带一路"打通国内国际两大市场,让投资、消费、出口"三驾马车"重新获得动力,得以良性循环,并实现互联互通。首先是投资领域,"一带一路"发展能够吸引外资到中国,特别是沿边沿海地区,跟"一带一路"直接相关的省市,投资态势已逐渐回暖。此外,"投资双向性开始凸显",国际资本注入中国"一带一路"沿线城市,而中国的企业实施"走出去"战略,开始走到沿线去投资相关国家。

习近平主席 2015 年 10 月 19 日出访英国,一个人员多达 150人的企业家代表团随访,与英国签订超过 300 亿英镑的贸易投资协议,涵盖零售、能源、金融服务、航天等多个行业。中国充沛的海外投资,使英国等丝路国家得以生产好的产品,而这些产品最终会部分回流到中国市场,中国的资本、英国的技术,中国的市场、英国的品牌,中国的需求、英国的经验……开始充分互联互通。

其次,"创新驱动、消费拉动"是中国经济未来五年的一个突

出特点。中国民众个性化消费的时代已经来临。老百姓手头宽裕了，开始个性化消费，企业应当要满足他们的差异性需求。但是，拉动消费，市场要充分尊重规律，不仅生产产品，还要生产个性化的产品。"一带一路"发展过程中，有很多优质海外企业走进中国，也有很多优秀中国企业走向海外，这有利于我们更加敏锐地把握全球消费市场。

再次，"一带一路"对于中国经济最大的刺激，就是出口。促进优势产能"走出去"，积极主动开展国际产能合作，实现互利共赢，是近年中国出口的突出特点。高铁、核电等满足沿线国家硬性需求的优势产能开始集群式地"走出去"。在"一带一路"之前，中国的大多数出口，主要走向发展中国家，而这两年，中国的优势产能进入到了发达国家。我们"走出去"的市场，由低端走向高端，中国产品附加值，也由低附加值逐渐走向高附加值。

"十三五"规划提出推进"一带一路"建设"以企业为主体，实行市场化运作"。[1] 这对中国企业提出了更高要求，必须向高附加值企业转型升级。"一带一路"建设，不仅要在基础建设方面发力，还应当在管理、运营、后期服务、金融支持等方面发力。"走出去"的中国企业，在沿线互联互通的合作竞争中把握机遇，找到自己的方向。

未来五年是"一带一路"系列标志性项目落地的黄金期。"一带一路"建设具有阶段性。未来五年，恰好是"一带一路"建设初期，高铁、核电等一系列标志性项目将会落地。这些项目大多与基础设施建设相关，但是我们的金融、服务、教育和人心相通也必须逐渐跟上，这是一个渐进的过程。

"一带一路"是中国对外开放的升级版。"一带一路"远比人们起初想象的距离更为绵长，未来，其范围也必定更加宽广。正如习近平主席所言，"一带一路"不是某一方的私家小路，而是大家携手前进的阳光大道。"一带一路"是开放的，源于古丝绸之路但不限于古丝绸之路，地域范围上东牵亚太经济圈，西接欧洲经济圈，是穿越非洲、环连亚欧的广阔"朋友圈"，是所有感兴趣的国家都可以添加进入的"朋友圈"。

二、"一带一路"与中国的文明型崛起

2015 年 3 月，博鳌亚洲论坛的最大收获是《推动共建丝绸之路经济带和 21 世纪海上丝绸之路的愿景与行动》文件的发布，这是首个纲领性文件。在笔者看来，"一带一路"的成功不仅在于务实的经济项目，更在于人心、思想、文化制度，甚至包括宗教信仰等。从本质而言，"一带一路"受欢迎，必然是"中国风""人文情""潮流感"与"国际范"。"一带一路"的成功，不仅是经济事件，更是文化事件，是中国文明型崛起的标志。

目前，对"一带一路"的前景有两种截然相反的甚至极端乐观与悲观并存的评价，一个是"新版的朝贡体系"，另一个是"国际关系史上最大的烂尾工程"。其实，不需要预设"一带一路"的最终结果是什么，关键是在这个过程中，所有的中国人是否能够凝神聚智，群策群力，不断成长，展现一个不断进步的中国。

文明型崛起的重要衡量指标就是"议程设置"能力的提升。所谓"议程设置"就是"我不能决定大家内心想什么，但能决定大家一段时间集中讨论什么"。2010 年，中国 GDP 成为世界第二，老二是不好当的。历史规律往往是"老大拉着老三，收拾老二"。由此，2011 年美国高调"重返亚太"，日本、菲律宾等美国的盟友

也开始蠢蠢欲动，向中国施压。其结果是，中国西北边疆的民族
问题与南海、东海等海疆问题几乎同时升温。这一时期，美国主
导了亚太话语，核心词汇（高频词汇）包括中国威胁、军购、军
售、军演以及军事冲突等"冰词"。2013 年 9 月之后，"一带一路"
概念的提出，伴随着亚投行、丝路基金、金砖国家新开发银行等
一系列"组合拳"的使用，使周边国家甚至西方国家开始热议互
联互通、经贸合作、金融支持、人心相通等"暖词"。在短期内，
中国依然不能确定周边国家以及西方世界能否从内心深处接受"一
带一路"理念，但这一理念显然已经成为各方的话语焦点，有很
多人开始谈论甚至慢慢喜欢上了这一中国词汇。"议程设置"能力
的提升是拥有国际"话语权"的前提条件。相关大国近年来纷纷
提出了类似的战略构想，影响较大的有日本的"丝绸之路外交战
略"（1997）、欧盟的"新丝绸之路计划"（2009）、美国的"新丝
绸之路战略"（2011）等，但都没有如中国的"一带一路"更引人
关注、更受人期待。

今天，可以从多侧面感知中国的国际影响力：中国重视什么、
关注什么，这一地区、这一事物就会立即成为国际社会的兴奋
点——中国决定世界聚光灯的焦点。例如，缅甸、哈萨克斯坦等国
家曾长期被西方国家冷落，当中国"一带一路"战略进入缅甸、哈
萨克斯坦等国时，各国开始重新审视其政策，并纷纷加强同中国在
相关国家的影响力博弈，当然直接受益的是沿线各国。

有一位朋友的话很有道理："中华文明曾经被富强（列强）征
服，今天我们不能为了富强而放弃文明。"笔者在"一带一路"的
调研过程中，常常感叹："中华文明如此伟大，可我们如何让沉睡
的文明苏醒呢？""中国人如何充满自信地去探索推动社会进步的各
种可能，逐渐拥有被国际社会所分享的文化与价值？""一带一路"

就其目标而言，不是要和别人竞争，更不是要同美国争夺霸权，而是要挖掘中国自身的潜力，提升自我，"一带一路"不是转移财富的过程，而是创造财富、文化复兴的过程。

三、"一带一路"与传统理念的超越

在国内，中华民族长期存在"中原中心主义"，即在中国版图上始终有"文明与野蛮""内正统与外蛮夷"的严格区分，而"后者需要被教化"，这一范式会周期性地约束中国的文明型崛起，导致中国经济与社会顽固地存在"排他主义的地方化倾向，以及保守主义的本地化倾向"。

在国外，国际社会长期存在"中心—边缘"秩序，这一秩序在国际政治上的特点是：以民族国家为核心、以"典型欧洲范式"的主权国家框架去规范世界不同的政治主体；这一秩序在全球经济上的特点是：以全球化为核心、以"资本主义范式"的"中心—边缘"框架去约束世界不同经济体，其内在逻辑是"中心侵蚀边缘"，"边缘依附中心"。

美国社会学家沃勒斯坦是"世界体系理论"的代表人物。他对于中国这个社会主义大国一直予以重视。他在为中文版《现代世界体系》所作的序言中真诚地指出，"占人类四分之一的中国人民，将会在决定人类共同命运（的历史进程）中起重大的作用"。[2]"一带一路"既是对上述传统理念的一种超越，也是中国对世界的贡献。路、带、廊、桥等"去中心"（Decentralization）的中国式话语开始崛起，代表着平等、包容，代表着国际社会的"非极化"发展倾向。"互联互通"开始成为一种时尚，"痛则不通，通则不痛"的中国式文化与哲学思想开始备受瞩目。

"一带一路"是具有鲜明中国理念标识的全球公共产品，致力于提升中华文明的国际贡献度。我们必须明确，"负责任国家"是中国文明型崛起必然应具有的身份定位。首先，"责任"在政治学中有其特定含义：责任是承担与角色相应的义务，责任是一种尽责的品质。由此我们可以得出，"负责任国家"的基本要求是能够自觉遵守与其身份相称的义务。当然，"负责任国家"在不同历史时期有不同的评价标准。然而，"负责任国家"与"负责任大国"有根本性的区别，后者不仅要参与全球治理还要提供公共物品。这里的公共物品不仅包括有形的物质产品，还包括无形的精神产品。在国际社会，"大国责任"是指一个国家作为大国所应该承担的义务，这不仅是因为大国对国际政治格局变迁的影响最大，而且还因为在无政府状态中，"权力最大的单元（国家）将担负起特殊责任——提供公共物品。"[3] 大国提供公共物品，不仅在于大国能够获得经济收益，也在于大国需要获得社会学意义上的尊重，而后者对大国身份而言是必不可少的。在人类历史的长河里，我们可以看到大国不断地提供公共物品。例如，作为 18、19 世纪最为强大的国家，英国承担了保障国际海道安全的责任。

作为最大的发展中国家、联合国安理会常任理事国、儒教文明的发源地，中国应当承担"大国责任"。"穷则独善其身，达则兼济天下"，这种中国式的哲学思维深刻地影响着中国外交。"一带一路"倡议的提出是中国从地区性大国向世界性强国转变过程中外交理念的重大调整，是中国由"负责任国家"向"负责任大国"转变的重要体现，是中国向国际社会提供的公共物品，且与以美国为代表的西方国家所推崇的"民主和平论"等公共物品有本质的不同。的确，中国有丰富的传统文化资源，有成功的经济崛起实践，有与世界打交道的上千年历史经验，完全可以为人类社会贡献不同于西方话语的精神财富，争取为人类文明作出更大贡献。[4]"一带一路"倡议将以实际行动改变"崛起大国必将挑战现存霸权"的国际关系霸权兴衰逻辑，尊重世界文明多样性和各国发展模式的独特性，加强思想文化领域和不同宗教之间的国际对话，倡导相互尊重、开放兼容的文明观，以一个"文明型国家"（civilizational-state）的崛起为国际社会作出更大的原创性贡献。

四、亟待修正的对"一带一路"的错误认知

自 2013 年 11 月至今，笔者在参加"一带一路"相关学术会议以及在接受媒体采访时，常常感受到"一带一路"在很多人眼中已经成为一个大蛋糕，大家都忙着争抢，很多认知错误不断地发酵、传染……这些认知错误如不纠正，必然会导致"一哄而上、一抢而光、一哄而散"的窘境。

第一，慎用"桥头堡"等军事色彩浓厚的词汇。很多省份定位自己为"一带一路"的"桥头堡"（bridgehead），但是桥头堡是军事术语，本义是防御性的，即"说什么，我也不能让你进来"。因此，"桥头堡""排头兵""先锋队""主力军"等词汇翻译成外文，不具开放性、包容性，而且容易让人产生误解，以为中国是要来"打仗的"。上述词汇是中国人熟悉的，但是国际合作是要讲给外国人听的，"一带一路"如不进行国际表达，会使接受程度和传播效果大打折扣。

第二，慎谈"过剩产能"。常有媒体提到，"'一带一路'建设，可以把过剩产品销售出去"。"过剩"这个词汇，让沿线国家听了很

反感，"你不要的、过剩的，别人会要吗?"给人的感觉是，中国要到沿线上去"倒垃圾"。因此，要避免使用这种令人不舒服的词汇描述"一带一路"建设中的核心概念，建议用中国的优势产能、富余产能以及产能合作等词汇来替代。

第三，"沿线有 64 国"的表述不准确。千万别把丝路沿线国家限定在 64 个（参见表 1），传统沿线 64 国没有欧洲最发达的西欧部分，也没有亚洲最活跃的日韩两国，显然是不合适的。笔者建议，全世界有 230 多个国家，只要致力于"一带一路"发展的，都是丝路国家，这样看还包括美国，也包括拉美，等等。因此，笔者提倡对丝路国家的界定应用"64+"的概念。

表 1　丝路沿线 64 国区域与国家情况

区　域	国　　家
中亚 5 国	哈萨克斯坦、土库曼斯坦、吉尔吉斯斯坦、乌兹别克斯坦、塔吉克斯坦
东南亚 11 国	印度尼西亚、马来西亚、菲律宾、新加坡、泰国、文莱、越南、老挝、缅甸、柬埔寨、东帝汶
东北亚 2 国	蒙古、俄罗斯
独联体 6 国	乌克兰、白俄罗斯、格鲁吉亚、阿塞拜疆、亚美尼亚、摩尔多瓦
南亚 8 国	印度、巴基斯坦、孟加拉国、斯里兰卡、阿富汗、尼泊尔、马尔代夫、不丹
西亚北非 16 国	沙特阿拉伯、阿联酋、阿曼、伊朗、土耳其、以色列、埃及、科威特、伊拉克、卡塔尔、约旦、黎巴嫩、巴林、也门共和国、叙利亚、巴勒斯坦
中东欧 16 国	波兰、罗马尼亚、捷克共和国、斯洛伐克、保加利亚、匈牙利、拉脱维亚、立陶宛、斯洛文尼亚、爱沙尼亚、克罗地亚、阿尔巴尼亚、塞尔维亚、马其顿、波黑、黑山

第四，"'一带一路'主要由发展中国家构成"的表述不准确。丝绸之路经济带的核心区域是中国西北五省以及中亚五国，21 世

纪海上丝绸之路的核心区域是中国东南、西南省份以及东盟十国，但其两端一头连着活跃的东亚经济圈，另一头系着发达的欧洲经济圈。因此，发达经济体的资金、技术和经验，也是丝绸之路的宝贵财富，发达国家也是"一带一路"的重要成员。

第五，"资源、能源合作"不是"一带一路"的唯一主题甚至优先主题。有很多人认为，"一带一路"建设就是要保障中国的资源、能源供给，确保稀缺性资源的战略安全。的确，丝路沿线国家大都有丰富的资源和能源储备，如"黑金"（石油、煤炭）、"蓝金"（天然气）等，但是这些国家非常不喜欢"一谈生意就是资源、能源"，他们不希望成为"骑士的马"。

第六，有为才有位，不用忙着定位。很多省份在忙着争抢历史上谁是丝绸之路的真正起点，有的叫"丝绸之路的新起点"、有的叫"丝绸之路的黄金段"、有的叫"丝绸之路的节点"等等。这在全球化、互联网经济时代的意义是有限的，关键不是叫什么，而是要有内容、有亮点、有突破，即在今天本省有哪些"错位竞争、不可替代"的丝路优势。

第七，中国向丝路国家卖什么。有很多省份一说到丝绸之路，还在丝绸、茶业、瓷器等"老三样"上做文章，这是历史上中国的主打产品。今天，我们要卖什么？首先，需要了解合作伙伴需要什么，要超越"有什么，就卖什么"的阶段：对方需要什么，我们就卖什么。要多卖必需品（如美国的"三片"：薯片为代表的餐饮、芯片为代表的科技、影片为代表的娱乐），少卖奢侈品；既是卖产品，也是卖价值、卖文化，要通过消费中国产品上升到对中国的欣赏和认同（而不是与之相反）。所以，要在卖什么上做文章。

第八，中国向丝路国家买什么。总体思路是：我们需要什么，就买什么。今天中国企业特别需要提升学习能力、适应能力、整合资源的能力，要在"一带一路"建设中把我们急需要的买回来、请回来，初始阶段最需要的可能不是能源资源，不是市场，而是技术、经验和视野。中国城市也要在与丝路沿线城市交往中，探索城市治理现代化的路子，在中国气派、文化品位上做文章，打造能够赢得人心的中国城市，打造具有国际品质的中国城市，把先进国家在历史文化保护以及城市规划设计中好的思路、好的做法带回来、学回来。

第九，"一带一路"既要顶层设计，更要基层创新。在调研过程中，很多地方干部最后的总结往往惊人地相似：希望中央重视我们，给予特殊的政策，在资金和政策上予以倾斜；我们有干劲，早就做好准备啦，就等中央一声令下，让我们干什么，我们就干什么。这种现象可以概括为，"寄希望于一把手怎么说"。但是，北京的专家再聪明，他们不一定比新疆的干部更了解新疆，北京的领导再英明，也不一定比广西的干部更了解广西。所以不能等，要有基层创新，要先做起来。

第十，"一带一路"不宜过快、过急，没有时间终点，但有时间节点。要适时推动"一带一路"落地，特别是要在智力支持上下功夫。海南的发展离不开中国（海南）改革发展研究院，上海的发展离不开上海国际问题研究院，这些省份的淡定与远见是因为它们有源源不断的智力支持。建议整合全国人才资源在南方省份建立海上丝路研究院，在西北省份建立陆上丝路研究院，同时配套建立智库产业园区，提供中国企业走出去所急需的信息交互、项目对接、风控管理等服务。同时，要积极发挥企业特别是民营企业的积极性，"春江水暖鸭先知"，它们的作用不可低估，要充分激发它们的活跃性和敏锐性。

五、"一带一路"的痛点经济学

痛点经济学，就是文化经济学，因为找痛点就是读心、暖心、攻心的过程，就是打造文化与经济精品的过程。文化是行走的经济，经济是可持续的美好，美好是认真展现的态度，态度是由内而外的文化。

今天，中国西北还有很多不联不通地方，甚至沿海也有不少不联不通的地方，所以要先找准痛点，才能打通痛点。首先，"一带一路"建设需要打造"智慧共同体"。"有思路才有线路"。"一带一路"建设过程是国人自我教育、自我修正、自我完善的过程，当前13亿中国人中的每一个个体开始尝试在思想、知识、心灵领域的互联互通。中国开始真正走向世界，成为世界之中国。几千年来，中国人一直习惯于国际社会主动了解我们，我们了解别人的意愿和能力始终不强，但今天，"一带一路"迫使中国人上路，在了解这个美丽星球的同时，出现了一批批的"一带一路人"。什么是"一带一路人"（OBORer），即老在路上，总倒时差，常换水土，不停找思路，时时被刺痛，但频频被感动的中国学者，比如，"一带一路"百人论坛的学人们。

"一带一路"建设过程中，取得的成绩固然令人欣喜，但其中存在的"痛点"更值得我们关注，如中国西部投资不足的原因之一是因为物流成本高，根源则是中国西部有太多的物理、心理封闭性，缺乏互联互通。"一带一路"的机遇在哪里，简单的回答：找准体验痛点就找到了商机的盈利点和机制的突破点。我们要敏锐地发现"一带一路"上的体验痛点，体验痛点就是商机的盈利点，就是"一带一路"机制建设的突破点。

其次，中国的城市和企业有很多痛点必须找准并加以解决。诗人说：人的一生有两样东西不会忘记，那就是母亲的面孔和城市的面貌。中国城镇化经历了三个阶段，第一个阶段是土地面积扩大的城镇化（土地带来财富的同时也带来矛盾），第二个阶段是人口数量增多的城镇化（户籍带来财富的同时也带来矛盾），第三个阶段是寻找归属感的城镇化（解决人内心的归属与认同问题）。在第三阶段，城市的发展目标，不再是高楼大厦、公共设施，应更考虑城市品牌、城市文化、城市理念，以及市民对城市的归属与依赖，城市发展由功能定位走向人文定位。正如习近平主席所言：在中国，老百姓要看得见山、望得见水，记得住乡愁。这样的城镇化才是有魅力的。建设有魅力的中国丝路城市要避免心浮气躁，要在细节和争取人心上下功夫。

一方面，丝路城市的成功与否不单纯看经济增长指数的高低，更重要的是看文化建设在社会发展、对外开放中的含金量。"一带一路"对中国城市而言，不仅是经济崛起的良好契机，更是中华民族文明型崛起的自我鞭策："一带一路"不会一蹴而就，需要精耕细作，只有耐得住寂寞、少折腾，才能造得出精品。

在"一带一路"建设中，要切实提升中国丝路城市的实力层次。一个城市的实力层次由三个部分组成（参见图1）：第一个层次是"地质圈"实力来源。每个城市在对外宣传的时候，讲得最多的肯定是描述经纬度、面积、资源、古迹等，基本属于有形可见的物理层面、地理层面的实力来源。比"地质圈"高一层次的是"生物圈"的实力来源，这个层次做的不是一件件具体的事情，而是要处理一系列复杂微妙的关系，最核心的是人与自然的关系（生态）以及人与人之间的关系（民生）。比"生物圈"还高一层次的是"思想圈"，就是在教育、媒体、艺术、文化、标准、规范、价值、亲情、信仰、追求等无形的领域发力。在人类社会中，越强大恰恰越无形，"一带一路"建设要提升沿线国家对中国城市的欣赏与认同，必须要在"生物圈"与"思想圈"层次发力。

实力来源：

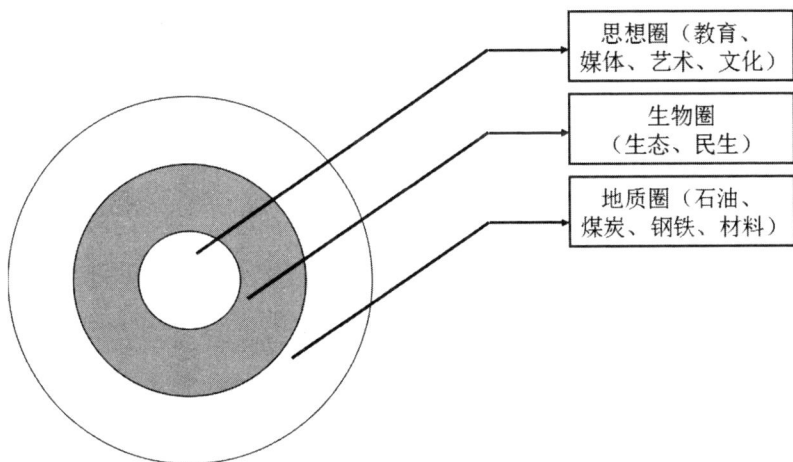

思想圈（教育、媒体、艺术、文化）

生物圈（生态、民生）

地质圈（石油、煤炭、钢铁、材料）

图1 城市实力的三个层次来源

当前，一些城市配套"一带一路"建设做了一些宣传手册，但它们往往是这样宣传自己的：一是这个城市交通多么便利，四通八达；二是历史古迹多么众多，独一无二；三是地下资源多么丰富，应有尽有，等等。如此，这样的城市定位还停留在"地质圈"实力的宣传，没有在"生物圈"和"思想圈"层面上下功夫，是不会产生"回头客"的。旅游业或文化业是"一带一路"的"朝阳产业"，是"一门兴、百业旺"的产业，但是推进文化旅游必须充分挖掘旅游景点或城市景观的文化内涵，文化要有感动人的力量，要能够激发一种冲动，即与人分享的冲动。在丝路城市建设中，不论是城市的文化品牌还有旅游品牌，都要注重艺术气质和文化品位，要讲究错位竞争的美，个性化往往最美。

另一方面，企业不仅要卖产品，也要卖文化。目前，中国企业的短板是：有企业不一定有产品，有产品不一定有品牌，有品牌不一定有品牌价值；渐进性创新不少，但突破性创新不够。今天，中国企业不走出去也有风险，而且风险可能更大。原来问中国企业为什么要走出去，很多企业家回答："要服务国家战略"，现在的答案往往是"走出去是要解决生存压力"。可见，企业家越来越在商言商，经历着从要我走出去到我要走出去的转变。因此，"一带一路"建设中，不要过分夸大中国企业走出去的风险，关键是自身要准备好、要把项目选好，要真正具有国际视野和品牌意识。美国、日本和韩国等国的企业没说要做"一带一路"，但它们实际做的就是"一带一路"，即用有"温度"的产品和文化"征服"人心。其实，中国企业的最大风险是中国企业性格的内向性，不走出去，中国企业会越来越被动，会越来越受制于人。关键是在"走出去"的过程中，企业要不断发现痛点、解决痛点，努力开拓运营与管理服务业务，提升高附加值。从长远看，中国企业在丝路沿线基础设施建设中要努力推进"硬联通"与"软联通"的互促结合。"软联通"就是把中国企业的标准、服务、价值观带出去，用文化软实力赢得顾客。

总之，"一带一路"建设要有文化自信，那么文化自信的基础是什么？是经得起时间检验和历史考验的人民（国内民众以及国际受众）满意。在此，我们用20个字来概括"一带一路"建设的运作机制：政府引导、企业主体、市场运作、项目推动、文化融通。"一带一路"标志着中国走在文明型崛起的大道，同时中国人开始找痛点、找差距、找路径、找归属、找信仰。的确，文明型崛起的国家应该像麦穗一样，空心的麦穗举头摇向天空，而饱满的麦穗则俯身低头朝向大地，她自信成熟又内敛含蓄。

"一带一路"助推中国的文明型崛起 ①

2015 年，"一带一路"不仅成为中国的关键词，也是国际社会的一抹亮色。"一带一路"的沿线国家可以分为三类：

第一，全线核心国家，如美国、俄罗斯、欧盟国家等，它们对"一带一路"建设有举足轻重的作用，是具有示范带动作用的国家。

第二，区域内核心国家，如中亚的哈萨克斯坦，南亚的印度，南欧的土耳其，东北亚的日韩，中东的沙特、伊朗、以色列等，它们的态度往往对区域内国家有巨大的影响力。

第三，沿线的其他国家，大多是新兴经济体和发展中国家。总体来说，上述国家对"一带一路"多持支持态度，它们非常看重中国的投资能力和消费市场。

"一带一路"是对传统理念的超越

在国内，中华民族长期存在"中原中心主义"，即在中国版图

---

① 2015 年 12 月 22 日，中国日报网盘点 2015 年中国外交成就，对作者进行了专访。

上始终有"文明 & 野蛮""内正统 & 外蛮夷"的严格区分，而"后者需要被教化"，这一范式会周期性地约束中国的文明型崛起，导致中国经济与社会顽固地存在"排他主义的地方化倾向，以及保守主义的本地化倾向"。

在国外，国际社会长期存在"中心—边缘"秩序，这一秩序在国际政治上的特点是：以民族国家为核心、以"典型欧洲范式"的主权国家框架去规范世界不同的政治主体；这一秩序在全球经济上的特点是：以全球化为核心、以"资本主义范式"的"中心—边缘"框架去约束世界不同经济体，其内在逻辑是"中心侵蚀边缘"，"边缘依附中心"。

"一带一路"是对上述传统理念的一种超越，路、带、廊、桥等"去中心"（Decentralization）的中国式话语开始崛起，代表着平等、包容，代表着国际社会的"非极化"发展倾向。"互联互通"开始成为一种时尚，"痛则不通，通则不痛"的中国式文化与哲学思想开始备受瞩目。

"一带一路"是中国话语权的提升

话语权提升的重要衡量指标就是"议程设置"能力的增强。所谓"议程设置"就是"我不能决定大家内心想什么，但能决定大家一段时间集中讨论什么"。2010 年，中国 GDP 位居世界第二，历史规律往往是"老大拉着老三，收拾老二"。

由此，2011 年美国高调"重返亚太"，日本、菲律宾等美国的盟友也开始蠢蠢欲动，向中国施压。其结果是，中国西北边疆的民族问题与南海、东海等海疆问题几乎同时升温。这一时期，美国主导了亚太话语，核心词汇（高频词汇）包括"中国威胁"、军购、军售、军演以及军事冲突等"冰词"。

2013年9月之后，"一带一路"概念的提出，伴随着亚投行、丝路基金、金砖国家新开发银行等一系列"组合拳"的使用，使周边国家甚至西方国家开始热议互联互通、经贸合作、金融支持、人心相通等"暖词"。

在短期内，中国依然不能确定周边国家以及西方世界能否从内心接受"一带一路"理念，但这一理念显然已经成为各方的话语焦点，有很多人开始谈论甚至慢慢喜欢上了这一中国词汇。"议程设置"能力的提升是拥有国际话语权的前提条件。

相关大国近年来纷纷提出了类似的战略构想，影响较大的有日本的"丝绸之路外交战略"（1997）、俄印等国的"北南走廊计划"（2002）、欧盟的"新丝绸之路计划"（2009）、美国的"新丝绸之路战略"（2011）等，但都没有像中国的"一带一路"更引人关注、更受人期待。

今天，可以从多侧面感知中国的国际影响力：中国重视什么、关注什么，这一地区、这一事物就会立即成为国际社会的兴奋点——中国决定世界聚光灯的焦点。例如，非洲大陆在冷战后曾长期被西方国家冷落，当中国进入非洲时，各国开始重新审视非洲，并纷纷加强同中国在非洲的影响力博弈，当然直接受益的是非洲各国。

此外，从中国和日本在印尼高铁项目上的博弈可以看出，我们的优势在于价格和效率，而日本的优势在于安全性。结果是，中国会在保证价格的同时提高安全性，日本会在保证质量和安全的同时控制价格。当然，直接受益的是印尼，但从长远来看中国和日本都是受益者。

　　"一带一路"是具有鲜明中国理念标识的全球公共产品，致力于提升中华文明的国际贡献度。大国提供公共物品，不仅在于大国能够获得经济收益，也在于大国需要获得社会学意义上的尊重，而后者对大国身份而言是必不可少的。

　　"一带一路"倡议将以实际行动改变"崛起大国必将挑战现存霸权"的国际关系霸权兴衰逻辑，尊重世界文明多样性和各国发展模式的独特性，加强思想文化领域和不同宗教之间的国际对话，倡导相互尊重、开放兼容的文明观，以一个"文明型国家"（civilizational-state）的崛起为国际社会作出更大的原创性贡献

"一带一路"落地的政策建议

　　2013 年是"一带一路"倡议的提出之年，2014 年是规划之年，2015 年是落地之年。为此，笔者提出如下具体建议：

　　第一，中国的外交话语体系应该更为清晰。在"一带一路"建设中，中国应该尝试自信地展示中国的利益诉求和困惑。

　　第二，"一带一路"应该是一条务实合作的经济走廊。这条经济走廊应让中亚和中东等地区的能源资源、欧洲和东北亚等地区的技术以及中国的资金和产业在丝路沿线聚合，从而带动沿线以及整个亚欧经济的发展，再次使这一地区成为世界经济新的增长极。

　　第三，应扩大中国在中亚、东南亚等核心地区的文化影响力。首先，要重视"一带一路"的语言文化战略，语言通、文化通对于民心相通至关重要。"一带一路"倡议的实施，需要有大批既懂得通用语言，也精通当地民族语言的专业人才。其次，要创新文化交流的内容与形式，要让一大批文化产业等轻资产项目走向沿线。

第四，基础设施建设要推进"硬联通"与"软联通"的互促结合。"一带一路"的关键是建立起四通八达的基础设施网络，铁路、高速公路、空路、网络的建设联通关乎整个丝路经济带能否正常运转。

中国要推进"硬联通"与"软联通"的有效结合，致力于打造富有中国特色的制度性话语权。

"一带一路"：从"宽广之路"到"大道之行"^①

　　"一带一路"是新时期中国对外开放战略的新引擎，是统筹国内国际两个大局的总纲领，也是参与全球治理、构建制度性话语权的总抓手。

"一带一路"的逻辑

　　"一带一路"逻辑清晰、定位精准，展现了中国的使命担当、彰显了国际社会的发展潮流。"一带一路"的逻辑可以概括为三个字：通、融、荣。

　　通是前提、条件。"通"凸显经济层面的合作共赢。互联互通、包容性全球化、世界经济再平衡、共同现代化、国际产能合作、共享经济等是理解"通"的关键词汇。目前，"一带一路"的互联互通网络逐渐成形，以中巴经济走廊等"六廊六路多国多港"建设为标志，基础设施、贸易、金融、能源等领域取得了一批重要早期

――――――――――

① 本文发表于 2017 年 5 月 17 日的《学习时报》。

138

收获。

融是本源、实质。"融"侧重文明层面的文明互鉴。通心工程、人文格局、文化条件、重义轻利、亲诚惠容等是理解"融"的关键词汇。"融"意味着中国是要充分融入世界，打造一个相互欣赏、相互理解、相互尊重的人文格局。

荣是愿景、目标。"荣"强调全球治理层面的使命担当。公共产品、人类命运共同体等是理解"荣"的关键词汇。公共产品的供给不仅要满足国际社会对中国负责任大国的预期，更要增强全球民众对美好图景与光明前途的信心和决心。在全球治理遇困的背景下，中国会在理念、价值、制度等层面发力，助益和平与发展时代潮流。

政策沟通是"五通"之首

"五通"建设指政策沟通、设施联通、贸易畅通、资金融通和民心相通。

加强政策沟通是"一带一路"建设的重要保障，加强政策沟通就是完备"一带一路"的顶层设计。中国政府不断加强同相关国家的政府间合作，积极构建多层次政府间宏观政策沟通交流机制，深化利益融合，促进政治互信，达成合作新共识。沿线各国可以就经济发展战略和对策进行充分交流对接，共同制定推进区域合作的规划和措施，协商解决合作中的问题，共同为务实合作及大型项目实施提供政策支持。在实践中，有顺畅的政策沟通才会有便利的规划对接与项目对接。

政策沟通的亮点是国家领导人久久为功、带头推动。2014年，习近平主席 7 次出访，足迹遍布 18 个国家。2015 年，习近平主席共出访 8 次，行程遍布 14 个国家。2016 年，习近平主席完成了 5 次出访，足迹遍布 12 个国家。所到之处，大多是"一带一路"关键国家。例如，2016 年 3 月 28 日，习近平主席飞抵布拉格，这不仅是中国国家主席首次对捷克进行国事访问，也是习近平主席首次到访中东欧国家。在访问前夕，习近平主席在捷克《权利报》发表题为《奏响中捷关系的时代强音》的署名文章。文章指出，"加强战略对接，释放合作潜力。中捷双方应该以签署共同推进'一带一路'建设政府间谅解备忘录为重要契机，加强各自发展战略和愿景的对接，进一步梳理和筹备重大合作项目，争取早期收获"。

国务院总理李克强也被称为"一带一路"的"最强推销员"。2014 年 10 月，李克强向俄罗斯总理梅德韦杰夫推销了中国的"高寒高铁"。此外，李克强总理在出国访问中也频频推销"一带一路"的其他优势产能，如核电、航空航天、产业园区等。

政策沟通的基础是重视制度设计、务实推动。2014 年 12 月及 2015 年 3 月，《丝绸之路经济带和 21 世纪海上丝绸之路建设战略规划》《推动共建丝绸之路经济带和 21 世纪海上丝绸之路的愿景与行动》两个纲领性文件先后印发，成为"一带一路"建设的总体行动指南。2015 年 2 月，中央成立推进"一带一路"建设工作领导小组。此后，各地区各部门也纷纷成立落实"一带一路"决策的工作机制。31 个省区市和新疆生产建设兵团与"一带一路"建设战略规划的对接工作全面完成。港澳台地区以及全球 6000 万华人华侨发挥比较优势，积极主动参与和融入"一带一路"建设。

在国际层面，"一带一路"具有制度主义和多边主义的属性，不仅重视双边的项目推动，更重视多边层面的制度建设。联合国希望将"一带一路"建设与联合国 2030 年可持续发展议程结合起来，更好推动"一带一路"建设有序开展。同时,"一带一路"还与联合国开发计划署、亚太经社会、世界卫生组织等签署共建"一带一路"的合作文件。

政策沟通的关键是与现有的战略规划进行有效对接。"一带一路"不是另起炉灶,而是与现有的规划倡议以及沿线国家的发展战略进行有效对接。在国际组织层面,需要精准对接的战略规划有:联合国"丝绸之路复兴计划"、欧盟"容克投资计划"、东盟"互联互通总体规划"等;在国家层面,需要精准对接的倡议规划有:哈萨克斯坦"光明之路"、俄罗斯"欧亚联盟"、蒙古国"草原之路"、印度"季风计划"、印度尼西亚"海洋强国"、英国"北方经济引擎"、澳大利亚"北部大开发"、韩国"欧亚倡议",等等。总之,"一带一路"倡议与上述规划有相通与契合之处,合作基础扎实。

政策沟通是"五通"之首,在系统发力的基础上,"一带一路"建设从无到有、由点及面,进度和成果超出预期。

从有形到无形的延伸

未来,"一带一路"将继续扎实推进,带给国际社会的不仅是"宽广之路",更是"大道之行"。虽然"一带一路"在最初阶段是以有形道路、桥梁、港口等进入人们视野的,但如今这一倡议已日益在标准、理念、文化、价值、话语等无形层面彰显时代潮流、文化温度、发展规律,有效打造人文格局、助益"通心工程"。以国际合作高峰论坛为契机,"一带一路"将在以下三个方面充分体现中国参与全球治理有自身的历史独特性以及文化识别效应。

"人类命运共同体"理念深入人心,形成价值共振。"一带一路"

是"人类命运共同体"理念的具化。2016 年 11 月 17 日，第 71 届联合国大会协商一致通过关于阿富汗问题第 A/71/9 号决议。决议欢迎"一带一路"等经济合作倡议，敦促各方通过"一带一路"倡议等加强阿富汗及地区经济发展，呼吁国际社会为"一带一路"倡议建设提供安全保障环境。这是联合国大会决议首次写入"一带一路"倡议，得到 193 个会员国的一致赞同，体现了国际社会对推进"一带一路"倡议的普遍支持。2017 年 3 月 17 日，联合国安理会一致通过的第 2344 号决议，首次载入"构建人类命运共同体"理念。可见，中国日益将治国理政思想与全球治理实践结合起来，赢得了国际的广泛认可与尊重。"一带一路"是迄今为止中国为世界提供的最重要公共产品，它是中国首倡，但强调共商共建共享。"一带一路"倡议源于中国而属于世界，既为中国自身发展提供动力，又为世界共同发展创造机遇。

"一带一路"高度强调"先有文脉，而后有商脉"。如果"一带一路"建设中只讲经济利益，是很难持久的，必须打通文脉才能持续地激活商脉。习近平主席出国访问之时，常常以文化始、文化终，深度挖掘并有效传播"一带一路"故事。2016 年 1 月 21 日，在对伊朗进行国事访问之际，习近平主席在伊朗《伊朗报》发表题为《共创中伊关系美好明天》的署名文章。文章指出，"丹葩结秀，华实并丽。石榴早已从伊朗到中国落户，又因果实累累在中国被赋予新的寓意，象征兴旺繁荣。它见证了中伊两国人民沿着丝绸之路开展友好交往的历史，预示着两国合作还将收获更多硕果。"石榴不仅是古丝绸之路的历史见证，更象征了今天的丝路精神——包容团结。

重视战略对接、规划对接、项目对接，更需夯实智慧对接。未来，"一带一路"将推动全球信息、知识、人才、智慧的顺畅流动与对接。"一带一路"是"绿色丝绸之路""健康丝绸之路""和平丝绸之路",但首先应该是"智力丝绸之路"。为此,一方面要加强中外丝路智库建设与合作;另一方面要争取青年人,不断夯实民意和社会基础。中国政府已经承诺每年向"一带一路"沿线国家提供1万个政府奖学金名额,其他层面的人才培养合作也在不断深化。

在2013年9月,"一带一路"还是一个看似比较"缥缈"的中国倡议,但以2017年5月为节点,"一带一路"将日益成为"扎实"的国际共识,而且要凝聚全球智慧,为"黑天鹅"事件频发的世界注入更多"光明"的确定性,增强所有参与方的获得感与舒适度。

第二部分

实践篇：『一带一路』调研报告

在西欧寻求"一带一路"突破口^①

　　除了经济利益之外,"一带一路"正在弥补中欧之间的认知鸿沟。在中国人眼中,西欧不再是古老僵化的城堡;在西欧人眼中,中国不再是刻板古老的城墙。世界中心也许会逐渐由以"美—大西洋—欧洲"为核心的"基督教文明圈"开始转向以"中—欧亚腹地—西欧"为核心的"多元文明圈"。就"一带一路"的落地而言,西欧板块值得期待。

　　亚投行的成立使西欧国家成为"一带一路"最重要的"朋友圈",可以看出西欧国家高度重视中国市场以及"一带一路"建设的机遇。但目前存在的问题是:西欧国家不知道如何对接中国的"一带一路";中国的城市和企业不知道如何开拓西欧板块。对此,既要去弥补认知差异,也要去弥补需求差异。就需求而言,中国城市和企业要首先明白的问题是:中国向西欧卖什么,中国向西欧买什

---

① 本文于 2015 年 4 月 9 日为英国《金融时报》中文网撰稿。本文最早提出西欧国家应成为"一带一路"的突破口。同年 10 月 19 日至 23 日,国家主席习近平对英国进行国事访问,中英迎来"黄金时代",中英将构建"全球全面战略伙伴关系"。英国首相卡梅伦表示,推动英国北方经济引擎(Northern Power-house)与中国"一带一路"倡议紧密对接。

么？对西欧国家来说，也要思考同样的问题，什么样的西欧对中国
有吸引力？当然，西欧国家不是一个整体，各有各的竞争优势和利
益需求，中国要做到游刃有余，必须先知己知彼。

与中国间存在同质化竞争的法国

法国是西欧面积最大的国家，约为欧盟面积的五分之一。法国
的优势产业包括民用核能、高速铁路、航空与航天等。今天，核电
以及高铁是中国企业率先"走出去"的优势产能，但这些也是法国
经济赖以安身立命的根本。显然，中法之间存在同质化竞争关系。

对法国而言，"法国制造"有两个层次：一是以幻影战机、高
速列车以及核电站等为代表的高科技产品；二是以香水、名包等为
代表的文化创意与时尚产品。在第一层面，高调"走出去"的中国
高铁与核电无疑对法国形成了相当大的竞争压力。

但是，"丝路经济"的本质不仅仅是竞争，更强调资源整合基
础上的包容共进。以法国高铁为例，它就需要中国"鲶鱼"激发活
力。法国高铁 TGV，是由阿尔斯通公司和法国国家铁路公司设计
建造并由后者负责运营的高速铁路系统。1981 年，巴黎—里昂高
铁专线投入使用。这是继日本新干线之后，人类历史上第二个投入
运营的高铁线路。

由于法国高铁在欧洲运营最早，其多项标准一度成为欧洲高铁
技术的基础，它至今仍是列车行驶最快速度的保持者，让法国成为
欧洲高铁最具话语权的国家。例如，法国和英国之间的"欧洲之星"
等列车无不是法国出产。

但是，在日益竞争的全球高铁格局中，法国高铁昔日独领风骚

的局面一去不复返。一方面，除传统竞争对手如德国、日本外，韩国、西班牙、意大利等新兴力量日逐强大。另一方面，2008 年国际金融危机之后，价格已取代速度成为吸引消费者的关键因素，法国高铁的乘客日渐稀疏。

因此，中国高铁同法国高铁合作具有战略意义。一方面，中国高铁有很多技术来自法国；另一方面，法国更了解欧洲市场，中国需要借助法国的人才与经验去开拓欧洲市场。在这方面，中法高铁市场要互相开放。预计会有更多的中国企业出现在法国以及西欧国家的高铁、码头、港口、机场、核电等基础设施领域。

文化产业是法国的另一大优势，是法国最强大的、可持续的动力，这也是中国的硬需求。中国各地市都非常重视发展文化产业，但目前的起点很低，还基本停留在"卖门票"阶段。因此，除高铁、核电外，中法两国可以在文化创意产业、旅游服务业等领域开展深层次合作。两国未来可以在丝路节点城市建立"中法文化产业园区"，孵化与文化产业相关的各类企业，提升中国企业以及城市的文化品位与艺术气质。

"重商主义"与"人文主义"并重的英国

英国兼具"重商主义"与"人文主义"的双重性格。"重商主义"来自英国略显被动的地缘条件，缺乏资源令它必须灵活务实地寻找经济上的合作伙伴。"人文主义"来自英国推崇渐进主义的民族性格，不轻易破坏什么，非常重视传承。所以，英国至今没有"国庆节"（National Day），但英国在文学领域有莎士比亚、在科学领域有牛顿、在经济学领域有亚当·斯密、在自然科学领域有达尔文……

英国重视中国不是背弃美国，而是"重商主义"基因使然。英国需要中国的投资去更新老旧的"世界工厂"和基础设施，华为、中兴等中国企业在英国更受欢迎。最近，笔者在伦敦与英国政府政策内阁部长奥利弗·莱特文交流。部长曾是牛津大学教授，他直率地表露：英国希望中国各类企业加大对英投资，以升级英国制造业水平，从而将产品出口到中国。可见，全球进入新一轮的经济增长周期，中国既是投资的需求国，也是投资的被需求国。

英国加入亚投行，有巩固其国际金融优势的考量。英国是第一个和中国签订双边本币互换协议的七国集团成员国。目前在中国之外的人民币支付有 62% 在伦敦进行。"一带一路"有"五通"建设，其中包括政策沟通、设施联通、贸易畅通、资金融通、民心相通，而以资金融通为核心的金融支持是重中之重。英国显然意识到，在中国人眼中，英国是有金融魅力的；英国人自身也充满了自信，认为世界的四大金融中心，有三大是与英国有关的，即伦敦、新加坡、香港。在目前的城市定位中，陕西等很多省份提出要打造金融中心，因此中国城市的确要利用英国的金融优势以"借船出海""借力发力"。预计，陕西、上海等省份会主动加强同英国的合作与交流，既包括金融信息发布、金融人才培养，也包括"丝路金融"标准的打造等。

"人文主义""绅士风度"等吸引着中国留学生远赴英伦。今天，英国大学对中国留学生的依赖程度越来越高。目前，英国大学本科中，来自欧盟其他国家的留学生人数显著减少，而中国学生日益激增的出国需求也能够弥补这个空缺。2014 年，中英签署了一系列新协议，其中包括旨在未来 3 年加强中英教育合作的框架协议等。目前，中英教育合作有很多成功的典范，如西安交通大学和英国利物浦大学合作在苏州创立的西交利物浦大学，以及英国诺丁汉大学与浙江万里学院合作创办的宁波诺丁汉大学等。在中国，很多社会精英都知道英国的"志奋领"留学项目，笔者也曾于2010年参加该项目，期间英国主办方还主动安排大家赴比利时、科索沃等国家和地区实地走访，英方的细致与高效给大家留下了深刻印象。去年一年，笔者先后去诺丁汉大学和牛津大学，充分感受到中英教育合作的广阔前景。牛津大学的副校长表示，英国教育的宗旨是培育社会的精英意识，即批评性思维、独立性思考、跨学科知识、国际化视野、高度的社会责任感。上述精英意识也是中国社会的稀缺资源，中英人文合作前景广阔。

中英两国可加强"一带一路"的媒体合作。传媒业在英国相当发达，英国是有传媒话语权的国家，中国有正在崛起的传媒市场。媒体合作的内容可以包括，联合开展问卷调查，了解受众对"一带一路"的关注倾向；联合拍摄纪录片，展现"一带一路"真实的面貌；加强传媒理念与产业沟通，联合培养传媒类人才；全面加强报纸、杂志、书籍、电视、广播以及各种音像制品等传媒领域的双边合作。笔者在英国访问期间，常常去英国的书店看有没有与中国相关的书籍，很遗憾，在书架上与中国相关的书籍少得可怜，而且主题常常是神秘、异类的中国，这样的片面知识难以铺设平坦的合作道路。总之，传媒影响力属于文化软实力范畴，理应成为中英两国丝路合作的焦点。

得意"制造业"的德意

有人认为，欧洲只有两个国家是以制造业为基础的，一个是德国，另一个是意大利。

德国是当今世界第四、欧洲第一经济大国。在欧债危机背景下，德国经济表现相当耀眼，被称为欧洲危机的中流砥柱。"德国制造"是德国的金字招牌，代表着品质与卓越。德机械设备制造业是典型的出口导向型产业，是世界第一大机械设备出口国，75%的机械设备产品销往国外。在机械设备业32个产品领域中，德国产品在16个领域为世界出口第一。汽车、机械制造、化工医药和电子电气是德传统四大支柱产业。

德国企业成功的秘诀，是高度重视研发，不断提高核心竞争力。而中国企业的短板是渐进性创新不少，但突破性创新不够。"德国制造"对中国的启示是："一带一路"要有产品可卖，就要做真正有品质、有品牌的产品。为什么中国作为一个制造业大国，国人却要跑到日本去买马桶盖，一则我们的很多产品缺乏品质，假冒伪劣产品太多；二则我们的产品没有品牌，没有在消费者心目中建立忠诚感和美誉度。因此，致力于"一带一路"的中国企业要有品牌意识，要做有文化、有社会责任的中国企业。以城市为例，广东阳江是中国"刀剪之乡"，但在广东之外，很少有人知道它。因此，阳江可主动同德国展开刀剪产业合作，打造"中国版的双立人"。

意大利有"中小企业王国"的殊荣，致力于发展中小企业的中国丝路城市应该主动对接意大利。食品、服装、家具是意大利的传统优势产业，俗称"3F产业"。意大利中小企业在国民经济和解决就业方面都发挥着重要作用，这类企业吸纳了全国近82%的员工。但目前它们的发展面临难题。一方面，意大利政府外债缠身，没有足够的资金支持中小企业；另一方面，意大利人思想相对保守，骨子里有小富即安的思想，缺少创新的主动性。所以，意大利企业的优势不断被外国企业所蚕食。为此，意大利需要开拓中国市场，后者也要积极对接前者。预计会有更多的中国中小企业家前去意大利拜师取经，意大利也不会放弃这个有前途的学生。从某种程度来说，中小企业是一国经济健康状况的晴雨表，也是丝路经济活跃的晴雨表。

保持对"一带一路"的冷思考

首先，不要误读中欧关系。在经济上亲近中国，并不意味着西欧国家在战略与安全上背弃美国。在经贸上充分合作，并不意味着在人权与价值观上，西欧国家会改变审视或刁难中国的标准。西欧国家在人权问题、达赖以及西藏等问题上的干预仍可能影响中欧合作。

其次，要摒弃"一带一路"的宿命论。既不应对它过度政治化，也不能动辄给它贴上宿命论标签，如"一带一路"将成为"国际关系史上最大的烂尾工程"或是新版"朝贡体系"等。它的成败与否关键看大家怎么做。当大家汇聚智慧、聚精会神重视它的时候，它已经成功了一半，成功的另一半则是"逐步落地、惠及民众"。当然，中国是这一战略成败的关键力量，前提是想清楚该战略的具体目标，否则，率先走出去的中国企业先锋会一个个倒下。

再次，落实推动是关键。中国政府要尽早系统整理"一带一路"相关国家和地区的各类信息，动态性地提供给中国城市和企业；同时，要把国内致力于"一带一路"的城市和企业的竞争优势和现实需求提供给国外相关国家和跨国企业，让彼此都知道发力点在哪。

此外，组建"一带一路"对口城市。这类城市一方面可以开展大型产品推介会，或者是推动企业进行一对一的谈判与合作。另一方面，它们要加强人文交流，既包括企业、政府，也包括智库、学

在西欧寻求「一带一路」突破口

153

者。今天的欧洲最缺乏的是活力与创新，中国最缺乏的是国际化的人才与经验，两者资源的高异质性也展现出战略合作的高互补性。

最后，加强中欧"一带一路"协调机制建设。最近，中国政府"一带一路"领导小组名单首次公布，其人员构成表明中国的"一带一路"建设包括经济、政策、民族、外交等多重领域；中国政府会加大力度推动双边和多边项目尽早落地。为此，可在中英或中欧等双边或多边框架下建立丝路协调机制，以期取得早期成果；要尽早建立中欧丝路合作的"样板工程"，以发挥可复制、可推广的带动作用和示范效应。

总之，丝路魅力的基础是中国潜力。中国依然有着巨大的劳动力市场和消费需求。结构转型会激发中国国内市场的新机遇，丝路建设会提升中国对外开放的新层次，中欧合作对任何一方而言都是利大于弊。

"一带一路"的新加坡思路 [1]

  就未来而言，笔者希望中国和新加坡合作定位除了获取商业利益之外，还要提供东南亚的文化与政治公共产品。在文化方面，中新要共同传承与传播东方文化与核心价值，让"一带一路"有文化吸引力和价值感召力。在国际社会，很多国家没有说建设"一带一路"，但它们实际做的就是这类事情，即用产品和文化赢得尊重、征服人心。中国在推进"一带一路"的进程中，要善于学习，要善于从别人的有益经验中获取完善自身的知识、视角和思路。曾经有人不以为然地对我说，新加坡、瑞士的经验对中国毫无借鉴意义可言，因为它们太小了；美国、加拿大的经验对中国也毫无借鉴意义，因为它们的历史还没有中国的一个朝代长。如果按照上述逻辑，全世界岂不是没有一个国家可以被中国学习，因为全球比中国面积大、比中国历史长的国家还真是没有。因此，中国要想赢得尊重、征服人心，必须要谦虚学习，要善于发现每一个国家身上的优

---

① 本文于 2015 年 9 月 23 日为英国《金融时报》中文网撰稿，文章系统分析了新加坡开拓中国市场的成功经验。同年 11 月 5 日至 6 日，国家主席习近平对新加坡进行国事访问，启动了"中新（重庆）战略性互联互通示范项目"。有专家评价，赵磊教授的成果走在了中央决策的前面。

点，虽然经验不能简单复制，但有益的知识、视角和思路可以助益成长中的中国。新加坡虽小，但这个"老师"值得中国认真品读。

"一带一路"依然有粗放惯性

中国国家主席习近平自 2013 年 9 月提出"一带一路"至今已有两年，有很多人问我"陆丝"和"海丝"何者优先，其实二者应该兼顾而不分孰轻孰重。其中，中国的东南沿海省份以及东南亚国家，即东盟十国是"海丝"的核心；"陆丝"的核心为中国西北五省以及中亚五国，两翼是活跃的东北亚以及发达的欧洲经济体。新加坡虽然作为东南亚国家，但绝不是只限于做"海丝"。在江苏，新加坡建设苏州工业园区，在直辖市天津，该国建设滨海生态城，这是"海丝"路径。但可以预见，新加坡会到中国西北省份去做"陆丝"的标志性项目。该国不会因为自己的海港国家定位，就只做沿海地区和海洋经济，而是中国需要什么就推销什么，要找准中国的"痛点"。所谓痛点经济学，就是人们体验中的痛点，就是市场的盈利点以及体制机制的完善点。而中国目前的状况是，西北省份依然惯性地专注于中亚五国，内蒙古一谈合作就想到蒙古国和俄罗斯远东，云南的发力点便是孟中印缅经济走廊，这种思路可以概括为"地缘上挨着谁，就跟谁合作"，但这不是开放的"一带一路"思维。真正的"一带一路"思维是互联互通，不仅是物理属性上的，更是主观心理层面上的，即"沿线国需要什么，我们就提供什么；我们需要什么，就找准沿线国合作"。例如，内蒙古的发展需求可能是蒙古国和俄罗斯远东满足不了的，要找到真正能够满足内蒙古需求的国家和地区，如现代产业突出的韩国、文化旅游业发达的法国、社会治理先进的新加坡等。换句话说，西北省份要"反向学习"新加坡，以中亚五国的"陆丝"平台为基础，但要逐渐扩展到东南亚等"海丝"市场，增强开放意识、服务意识、商业意识，甚至是探险精神。具体来说，"一带一路"的推进不能只按照地域、区域划分，而要按照需求划分，就好比作为西北省份的宁夏，其主要合作国家是22个阿拉伯国家，而阿拉伯国家基本全是"海丝"国家。因此，需要细致分析沿线国家对中国的需求，它们究竟有哪些优势，要让沿线国家与中国的相关省份充分互动起来。在实践中，"一带一路"必须摒弃四个字：过剩、不足。现在很多中国专家一说到"一带一路"，就认为它是要转移过剩产能、弥补能源资源的不足，这本身是对该倡议的误解。以往中国在沿线国家修建公路、铁路、大坝、电站、港口、运河等，这些重资产项目必然要穿越一些敏感区域，必然涉及原住民以及生态移民等复杂问题，当地非政府组织就会持强烈反对态度，对华不友好的组织就会借题发挥。但目前，中国基本上是"重装出行"，如瓜达尔港、尼加拉瓜运河、科伦坡港、中巴经济走廊、中俄西线天然气管道项目、中缅油气管道项目等，不论我们怎么低调描述这些项目，别人都不会小视的，都会联想到中国的地缘战略意图，项目除商业风险之外附带了诸多的政治风险。因此，"一带一路"需要一些如丝般轻盈的轻资产项目，需要一些能载入史册的标志性项目。

学习新加坡的"轻巧精准"

习近平主席提出的"一带一路"倡议要实现"五通"，即政策沟通、设施联通、贸易畅通、资金融通、民心相通。该倡议要联动、联通，要出重拳，但更要配合轻拳，不能乱出拳，要精准有效。第一，项目要尽可能不留后遗症，且附加值高。目前，中国有好多如中铁、中铁建、中建、中电建、中交建等基建企业"上路"，但海外好建的路，基本都建了。此外，基建项目利润率低（1.5%左右），且负债率高。中长期内，"一带一路"的发力点应该从基建项目转变为运营项目或高端服务项目。就像新加坡在海外基本不建港口，因为港口建设不是新加坡的优势，但港口管理与运营是其长项，因此新加坡不仅获得了高附加值的利润，更赢得了良好的口碑。第二，"一带一路"不回避竞争、不排斥竞争。就像中日在印度尼西亚等东南亚国家的高铁竞争，一个说价格低，一个说质量好，会有竞争，但最终会促进中日各自改进技术与竞争策略，提供更加质优价廉的产品和服务，最终受益的是当事国。第三，"一带一路"不仅是要做项目、做园区，更重要的是做理念。中国和新加坡要在理念塑造上加强合作。因为"一带一路"的成功在于形成共识，所以要加强政策沟通，特别是关键国家之间要建立联系。但现状是沿线国家多在猜忌，连基本共识都没有，又怎么谈深度合作？从本质而言，"一带一路"是共同现代化，是专业化合作，需要统筹，需要有优先顺序，更需要有标志性项目落地。只有在经济、文化上实现双收益的项目才能叫标志性的"一带一路"项目。该项目不是中国一厢情愿建的，而是对方真正需要的。就像在欧洲，中英合作较为顺畅，原因是中国可以提升英国的港口、生产线等硬件，而英国可以助力中国实现人民币国际化，这种合作是两相情愿、一拍即合。新加坡很会发力，几乎所有中国人都知道新加坡在中国修建了一个标志性的园区——苏州工业园区。此前新加坡媒体对于本国政府在苏州工业园区的表现评价一直很低，觉得新加坡当年做了一单亏本买卖，是"叫好不叫座"。但是近来新加坡媒体的评价逐渐有了转变。2009 年 3 月的《联合早报》称："新加坡虽然没有在苏州工业园区项目上赚到钱，但园区为新加坡赢得政治上的无形利益，以及建立了新加坡的良好记录和声誉，这些优势让我国（新加坡）在中国争取到天津生态城和广州知识城的合作开发权。"新加坡很善于找中国的痛点，要解决中国在转折时期的关键性问题。具体来说，20 世纪 90 年代中期成立的苏州工业园区主要处理中国产业升级的问题，要解决引进技术、吸引外资、解决就业、地方财政等"硬问题"。中新天津生态城要处理中国城镇化发展遇到的生态瓶颈问题，要解决人与自然关系紧张、人与人关系紧张等"硬约束"。中新广州知识城，同样是按照新加坡"产业园区化、园区城市化"的模式，规划知识产权综合聚集区、腾飞科技园、高端智能装备和智慧科技园等 10 个知识型的专业功能园区，该城的发力点在"智慧城市"方面。其中，中新天津生态城是国务院批复的第一个国家绿色发展示范区，也是世界上第一个国家间合作开发的生态城区。天津生态城位于一片盐碱荒滩上，先天条件恶劣，改造难度大，是由 1/3 的盐碱荒滩、1/3 的废弃盐田，还有 1/3 被污染的水面构成的。中新合作就是要在污染土地上建一座能够体现绿色、低碳、循环发展和生态文明理念的新城，对中国乃至类似的发展中国家都有很大的示范意义，是牵一发而动全身的项目，是树口碑、赢人心的项目。同时，新加坡在华园区建设要努力推动新加坡企业走出去，而且是被中国政府请进去。所以，新加坡有关清洁技术、生态科技、信息科技和现代服务业等类型的企业"组团入园"。除企业外，新加坡的优势服务业如金融业也要入园。新加坡银行机构已经开始在两个园区开展跨境人民币创新业务试点，如跨境人民币贷款业务、股权投资基金人民币对外投资业务、个人对外直接投资跨境人民币业务等。可见，中国政府高度认可新加坡的贡献，在

「一带一路」的新加坡思路

新加坡有为的基础上给予新加坡更多的"特权"。早在 2013 年 10 月，中国和新加坡双边合作联合委员会举行会议并签署协议，中国给予新加坡 500 亿元人民币的合格境外投资者（RQFII）额度，使其成为香港、伦敦之后，第三个获批额度的地区。中国目前也在学习新加坡的成功模式，不再单纯做项目，重点在自贸区、园区以及金融服务等高端业务上发力。我预测新加坡会深度介入中国的"一带一路"倡议：一是从沿海到内陆，除了做"海丝"，新加坡也会发力"陆丝"，第四个园区很有可能落户在中国的西部；二是新加坡一定要做中国目前最缺乏的标志性项目，第四个项目应该不是工业园区、不是生态园区，而是文化园区或治理现代化园区，最后的名称很有可能超越园区这个传统的概念，形成新的模式。在中国西部，普遍遭遇农业人口城镇化问题以及资源枯竭型城市转型问题，这一地区有丰厚的文化资源，如民俗、古村落、旅游资源等，但有资源不一定有市场、不一定有国际竞争力，这一地区整体治理能力较弱，存在诸多的不稳定因素，是中国安全利益核心区。新加坡很有可能要在文化和治理能力上发力，打造有新加坡印记的、能够记得住乡愁的中国城市。简单来说，新加坡园区建设有三个鲜明的特点：首先，要找准中国需求。新加坡是小国，不能够提供中国所需要的所有产品，但要提供中国在不同发展节点上最需要的产品。其次，要具有示范效应，要能够以小见大，最好不重复建设。新加坡侧重于"共享经验"（Experience Sharing），该国在身体力行地讲授如何理性地管理社会、实现商业的可持续性。换句话中，它在拿中国做试验，但这种试验对双方有利。最后，要展现国际化理念。新加坡精英很清楚，新加坡是小国，它的要素很难完全国际化，但其理念可以国际化。借助中国的聚光灯效应，有利于新加坡在国际社会赢得尊重。新加坡在讲述一种理念：帮助中国就是帮助世界，就是帮助国际社会解决经济动力以及生态瓶颈问题，当然最终提升了新加坡的国家和海外利益。总之，从"园区"（industry park）到"城"（city），新加坡开始体面地行走在中国，甚至很多人开始期待新加坡的下一个作为。的确，新加坡在中国的项目很有特点：做经济与文化的双收益项目，且不是批量在做，而是要打造精致资源，要有示范效应。其结果是，不论中国怎么发展，人们会记住苏州工业园区、天津生态城等，这塑造的不仅是产业、城市，更展现了新加坡的思路、魅力。

就未来而言，笔者希望中国和新加坡合作定位除了获取商业利益之外，还要提供东南亚的文化与政治公共产品。在文化方面，中新要共同传承与传播东方文化与核心价值，让"一带一路"有文化吸引力和价值感召力。

在政治方面，要扭转东南亚以冲突、矛盾为导向的负面话语体系。东盟国家之间差异很大，在美国高调"重返亚太"之后，一提到东南亚更多想到的是摩擦、冲突，如南海问题、马六甲困局等，在这样的话语影响下，东南亚内部的摩擦会放大，国家之间的互动不是良性的；与中国的互动，东南亚国家开始考虑"选边站"的问题，如安全上依赖美国、经济上依赖中国。东南亚国家逐渐形成一个判断，与中国亲近，不会使自身利益最大化。

所以，东南亚的诸多问题被贴上政治化的标签，相关国家成为地缘博弈的棋子，且大家开始盘算相对收益，而不是绝对收益。最终结果，亚太以及东南亚的经济动力减弱、心理距离疏远，"一带一路"就是要重新回归主题，让合作与发展、稳定与繁荣成为这一区域的优先话语。

"一带一路"柬埔寨调研报告：由"节点国家"到"样板国家"①

　　2016 年 6 月 12—14 日，笔者受邀赴柬埔寨进行"一带一路"实地调研。先后走访了西哈努克港经济特区、柬中综合投资开发试验区、东南亚电信集团、云南文投集团等在柬中资企业、华文媒体、商会等机构，并与中国驻柬埔寨大使布建国进行交流。总体感觉，中国企业在柬埔寨的"一带一路"建设有如下特点：

　　1. 民营企业唱主角。不同于其他丝路沿线国家，以央企或国有企业为主，在柬埔寨的中国民营企业耕耘较早，项目不仅有规模而且有品牌，民营企业"生力军"的作用发挥得较为充分。

　　2. 中国企业对柬埔寨民众的帮助是实实在在的。以电力供应为例，柬埔寨一直面临电力紧缺的困扰，电力来源主要依靠从邻国（越南、泰国和老挝）进口以及自身的柴油发电，电网建设水平有

---

① 2016 年 6 月 12—14 日，作者带领"一带一路"百人论坛调研组以及江苏、四川企业家代表对柬埔寨进行实地调研，与中国驻柬埔寨大使布建国、柬埔寨（中国）广东商会、西港特区等单位进行了座谈交流。10 月 13 日，国家主席习近平对柬埔寨王国进行国事访问。访问前夕，习近平在当地媒体上发表署名文章，指出"蓬勃发展的西哈努克港经济特区是中柬务实合作的样板"。

限。目前，柬埔寨在建或已建成的水电站项目共7个，均由中国企业投资建设。就交通基建而言，截至2015年5月，中国企业为柬埔寨新建、改造公路20条，总长2669公里，占该国国道总里程的35%以上。此外，中国还帮助柬埔寨新建特大型桥梁7座。

3.中国企业在柬埔寨的成功项目完全可以发挥辐射效应。例如，上海建工2004年就进入柬埔寨建筑市场，截至2016年4月，从承建柬埔寨国家7号公路开始，先后承建了2个经援项目、14个双优项目，完成和正在施工的道路长度累计达1500公里，还修建了5座特大桥和1座集装箱码头等。12年辛勤耕耘使上海建工集团在柬埔寨建筑市场站稳了脚跟，业务逐渐拓展到东南亚、南亚其他国家。近期已向印尼、尼泊尔派出项目工作组，同时向东帝汶、文莱、老挝、缅甸等周边国家发展，积极承担路桥市场的双优项目、国际承包项目。

柬埔寨具有成为"一带一路" 样板国家的基本条件

在调研中，大家普遍认为，柬埔寨具有从"一带一路"节点国家升级为样板国家的有利条件。

1.柬埔寨连续多年GDP 7%的增长率，被称为"亚洲新虎"。柬埔寨地处中南半岛腹地，是东南亚地区重要的交通枢纽。同时，柬埔寨自古就是"海上丝绸之路"的重要区域，与中国历史相近、人文相通。目前，中国已成为柬最大贸易伙伴和外资来源国。据柬方统计，中国累计协议投资额已超过100亿美元，中资企业在柬投资仍将保持强劲增长势头。

2.合作领域全覆盖，已经拥有一批早期收获项目。中柬双方在旅游开发、农业合作、经贸投资、能源资源等重点领域合作不断。一批带动性大、黏合性强的重点项目有的已经落地近十年，赢得了口碑。建议对以下项目进行模式总结，使其发挥示范效应：

东南亚电信（Seatel Group）：助力于柬埔寨等丝路沿线国家实现信息化。该公司的营业网点遍布柬埔寨全国，采用东南亚最先进的 4G VoLTE 通信网络，拥有覆盖柬埔寨全国的 8000 公里直埋光缆。同时，该公司充分体现中国企业的创新能力与社会责任：建有柬埔寨唯一的青少年科技教育基地，免费向公众开放；建立柬埔寨最先进的云数据中心，该中心已被柬埔寨邮电部认证为"国家级云数据中心"；打造网上孔子学院，提供远程移动互联网教育，能够让偏远学生也可以学习中文和中国文化。

西哈努克港经济特区：由中国民营企业打造的柬版"深圳特区"。该项目的最大特点是由中国民营企业（红豆集团）打造的境外产业园区。柬埔寨的产业优势可以概括为：劳动力成本低（最低工资为每月 140 美元）、出口免税以及从柬埔寨出口可以避免反倾销等。目前，西哈努克港经济特区已经拥有入园企业 102 家，为柬埔寨当地提供就业岗位 1.4 万个。西哈努克港经济特区的经验在于把中国优势企业迫切走出去的意愿，与柬埔寨经济发展的阶段性需要有效对接。该特区还将中国国内的先进理念和经验带给沿线国家，如提供"一站式"行政服务等。

瑞峰糖业基地：由中国民营企业打造的现代化、国际化农业产业园。2016 年 4 月，湛江民营企业恒福糖业在柬埔寨柏威夏省建立的瑞峰糖业基地正式投产，成为全亚洲规模最大的制糖厂。2015年，柬埔寨全国的原糖生产能力不足 3 万吨，该项目投产后，将令柬埔寨从糖净进口国一跃变成净出口国。园区所在地柏威夏省基本没有工业，农业生产落后，当地农民没有种植的概念，更别说规模化种植。糖业基地的建成，令当地的农业生产直接从原始种植"穿越"到现代化、规模化种植。从农场经营管理、原料运输到制糖生产，目前已为当地创造了约7000个直接就业岗位，未来还有可能达到1万—2万个。

《吴哥的微笑》：帮助丝路国家打造文化精品，并通过丝路国家宣传中国文化。《吴哥的微笑》项目是云南文投集团于2010年在柬埔寨投资打造的一台以吴哥王朝文化、历史为基础，反映柬埔寨文化风情的大型文化旅游演艺项目。后来，为了落实"滇菜走出去"的发展要求，公司增加了餐饮内容，着重推介云南滇菜，是目前柬埔寨最大的中式旅游自助餐（有800个餐位）。2015年平均每天接待游客700人次，高峰期日均接待人数超过4000人次。五年来，项目累计实现收入人民币1.8亿元，并招聘了160多名柬埔寨员工。《吴哥的微笑》2013年被柬埔寨旅游部授予"柬埔寨旅游服务特殊贡献奖"，也是唯一一个中国国有文化企业以商业方式在国外成功运营五年以上的演出项目，其文化意义和社会效益不可估量。

需要指出的是，柬埔寨虽然有成为"一带一路"样板国家的有利条件，但依然存在诸多瓶颈需要克服：

1. 错误认知无处不在，信息联通有待智库与媒体发力。虽然中柬是近邻，但中国对柬埔寨的了解并不深入，研究与传播渠道不多。战争袭扰以及贫穷、落后依然是许多人对柬埔寨的第一印象。

2. 盲目上项目、铺摊子现象依旧存在。有的项目片面追求规模体量，还没来得及精耕细作，就出现了资金链断裂或吃紧的问题。有的项目多次易名，说明企业究竟对做什么以及该如何发力不是很清楚。例如，柬中综合投资开发试验区最初叫柬埔寨七星海旅游度假特区，该项目占地面积360平方公里，拥有约90公里的海岸线

（柬埔寨海岸线的五分之一）。但恰恰是由于规模太大、所需资金量太多，很多当地人以及中国企业并不看好该项目。项目成功的关键是规模合理、定位精准、主业突出，而不是大杂烩、什么都搞。

3.柬埔寨经济秩序不规范，存在诸多陷阱。虽然柬埔寨法律禁止对外来投资者歧视，规定内企外企一律平等，但实际上有许多陷阱。目前主要存在的问题是：（1）行业准入陷阱。用高度自由进入为诱饵，让一些企业涉足林业、矿产、化工等产业，等到投资基本完成后，再利用某些法律条文进行干扰、制裁，最终迫使投资者放弃全部投资，蒙受巨大损失。（2）法律陷阱。主要是有法律法规而无实施细则，行政解释权和司法解释权集中在几个高官手中，可以随意解读法律、法规，可以无限使用处罚权，许多企业因不慎违规或触犯法律而遭受处罚，违法成本高得惊人。（3）敲诈勒索，索贿成风。无论什么部门，只要有事情找他们，哪怕是正常的业务，都要收取额外费用，有时数额巨大，等等。

把柬埔寨打造成为"一带一路"样板国家的具体建议

推动"一带一路"项目落地，必须在坚持"量力而行"的原则上对相应国家有十分细致的了解，应充分考虑柬方的实际需求。例如，柬埔寨的城镇化程度不高、基础设施条件差，中产阶级很弱，在中国流行的电商，在柬埔寨就很难发展。具体来说，相关建议如下：

1.因地制宜，注重合作对象的发展阶段和发展需求。柬埔寨80%的人口是农业人口，农业收入在柬埔寨经济来源中占有重要地位，其中稻米是柬埔寨最主要的种植作物。柬埔寨稻米多次获得"世界最优质稻米"称号，但是国家没有统一的稻米收购储存机制，贮存能力和后期加工能力严重不足，部分厂商甚至仍采用自然晾晒的方式烘干大米。质量原因导致柬稻米价格一直徘徊在较低水平。大量柬埔寨稻米被越南、泰国以低廉的价格收购后，加工、加价销售至其他国家，柬埔寨稻米产业无形中损失巨大收益。对此，中国企业可以率先发力柬埔寨的农业基础设施，在主要粮食产区修建高标准储粮仓库，或生产、出售、租赁稻米加工设备。这样一来，将有效帮助柬埔寨由传统农业国向现代农业（农业深加工）国发展。此外，柬埔寨的热带水果品质也非常好，但面临上述同样的问题。

2. 工业园区建设不是越多越好，要"接地气""服水土"。产能合作不仅包括工业产能，也包括农业产能以及服务业产能合作。农业国的主要特点是"慢性子"，上太多的工业园区未必是好事：第一缺乏产业工人以及缺乏企业集聚的动能，第二由于农业人口多，执政党的政策导向基本是围绕"农民满意"，如果有太多的工业项目，特别是相关项目导致对土地、水资源等的环境污染，政府的执政基础将极不牢固。目前，柬埔寨最需要发展的是生活必需品。例如，柬埔寨人爱吃猪肉，但柬埔寨没有屠宰场，每年花费高达4亿美元从邻国进口生猪（进口量占国内猪肉总消耗量的三成）。柬埔寨每天需要从邻国进口400吨蔬菜，相当于70%的蔬菜供应量，每年的蔬菜进口总额大约为2亿美元，且对邻国蔬菜的依赖与日俱增。相似的问题有很多，柬埔寨的牛奶、婚庆鲜花以及食用油等都需要进口，其中每年仅进口婚庆鲜花需2亿美元。因此，应鼓励中国农业技术企业和农业技术人员来柬埔寨发展，寻求商机（欧美、日韩的技术人员基本上是不会做此类事情的）。总之，对以农业为主的经济体而言，农业合作比工业合作更受欢迎。

3.基础设施建设依然是优先领域。柬埔寨想发展经济、扩大出口，但基础设施建设是瓶颈，导致所有经济行为的成本极高。在柬埔寨修路有"三难"：一难是柬埔寨低等级公路的设计承载能力与实际车流量、车辆超载等情况不匹配，先天不足；二难是缺乏修路所需的大量填筑土料，合格的填筑土料需远距离运送，导致施工造价不可控；三难是道路完工移交使用后，柬埔寨有关部门没有能力维修保养，由此大大缩短了道路的使用寿命。在柬埔寨政府一筹莫展、外国企业望而却步的时候，中国企业可以率先"抢滩"，特别是要把项目建设与建成后的运营与管理工作联通起来，要改变以往"修好就走"的模式，从产业中低端走向中高端。

4.做好民心相通，旅游业、文化产业大有可为。"轻资产项目"应成为中柬合作的重点领域。旅游业是柬埔寨第二大支柱产业。2015年柬埔寨旅游业提供直接就业岗位60万个，旅游业直接收入达300亿美元。目前到访柬埔寨的外国游客中，77%来自亚太地区，其中中国游客规模尤为庞大。2015年有约70万中国游客赴柬旅行，预计到2020年这一数字将达到200万。在增加旅游人数的同时，要发展一些具有丝路特征、中国要素的旅游项目。另一方面，柬埔寨华人经济体量的提升，直接导致柬埔寨对中国文化的兴趣。在柬埔寨，孔子学院、中国文化中心非常受欢迎，但语言与技能培训机构应先补足。语言是文化的基础，也是文化的门槛。一般来说，孔子学院主要针对青年大学生、中国文化中心主要服务社会精英，但是如何解决普通民众对中文的广泛学习问题，应引起我们的高度关注，并应立即着手解决。柬埔寨的今天特别像40年前中国改革开放的初期，人们对知识的渴求非常强烈。在柬埔寨，70%的人口都是30岁以下的年轻人。大家白天下班之后，去得最多的地方是夜校，主要学习语言，包括中文、韩语、英语、日语等，原因很简单，掌握一门语言对就业以及薪酬提升帮助很大（甚至是关键要素）。调研组在柬埔寨访问时，发现街道两边到处是韩语、英文、日语学校，而中文培训机构则相对较少。因此，建议在柬埔寨提供中文语言培训以及专业技能培训，柬民众特别是青年人对这方面的需求极大，特别有利于夯实民意和社会基础。

5. 应加大在电信等高科技领域的布局。传统上，中国走出去的企业主要集中在基建工程、采掘业等领域，现在高科技项目也逐渐多起来，这是一种可喜的趋势。目前，东南亚电信集团正在"一带一路"指引下，加强 4 大区域、18 个国家的战略布局（湄公河区域 5 国、马六甲区域 5 国、南亚区域 3 国、中亚区域 5 国）。在调研中，了解到在柬埔寨的第一、第二大电信运营商是越南和马来西亚的企业。其中，越南军队电信集团 Viettel 成立于 2001 年，总部位于河内，是越南最大的电信网络服务供应商，有军方背景。目前，Viettel 已经在全球 10 个国家开展通信业务，而柬埔寨是其关键一环。

6. 充分发挥华人华侨以及商会的作用，做好保障服务。调研组在与柬埔寨广东商会举行会谈时得知，由于历史和地理接近等原因，广东企业在柬埔寨来得很早，各个行业领军企业的数量较多，成果最丰硕。在柬埔寨的华人华侨有 80 多万，90% 是广东人。有影响的商会有潮州会馆、客属会馆、福建会馆、广肇会馆、海南会馆，等等。但是，发挥上述人群重要作用，首先要解决商会以及走出去企业的后顾之忧，切实为中国企业提供保障服务。座谈中，中柬直航、如何申请丝路基金融资、如何为中国企业以及商会的孩子提供优质教育服务等问题，是大家最为关心以及希望中央政府能够重点解决的问题。就教育问题而言，调研组建议学习日韩模式，即日本人、韩国人集中的对方，日韩企业会建立国际学校，既解决了教育问题，也在当地形成了有文化影响力和教育穿透力的现代产业。

　　总之，柬埔寨对"一带一路"事业而言是一张白纸，"一带一路"为柬埔寨带来的机遇，不亚于40年前改革开放为中国带来的机遇。应鼓励更多中国企业、智库来柬埔寨调研，寻找机遇，以及时解决动态性的问题和挑战，使"一带一路"建设更加扎实、精准。

"一带一路"波兰考察报告[①]

"一带一路"百人论坛受中国人民对外友好协会邀请，赴波兰参加第26届东欧经济论坛。波兰是"琥珀之路"与"丝绸之路"的交汇点，现将调研感受与大家分享。

波兰：面积31.2万平方公里（欧洲第九），3850万人口（德国面积35万平方公里，人口8000万）。

波兰的优势：1.典型欧洲农业大国，有传统制造业基础。2.食品，如乳制品、牛羊肉、水果等。3.家具，波兰1/3是森林，家具很好，因为木材便宜。4.中欧班列枢纽。5.持续20多年经济增长。

一、参观安赛乐米塔尔公司

安赛乐米塔尔集团是全球最优秀的钢铁制造商，在60多个国

---

① 2016年9月，作者受中国人民对外友好协会邀请，赴波兰参加第26届东欧经济论坛并做主旨发言。波兰是"琥珀之路"与"丝绸之路"的交汇点，作者与波兰前总理瓦尔德马·帕夫拉克等多位政要、企业家交流，并将调研感受整理成文。

家雇用 21 万名员工（曾经 30 多万），总部设在卢森堡。集团年产量为 1.3 亿吨，约占世界钢铁总产量的 6%。安赛乐米塔尔在汽车、建筑、家用电器、包装等领域占据全球领先地位，集团在欧洲、亚洲、非洲和美洲的 27 个国家拥有分支机构，业务范围覆盖新兴市场与成熟市场。

1. 米塔尔先生是印度人，长期在英国生活，企业注册在卢森堡。该企业通过全球并购，迅速成为全球钢铁企业巨人，中国企业可以借鉴其成功经验与模式。

2. 钢铁业务是第一大业务，轻量化汽车用钢是重点，仅汽车板研发就有五个中心。

公司生产的钢铁产品，38% 在美国，47% 在欧洲，15% 在哈萨克斯坦、南非、乌克兰等国。

3. 在中国有两家合资企业，一家是湖南的华菱钢铁，生产汽车钢板；一家是河北的东方钢铁。

4. 欧洲钢铁板材的中心在中东欧，米塔尔在波兰、捷克均有设厂。欧洲公司 8.3 万员工分布在 400 个不同城市。

5. 1300 名全职研发人员，在欧洲和北美拥有 11 个研发实验室。

6. 波兰有 20000 多家钢铁企业，但钢产量的 50% 来自安赛乐米塔尔波兰，前身是波兰国有企业，有员工 4 万多人；2004 年私有化之后，投资 15 亿美元，现有员工 1.5 万，有欧洲最先进的热轧厂，是世界上能出产 120 米铁轨的三家企业之一，60% 的研发资金在汽车板材上。

感受：

1. 该企业致力于开拓中国市场。

2. 米塔尔对波兰国有企业改造的重点：提高工艺水平、带来先进管理经验、通过创新实现裁员减负，等等。

3.注重员工素质，该企业为员工提供 1 对 1 的线上英语培训课程，高管定期到卢森堡接受培训。

4.注重全球与区域产品布局与销售体系建设，例如捷克有斯柯达汽车，但米塔尔捷克不生产汽车钢板，而是由米塔尔波兰提供。

5.钢铁等传统行业的竞争优势依然是品质，通过研发创新，在特种钢、高端业务上发力（做别人做不了的）。

二、东欧经济论坛

瓦尔德马·帕夫拉克（Waldemar Pawlak），波兰前总理：1.是波兰历史上最年轻的总理，他认为中东欧 16 国是位于德国和俄罗斯之间潜力巨大的地区；2.对中国经济以及社会治理经验与模式十分感兴趣；3.波兰优势：食品、文化音乐；4.在文化上，肖邦在中国比在波兰更受欢迎，肖邦值得世界人民学习，他将传统文化有效地现代化，是人们的榜样；5."一带一路"有效地促进欧洲与亚洲的贸易，原来靠海运，但时间漫长。对中东欧国家有益，特别是对不靠近海洋的国家。

李新玉，中国人民对外友好协会民间外交战略研究中心主任："一带一路"使欧洲、亚洲国家重新发现彼此。冷战后的 20 多年，全球都沉浸在"历史终结论"的理论框架内，以为"华盛顿共识"才是国家发展的唯一道路，但是中国一直探索适合自己的发展道路。在过去 30 多年里，中国始终坚持"做好中国 13 亿人的事，就是对人类最大的贡献"，这就是一个真实发展的中国。"一带一路"倡议是亚欧一体化的体现，将为沿线国家带来发展共赢的机遇。

赵磊，中央党校国际战略研究院教授：1.全球治理进入瓶颈期，G7-G8-G20-G2-G0 等模式均不稳定；2."黑天鹅"现象频发，而且集中在欧洲所谓的全球文明核心区，导致排他性增强，但也呼唤全欧合作，甚至是欧亚合作；3.资本、人才、思想、知识等正向流动性变差，极端情绪、贸易保护主义、恐怖主义、逆全球化等负面的流动性增强；4."一带一路"致力于消除边缘地带，让每一个人能够共享全球化红利，消除人内心深处的不满、不安情绪；5.如何消除：通过互联互通，搭乘中国经济快车，中国依然对全球经济有 39% 的贡献率，中国企业全球化步伐加快；6.建议加强中国同中东欧政府、企业、媒体、智库的互联互通。

Radoslaw Domagalshi-Labedzki，波兰经济发展部副部长：1.习近平访问波兰是 2016 年最重要的事件，波兰希望与中国在政治、经济、文化方面全面加强合作，中波签了 30 多个重要协定；2.中波要修建一个机场，在河流、能源、环保等方面开展合作，中国航空公司与波兰航空准备签合作协定，中国公司购买了波兰的一个环保企业；3.中国很快会成为第一大经济体，波兰坚定参加"一带一路"，波兰提供 10 亿波兰币参加亚投行建设；4.波兰企业不愿意到国外发展，波兰政府为此成立发展基金，提供企业出口所需要的资金；5.过去，波兰产品大多出口到西欧，现在调整，鼓励波兰企业与中国建立合资公司。

Michal Jezioro，凯戈汉姆铜业贸易有限公司波兰公司总经理：1.波兰企业如何找到可靠的中方合作伙伴，是波兰企业首先需要思考的问题；2.在海外，该公司最大最好的合作伙伴就是中国企业；3.需要时间了解中国伙伴，中国人的性格特点是不着急；4.波兰有竞争力的行业不多，但农产品有竞争力，禽肉等在找销售渠道，软件、药品等有可能吸引中国企业。

Bakhadyr Suleymanov，吉尔吉斯斯坦议员：1."一带一路"是伟大倡议；2.中亚国家可以通过"一带一路"，吸引外来投资、创造就业机会、改善国家经济状况、促进社会稳定；3.吉尔吉斯斯坦及中亚国家全力支持"一带一路"。

该议员是吉尔吉斯斯坦东干（回族）协会主席，说着一口非常地道的陕西话，令人印象深刻。目前，吉尔吉斯斯坦有着7万多回族人，是中亚回族人最多的国家。东干人的先人多数是100多年前由陕甘地区迁徙到中亚的回族人。中亚当地人称其为"东干"，就是从东岸（东方）来的。目前，中亚东干人有17万多人，主要分散于吉尔吉斯斯坦、哈萨克斯坦的30多个聚居点，他们还保留着部分陕甘方言和传统习俗。为传承自己的语言和文化，吉尔吉斯斯坦东干人有自己的协会、报纸和学校。

俄罗斯代表观点：1.新丝绸之路1.5万公里，中欧班列多，但没有多少货物，大多是运输成本大的电子设备；2.Eu-Asia transit：all included，few win。

Hrant Melik-Shahnazaryan，亚美尼亚战略研究所所长：亚美尼亚希望成为沟通东方与西方的桥梁，但国内不稳定，入盟有挑战。

Pavlo Raimondi，意大利Razvitie项目意大利委员会协调员：1.欧盟的失败，没有前途，欧洲没有想到，可以通过大型基建的计划，实现彻底的改变（政治的、经济的），之后是新的产业化；2.欧洲生产总值的增长非常小，因为没有新的产业化；3.中国与俄罗斯考虑如何把两国通过道路联结起来；4.需要对国际货币系统进行制度改革，各国用不同的货币结算，美元会逐渐失去其重要性。三十年前，中国的重要性几乎是不被看重的；5.欧洲是短期投资，导致了经济危机，中国是长远规划。因此，欧洲要通过政策，确保稳定的长期投资；6.意大利、德国、法国等中小型企业发达，给国家经济带来了好处。要给这些企业创造平台，让它们参与"一带一路"。总之，要将欧洲的注意力放在经济上，而不是政治上。

Pavlo Zhovnirenko，乌克兰战略研究所董事会主席：1.这些年，乌克兰以及欧洲国家的最大共识是：需要将国家的努力放在经济发展上。之前，乌克兰受俄罗斯影响，没有对外合作的独立性，国家整体的经济水平很低；2.上世纪90年代，成立乌克兰—美国合作委员会，开始把产品出口到美国；3.在乌克兰看来，俄罗斯以"帝国主义"的方式控制邻国；4.中国值得尊敬，如果从飞机上往下看，夜里的中国和夜里的俄罗斯是完全不一样的，一个充满活力，一个死气沉沉。俄罗斯的基础设施和道路依然很落后。

三、电商论坛板块

波兰电商总体情况：1.波兰的电商全面发展是从2009年开始的，无论是物流、购物体验、还是退换货等方面都有了很大的提高。2.波兰人上网时最常搜索的产品关键词是化妆品、家居和园艺产品、儿童用品和服装。波兰最大的电商平台是Allegro。当前，波兰人更喜欢实体店购物，因为线上的产品跟中国比，还不算丰富。3.最近，波兰政府出台的周日不经商政策（包括实体店和电商），一定程度限制了波兰电商的发展（电商由此选择到他国注册）。4.波兰电商的物流成本高，每单物流费用10—20波兰币（约人民币15—35元）。5.波兰电商的发展速度快，排名欧洲第三（第一是西班牙）。

中东欧论坛嘉宾对中国的电商高速发展很感兴趣，非常愿意向中国学习。同时也对电商造成的实体店关门倒闭现象和假货问题表示担忧，同时关注互联网对传统传媒行业的冲击。

曾晓英，四川省英联国泰科技有限公司董事长：以"优必上模式"，对波兰嘉宾关注的问题提供了中国式解决方案。

1. 基于物联网技术的"优必上模式"，通过"订单来源追溯"功能，将线下实体店的体验和电商的效率相结合，实现共生共赢；

2. "优必上模式"的C2M（厂家直供），解决了电商的假货问题；

3. 传媒业借助"优必上模式"，从"单一宣传"功能逐步扩展，引客流到厂家，宣传价值可以得到精确的数据反馈。

四、丝路城市板块

祁金利，北京市延庆区宣传部部长：延庆，位于北京西北部，是首都西北的生态屏障。延庆气候冬冷夏凉，气温比北京城区平均低5℃，全年冰冻期有140天，非常适合开展冰雪运动，因此既有夏都之谓，又有冰雪之城潜力。2022年，北京冬奥会的高山滑雪项目和雪车雪橇项目将在延庆举行。办好冬奥会，打造冬奥小镇，发展冰雪产业，推进3亿人上冰雪运动，延庆，在路上！

王蕾，石家庄市友协秘书长：河北省以"一带一路"、京津冀协同发展和筹办2022年冬奥会为契机，着力开展对外交往，与世界上25个国家和地区建立65对友好省（州）关系。2016年6月，在河北唐山成功举办了第三次"中国—中东欧国家地方领导人会议"，与中东欧国家签约了16个项目。同时，河北省省长张庆伟与波兰马佐夫舍省省长亚当·斯特鲁奇克签署了友好省州关系协议书。承德兴隆、邢台隆尧等市县在农业、工业、旅游业等方面有发展优势，希望与中东欧国家就现代农业化、旅游产业、中小企业合作等方面进行对接洽谈，进一步深化合作。

五、其　他

听众1：俄罗斯远东离中国很近，这里的年轻人如何到中国工作，如何把握"一带一路"机遇？

听众2：现在的主要贸易路线是海洋，是由美国控制的，那么今天欧亚一体化，贸易路线谁来控制？当年，郑和到非洲带回了动物，今天中国需要什么？

乌克兰代表回答：如果贸易路线由一国控制，就不叫合作。

总体感受：

1."一带一路"如此受欢迎没有想到，即使个别分论坛主题不是"一带一路"，与会代表（中东欧、南欧、中亚）基本都把"一带一路"作为正面案例来讲，对中国经济发展和社会治理高度关注，充满赞许。

2. 中东欧国家对俄罗斯基本采取了批评的态度，甚至有议题直接讨论"普京之后的俄罗斯"。俄罗斯是"围攻对象"。

3."一带一路"仍需加强外宣与交流力度，甚至有中东欧国家负责经济的领导人依然不清楚"一带一路"还包括文化、教育、旅游等内容，他们的认知就是"一带一路"=基建+物流+贸易+能源+投资，等等。

4."一带一路"倡议有助于实现亚洲、欧洲一体化（Eurasian）。

5. 欧洲国家非常关注自己有什么、能将什么卖给中国，这种认知对"一带一路"建设来说，短期是好事，长期未必有益处。

6.建议定期举办中国—中东欧博览会。类似广西举办中国—东盟博览会,宁夏举办中阿博览会,新疆举办亚欧博览会等机制,选择与中东欧互补性强的省份定期举办中国—中东欧博览会,以夯实"16+1"机制。

欧洲捷、意、英三国考察报告^①

　　由于"一带一路"，笔者多次赴欧洲调研，在过去五年，英国、意大利、捷克各去过三次。深刻感受："一带一路"贯穿亚欧非大陆，一头是活跃的东亚经济圈，一头是发达的欧洲经济圈，中间广大腹地国家经济发展潜力巨大。

一、欧洲三国总体情势及其对中国的关注重点

　　总体感受是，欧洲三国高度关注中国的发展，认为中国拥有全球角色。与此同时，欧洲领导人对目前的欧洲状况有消极情绪，认为欧洲的竞争力在下降。例如，捷克前总统克劳斯（Vaclav Klaus）强调，欧洲危机是长期性的，涉及政治、经济、社会等深层次结构

① 2016年3月4日—13日，笔者赴捷克、意大利、英国调研交流，先后走访了捷克瓦茨拉夫·克劳斯研究所、意大利参议院、意大利国家行政学院、英国外交部、英国内阁办公室、伦敦政治经济学院、英国国家石墨烯研究院等机构，就中欧关系、中国经济、"一带一路"等议题进行了深入交流，本文为主要观点的整理。

性问题；欧洲危机是系统问题，而不仅仅是政策问题，因此要系统性地改造欧洲，而不是技术性地改良欧洲。意大利国家行政学院院长乔万尼·特里亚认为，欧盟的经济政策是失败的。此外，欧洲的其他问题还包括，移民问题给欧洲带来了"坏天气"，"好天气"时大家都很满意，但"坏天气"时欧盟的离心倾向加剧。欧洲国家内部发展不均衡现象依然突出，如意大利南北差距大（北方富余，南方相对落后）、英国南北差距大（南方富余、北方发展相对滞后）。

（一） 捷 克

捷克是 2015 年欧洲经济增速最快的国家，重视同中国合作。捷克受 2008 年经济危机的影响很大，但 2015 年的经济增长达到 4.3%，是欧盟内部经济增速最快的国家。捷克经济快速增长主要归功于汽车产业的复苏，实施促进出口的积极货币政策，以及房地产、家装家居业等内需市场的扩大。目前，捷克的通货膨胀率较低，失业率只有 4.9%，是欧洲失业率最低的国家之一。但总体而言，捷克的经济结构依然不稳定，会有反复。

对中国经济，捷克领导人多持积极态度。克劳斯认为，中国经济增速减慢，但依然超过欧洲。"新常态"这个概念很好，对欧洲国家也有借鉴意义，"新常态"对中国而言是今后五年保持 6.5% 左右的经济增产，而"新常态"在欧洲意味着要避免负增长，实现零增长都很不易。在国际社会，有很多人认为中国经济下行是"极端现象"，而捷克领导人认为是"正常现象"。但同时，克劳斯强调，中国经济发展的不均衡性是潜在的风险，对中国以及国际社会均是如此。

捷克认为欧洲的一体化基本名存实亡。例如，克劳斯强调，从来都没有欧洲对中国的统一看法，因为欧洲是一个文化单元，或是一个地理单元，但未必是一个政治单元。捷克有自己对中国的看法，德国等其他国家有各自对中国的看法……但不会有一个统一的欧洲对中国的看法。总之，欧洲越来越缺乏统一的声音，欧洲大厦的共识基础越来越脆弱。

在经济上，捷克捷信（PPF）集团已经开始开拓中国的消费金融市场，致力于成为中国消费金融的领军企业。

（二）意 大 利

2015 年，意大利经济终于摆脱了持续三年的衰退而恢复增长，全年增速 0.8%，但其深层次结构性问题依然存在，前景仍不容乐观。首先，投资不足的状况难以在短期内改变。当前意大利的投资率明显低于欧盟国家平均水平，自 2015 年下半年以来甚至出现了下滑趋势。目前，失业率高达 11.5%，青年失业率更高达 38.1%。

目前，议会结构改革是伦齐政府的工作重点。和绝大部分欧洲国家一样，意大利实行的是议会共和制政体。但与很多欧洲国家不同的是，意大利议会参、众两院其实立法功能雷同，任何法律都要经参、众两院共同投票通过后方能生效。这导致意大利在深陷危机、亟须加速振兴之时，却无法迅速采取行动。伦齐政府的改革方案是，未来的意大利众议院将成为唯一的立法机关，参议院则将在缩编后（从 315 人缩减为 100 人）成为负责处理中央与地方关系以及意大利与欧盟关系的议事机构。以此，简化立法程序、提高国家效率。然而，推进这项改革需要修改宪法相关条款，牵涉的党派与利益主体众多，阻力巨大。

在座谈中，意大利前总统纳波利塔诺指出，中国是国际社会的核心国家，是全球治理的支柱国家（pillar）。在全球化时代，各个国家都共享着中国发展的成就，中国对世界经济的贡献很大，中国脱贫的规模和难度是世界上其他国家不可比拟的。未来，意大利等欧洲国家非常关注中国政府如何处理全球冲突，关注中国政府如何将经济发展控制在正常状态。中国目前处于调整期，出现一些问题都是正常的。在气候问题上，纳波利塔诺强调，没有政府的提前干预，气候变化问题是不可能有效解决的。

意大利参议长格拉索强调，对中国预见以及规划未来的能力印象深刻，中国领导层有很强的顶层设置能力，这样的国家是可持续发展的。中意两国可以在环保、农业、高科技、医疗保健、社会政策等领域加强合作，意大利可以成为改善中国同欧盟关系的桥梁。

（三）英　国

英国官员与学者最感兴趣的问题是：中国实现"十三五"规划的具体挑战和现实困难是什么？在这一时期，中国老百姓如何感受到实实在在的社会进步？调研组的总体感受是，英国政府与学界对中国的关注度在上升。例如，伦敦政治经济学院院长克雷格·卡尔霍恩（Craig Calhoun）强调，伦敦政治经济学院至少有40—50位教授关注中国，具体领域如中国的发展战略、中国同非洲以及欧盟的关系、中国在国际事务中的作用、中国与全球治理的关系，等等。

有专家指出，英国已经迈入了"新伊丽莎白时代"（neo-Elizabethan age）。这个时代的特点就是，尊重"国际权力重心向东方转移"的判断，减少对欧盟、美国传统关系的关注，加强同中国等新兴市场国家的双边关系。在调研中，英方强调，中国在提升高端制造业的同时，中英合作潜力广阔。英国的经验(无论是成功的，还是失败的)对中国有借鉴意义，如英国等西方国家有制造业失败的教训：在上个世纪70、80年代，英美等西方发达国家低估了制造业在国民经济中的地位，纷纷把制造业转移到发展中国家，由此经济泡沫不断膨胀最终破裂。对中国的启示是，一国的制造业可以往价值链上游靠拢，但必须要充分发挥制造业的中流砥柱作用。

在政治议题上，"退欧公投"是目前英国政府要优先处理的头等大事。目前，英国民众最关心的议题是经济、卫生、移民、养老金等，英国政策的内向性更加凸显，"退欧公投"就是具体表现，"疑欧"成为英国社会的主流思想。"疑欧派"认为欧元区深陷债务危机，英国遭受池鱼之殃，英国经济增长也受到欧盟产业、贸易、移民等规则的限制，因此主张摆脱欧盟的束缚，努力深化与英联邦国家以及中国、印度、巴西等新兴国家的关系。当下，英国面临的突出难题是"公投陷阱"，即如果"退欧公投"成功将直接再次引发苏格兰的"独立公投"。因为，后者希望留在欧盟内部(英国的外交政策会对内部团结产生连锁反应)。

人权问题依然是直接影响中英关系的消极问题。在调研组访问期间，英国同美国、澳大利亚、丹麦、芬兰、德国、冰岛、爱尔兰、日本、挪威、荷兰、瑞典等12国在联合国人权理事会会议上作共同发言，表示对中国"继续恶化的人权纪录"感到担忧，特别是"逮捕和监禁人权活动人士以及公民社会领袖和律师"。

人权问题的升温与香港问题是分不开的，英国认为对香港等前殖民地负有责任。早在2015年3月，英议会下院外交事务委员会发布香港调查报告，主要内容包括：移交主权后，香港的高度自治受到了不断挤压；人大常委会对香港普选定下了不当限制；英政府在去年"占中"期间的表态含糊不清，应该向中方明确表示，英国在法律和道义上都有责任确保《中英联合声明》的落实。当然，英国在人权问题上对中国施压，与英美"特殊关系"是分不开的。中英在经济"亲近"，但英美"特殊关系"不会终结。在人权以及价值观等问题上，英美会保持某种"有选择的合作"（selective cooperation），务实的英国人不会把鸡蛋放在同一个篮子里。即使在人权事务中有合作，但英国会日益强调自身利益的独特性，即英国的利益不会总是与美国的利益完全相同，在决定对外政策时会把英国的国家利益放在首位。今天英国的民意基础是：以前"挺"美是天经地义，现在则没必要无条件支持美国。

可以预计，在卡梅伦政府时期，英国将继续推行"经济外交"，即追求经济利益最大化、确保英国国家竞争力。这一外交定位将秉持"重商主义"，外交活动重在为经济发展谋利，特别是吸引投资和扩大出口。财政大臣乔治·奥斯本多次强调，"我们需要采取去除贸易壁垒并向中国、印度等快速发展国家开放投资等大胆举措来取得成功。任何一个西方国家都不会在投资开放程度上超越英国。"目前，英国外交的一个突出特征是，其财政部在对外决策中的影响力日益增强。突出的例子是财政部在英国加入"亚投行"决策过程中发挥的关键作用，当时，英国外交部则担心加入"亚投行"将疏远英国与日美的关系，表现较为消极。

二、提升中欧关系的相关建议

第一，加强中央党校在中外智库合作中的作用。英国政府（议会、外交部）高度重视党校作用，强调要加强人权以及公共政策领域的智库合作。英国内阁办公室政府政策国务大臣奥利弗·莱特文

（Oliver Letwin）指出，中国取得如此举世瞩目的发展成就或许是与中央党校这样的机构分不开的。意大利国家行政学院明确希望同中央党校建立合作机制，就中国战略、"一带一路"、中意以及中欧关系等议题举办论坛或召开双边研讨会。伦敦政治经济学院院长克雷格卡·尔霍恩强调，要通过 LSE 与中央党校的合作加强英国同中国的知识流动。

在调研中，可以感到欧方对中国过去 30 多年改革开放的历史和成就相对熟悉，更感兴趣的是中国的未来，关注中国如何进一步提升全球竞争力，高度关注中国无形的理念进步。例如，英国议会跨党派中国小组（APPCG）主席葛力恒（Richard Graham）指出，世界 500 强有众多的中国企业是"自然的"，但"大树容易倒，而竹子有韧性"，看中国经济不能只关注量化的指标，有很多非量化的要素需要考量，如信心（对政府的信心、对市场的信心、对货币的信心等）和理性（生态环境与可持续发展等）。他指出，上世纪 90 年代，他在中国访问能够亲身感受到中国环境污染的严重性，但那时中国的官员说，现在没有办法解决。今天，核能、风能、潮汐能等技术进步使中国的领导干部不能够再把问题留到以后，强调中英要在治国理政、全球治理等层面加强智库间合作。

第二，加强中欧人文交流，不断充实中欧人文交流机制。欧洲国家努力推动中欧之间的文化和教育合作。在欧洲，有越来越多的学校开设中文课程，最近 BBC 的纪录片《中华故事》就非常受欢迎，每周有几百万英国人在电视机前观看。英方多次表示，希望加强中英两国的人文交流，特别是在职业教育培训方面，英国有优势，愿意在工程以及医疗保障等领域加强合作。目前，英国是接受中国留学生最多的欧洲国家（有 15 万中国留学生），中国留学生正成为英国大学越来越重要的收入来源。在座谈中，英国外交国务大臣雨果·施维尔（Hugo Swire）明确指出，提高中英民众的相互了解对"黄金年代"的维护非常重要，英国政府将加强有关中文的语言学习投资，鼓励更多的英国学生学习中文。

充分的语言、旅游、文化等人文交流能够使政治问题迎刃而解，人文交流是通心工程。1616年，东西方戏剧大师——汤显祖和莎士比亚，同年仙逝；2000年又被联合国教科文组织同时列为世界百位历史文化名人。今年是两位文学巨匠逝世400周年，中英两国可以共同举办纪念活动，如推动《牡丹亭》等传世名著在英国进剧场、进课程、进社区，举办汤显祖—莎士比亚文化国际学术研讨会等，以此推动两国人民交流、文化交融、加深相互理解。

第三，加强"离岸外宣"，即借助外部资源讲好中国故事。一是充分利用驻欧华人华侨资源进行外宣传播。华人华侨中一些精英已融入当地社会，谙熟所在国的语言文化，积累了广泛的人脉资源。同时他们十分了解祖国的社会文化和经济发展，是沟通中外的有效桥梁。我们在调研中了解到，《中国新闻周刊》英国版等媒体在这方面做了较有成效的尝试，聘请的工作人员多是华人，他们具有在英国广播公司（BBC）等主流媒体的采编管理经验，伦敦、北京两地采编中英、中欧重大新闻，本土操作，高端精准发行。

二是在投射文化软实力方面，除了支持孔子学院之外，可借鉴日本和我国台湾的经验，适当考虑出资在欧洲高校设立"特定教席"。比如，英国牛津、剑桥和伦敦政治经济学院产生了很多世界知名的学者和各类诺贝尔奖获得者，可以鼓励和支持一些中国机构和企业出资在这些高等学府特设"讲习教授"或冠名，加强和扩大与中国相关课题的研究，他们从事学术活动和发表文章时，都会自然地产生学术与社会影响，如同行走的中国名片。此外，根据英国牛津、剑桥等已有的成功经验，可以鼓励和支持中国机构和企业特

设或冠名奖学金、楼宇甚至院系，如剑桥大学的贾吉（Judge）商
学院，牛津大学的赛德（Said）商学院以及路透（Reuters）新闻研
究所等。目前，可考虑在这类高校中由企业或个人出资设立"丝路"
奖学金、"丝路"教席、"丝路"研究所等。

　　第四，打造中欧"一带一路"合作的标志性项目。目前，英国
的北方经济引擎规划与"一带一路"对接的基础较好，可率先打造
成为中欧合作的标志性项目。英国欢迎中国投资，尤其是到英格兰
北部和北爱尔兰等地区投资。英国北方经济引擎规划的出发点：使
英国的南北方地区发展更为均衡、实现区域内核心城市的经济联
动，等等。相关做法有：1.区域内的城市（曼彻斯特、利兹、利物
浦、谢菲尔德、纽卡斯尔）启动共同经济战略并进行联合投资，以
改善这些城市、城镇及其港口之间以及城市内交通运输网络的连通
性；2.相关城市组成"超级"经济体，打破现有各城市独立运营的
状态，创造充分的商业机会，实现智慧城市；3.区域内高校、智库、
科研院所组成学术联盟，对相关议题进行联合研究；4.政府的作用
是为企业提供优质的服务与支持，增强区域内企业对接国际市场的
便利性；5.充分的连通性与便利性有利于提高该城市群的国际竞争
力，不断吸引优秀人才以及创新型全球企业入驻该区域。

　　上述内容对中国"一带一路"倡议、西部大开发战略以及长江
经济带建设有启示意义。此外，英国北方经济引擎规划区域在能
源、生命科学、医疗保健、先进制造业以及物流等行业具备雄厚的
实力，同时，该规划涉及价值240亿英镑的投资项目，覆盖从住房
到能源、从科学到航运的诸多行业，应鼓励我国企业以此区域为突
破口，由此积累进入西方高端市场的资质条件以及人文经验。

荷兰、捷克、奥地利三国考察报告 ^①

笔者于 2017 年 11 月 24 日—12 月 4 日赴欧洲三国（荷兰、捷克、奥地利）考察，对中欧关系、"一带一路"等议题进行了相关调研。

第一部分：中欧关系

2008 年至今，从美国的次贷危机到南欧的国债危机，到全欧的难民危机、公投危机（成为全领域的危机），经济下行导致政治保守。欧洲专家普遍认为，欧洲进入一个十分微妙的十字路口。笔者询问英国"脱欧"公投以及加泰罗尼亚公投对欧洲一体化建设的影响，荷兰格罗宁根大学校委会主席珀斯塔玛教授指出："英国'脱欧'使欧盟更加强大，但加泰罗尼亚独立公投使欧洲更加不稳定。欧洲是经济巨人，但是政治侏儒。欧洲从来没有统一的声音，缺乏文化上的一致性。德国没有意愿和能力统一欧洲；同时，因为历史

---

① 笔者于 2017 年 11 月 24 日—12 月 4 日赴欧洲三国（荷兰、捷克、奥地利）考察，对中欧关系、"一带一路"等议题进行了相关调研。部分内容以《中国正向欧洲输送"稳定力"》为题，发表于 2017 年 12 月 19 日的《环球时报》。

原因，欧洲人也不会接受德国的统一行为。"

寒冬已至：欧洲城堡面临多重挑战

在很多人眼中，欧洲是古老城堡，虽古旧但安全、虽多元但团结。但近十年，欧洲的遭遇可谓是命途多舛。

"蜜月不再"的美欧关系。欧洲学者认为，"点火容易、灭火很难"，美国总统特朗普擅长点火，不擅长灭火。笔者在欧期间正好遇到特朗普在推特转发英国极右翼团体贴出的三段反穆斯林视频，引起英国首相特蕾莎·梅发言人的谴责。随即，特朗普将攻击的炮火对准了英国首相特雷莎·梅。他在推特上写道，特雷莎·梅不应把注意力集中在他身上，而应集中于打击英国的"毁灭性的极端伊斯兰恐怖主义"。

美欧关系不再是铁板一块，双方关系的不可预测性增强。对美欧关系而言，稳定的政治关系或经济关系不能基于某位国家领导人的灵机一动，要有规矩，唯此经济界才能放心投资，政治领域的战略投资才有基础。

欧洲学者也谈及了中美关系，他们感觉最近美国的全球政策有所调整，特朗普正在发现国际政治没有他想的那么简单。特朗普竞选期间说了很多大话，也说了很多有关中国的大话。访问北京期间，这些大话都被特朗普忘记了。在国际社会，中美欧大国必须找到有关核心议题的共同语言。

"两种速度"的新老成员关系。在欧洲，存在"一个欧洲，两种速度"的说法：中东欧、南欧国家对欧洲一体化的态度较保守，与传统欧洲落差极大。其中，捷克、波兰、匈牙利等中东欧国家奉行"戴高乐主义"，强调国家主权，无法在深层次进行全欧合作。

德国等传统欧洲国家强调在法德合作的基础上吸纳更多国家的参与。目前，中东欧、南欧国家对欧洲一体化的离心倾向加大，英国"脱欧"公投等行为加剧欧洲被"两种速度"撕裂的风险。

"火上浇油"的非法移民问题。北非大量的非法移民对欧盟建设有直接影响。北非有三千万人的生活直接受自然灾害以及各类冲突的影响，希望"移民"到欧洲。三千万人是欧洲无法接受的数字，这两年非法移民的人数大约为一百万，对欧洲的影响已经非常负面了。

"釜底抽薪"的恐袭。全欧频发的恐袭深刻影响老欧洲人的自由、民主、人权等价值观念。欧洲人从来没有想到恐袭会如此严重，无论从心理或安全角度都没有做好应对准备。申根国家共有26个，包括22个欧盟成员国，以及挪威、冰岛、瑞士、列支敦士登。以前申根国之间入境，不需要进行证件检查。方便出行的同时，也加大了安全隐患。从2017年4月7日开始，欧盟申根国所有出入境口岸将重新启动安检机构，所有过往旅客必须经过边检人员的检查方可过境。该政策旨在防范恐怖袭击活动的再度发生，控制难民偷渡。欧盟新的反恐法实施后，欧洲申根国家出入境无边检的历史将就此终结，何时能够再度自由出入欧洲申根国，恐怕遥遥无期。

"潘多拉魔盒"的右翼势力。2017年10月，奥地利国民议会选举结果显示，31岁的库尔茨领导的中右翼人民党在奥地利国民议会选举中得票率第一，成为欧洲最年轻的政府首脑。同时，极右翼自由党势头强劲，得票数排名第三，有望参与执政，或为欧洲膨胀的民粹主义势力再添一股力量。

奥地利总理府外交顾问伯恩哈德·弗拉贝茨大使指出，右翼势力发展是欧洲经济、社会、政治的核心问题。2008年国际金融危机以来，改变的不仅是欧洲经济结构，也包括欧洲政治结构。目前，欧洲经济、社会、价值观等诸多危机叠加，欧洲民众对未来深度忧虑。右翼势力抬头的群众基础是通过发"空头支票"以讨好民众，许诺将带领大家回到欧洲的"黄金时代"。总体而言，各国都有一小撮民族主义分子，过去有竞争关系、互相为敌、各自为战，现在出现了联动的趋势，共同反对所有非欧洲、非西方的要素，对其他文化、宗教、种族予以排斥、拒绝，但是不能得出欧洲右翼在全面复兴的结论。

奥地利国家银行行长瓦尔德·诺沃特尼指出，"一带一路"拉近了欧洲与中国的距离。奥地利是率先使用人民币作为储备货币的国家。目前，奥地利失业率控制在 5.5% 左右，居民负债、企业负债、国家负债都低于欧洲水平。经济增长率 2017 年达 3%，2018年预计 2.5%（最近四五年都是 1%）。奥地利的经济是典型的开放型经济，出口拉动作用明显，出口的重点区域一是德国、二是中东欧国家。目前，奥地利等西欧国家希望加强与中国在战略、经贸、人文领域的深度合作，特别传递出了同中国合作开发中东欧以及北非市场的强烈意愿。

2017 年 6 月，欧洲央行宣布，已经将价值 5 亿欧元的外汇储备从美元换成了人民币。这也代表人民币将成为西方发达地区的储备货币。这是欧洲央行第一次投资人民币，是发达国家第一次将人民币纳为储备货币。只要欧洲将人民币纳入储备货币，那么接下来会有越来越多的国家将人民币纳入储备货币，这将使得人民币在国际化的道路上大大推进。

奥地利私企雇员工会会长沃夫冈·卡赞观察到：中国过去投资的重点区域是东南亚、非洲，现在开始进入中东欧。捷克查理大学捷中研究中心主任米洛斯·巴勒班教授指出，中国投资有助于提高欧洲国家的经济发展与社会稳定程度，对增强中欧战略互需有积极影响。西方政党会考虑任期内的问题，而中国共产党关注长远，且能够保持战略定力。在很多欧洲学者眼中，中共十九大是一个执政党在为未来三十年做规划。习近平新时代中国特色社会主义思想为中华民族伟大复兴提供了一整套成熟的思路和方略。

欧洲学者在座谈期间最为关注的问题还包括：中国"一带一路"投资对欧洲以及国际安全的影响？惊叹中国改革开放成就，中国共产党对经济、政治改革的决策路径哪些可被国际社会借鉴？进入新时代，中国的新征程会面临哪些具体挑战？

奥地利的经济学家普遍看好中国同奥地利以及中国同中东欧的合作前景。他们认为，中东欧经济向好有三个主要原因：第一，就整个地区而言，前几年投资少，是因为没有信心，现在经济总体形势向好，故投资加大。第二，西欧开始进入复苏阶段，对中东欧出口有带动作用。中东欧国家普遍采取减税政策、提高工资水平，有效地刺激了国内消费。同时，欧盟投资基金也关注中东欧地区。第三，企业很长一段时间推迟投资，但不能不投资，现在进入投资风口。

欧洲央行目前有 12 位经济学家专门研究中东欧，他们对中东欧经济形势的整体判断是：

1.消费对经济的拉动作用明显增强。

2.工资增速高。

3.贷款总额增加。

4.民众对未来的信心指数增加。

5.出现劳动力短缺现象。

6.投资规模加大。

7.通胀率控制在 1.9% 左右。

8.保持宽松的财政政策。

奥地利联邦经济商会会长克里斯托夫·莱特尔指出，该商会在中国有 7 个办事处，在美国只有 3 个，可见奥方对中国市场的高度重视。该机构每年对 900 多家奥在华企业进行问卷调查。结果显示，90% 的企业认为在华业务是向好的，超过一半的企业有意扩大在中国的投资。

当然在欧洲考察期间，三国的专家、官员、企业家也提出一些具体问题：在中国，有些业务进入很难；文化融入较难；中国的互联网环境对外国企业是个严重的合作障碍。

同时，也有不少人关注中国企业海外侵犯知识产权的问题。对此，要高度重视并认真回应这一问题，知识产权问题在一定程度上的确存在。中国经济处在转型期，传统低劳动力成本优势已经失去，现在加强创新型国家建设，转化发展动力，创新发展已经成为国家战略。对侵犯知识产权的问题如不重拳打击的话，对中国自身利益危害最大，只有严格的知识产权保护，才有创新动力。同时，中国拥有越来越多的专利，不保护不行，在知识产权问题上不能走捷径，投机取巧不行。因此，中国企业要反思并规范自身行为，减少海外知识产权侵权，维护国际社会的知识产权秩序。

捷克专家高度关注中欧之间的第三方合作问题。他们认为，中国在非洲进行基础设施投资的影响非常正面，诸多非洲国家一百多年来终于有了现代铁路、港口、机场、园区。目前，欧盟特别是德国在北非提出了"新马歇尔计划"（超过了经济援助的框架），中欧可以据此进行合作。

笔者在考察期间，正好赶上中国国务院总理李克强访问匈牙利，出席第六次中国—中东欧国家领导人会晤。"16+1"概念频频为受访者提及，中东欧已经成为中国"一带一路"合作的关键地区，捷克等国则成为"一带一路"合作的样板国家。

自党的十八大以后，习近平主席第一个访问的中东欧国家就是捷克。捷克总统泽曼是唯一一个出席抗日战争暨世界反法西斯战争胜利 70 周年阅兵仪式的欧盟成员国总统。2017 年 5 月 16 日，来华出席"一带一路"国际合作高峰论坛的捷克总统泽曼，专程参观了侵华日军南京大屠杀遇难同胞纪念馆。泽曼总统是参观南京大屠杀遇难同胞纪念馆的首位在职外国总统。

在查理大学，笔者了解到这个全球成立最早的大学之一已经建立了捷中研究中心，并举办了中国的全球化角色、中国与欧盟关系研讨会，2018 年将举办"中国改革开放 40 年对全球发展的影响"研讨会。同时，该大学 2018 年将开设"一带一路"课程以及"一带一路"暑期研修班。

笔者问道："一带一路"在中东欧地区的具体风险是什么？捷克查理大学捷中研究中心主任米洛斯·巴勒班教授回答：第一，很多国家不稳定或异常敏感、脆弱。第二，"一带一路"目前给人的印象是投资数十亿或数百亿美元的大项目，重资产项目的属性即周期长、风险大。第三，中国政府应认真思考，经济投资是否会帮助发展中国家实现经济转型、政治转型？例如，西方国家援助阿富汗的时间是第二次世界大战的三倍，但阿富汗的前景依然不乐观。

巴勒班教授也提到，"一带一路"有助于帮助中国新疆等民族边疆地区实现跨越式发展，但临近的阿富汗等国家是滋生恐怖主义势力的土壤，塔利班等极端势力活跃，因此不少欧洲学者关注"一带一路"如何解决上述跨境安全与全球治理问题。

捷克政要高度强调捷克已经成为"一带一路"建设的关键国家，并为此感到荣耀。过去几年来，在"16+1"框架下，中捷双方在贸易、金融、教育和医疗等方面取得了重要进展。目前，中国已成为捷克第三大贸易国，捷克成为中国在中东欧的第二大贸易国，中捷贸易总额已连续两年超过110亿美元，占我国与中东欧16国贸易总额的近20%。

典型事例包括："中国投资论坛"已经在捷克成功举办了六届。捷克将于2018年举行卫生与医药论坛。中捷中医中心自2015年9月正式运营，是中东欧首家政府支持的中医中心，是我国推动"一带一路"建设的首个医疗项目。

笔者问道："中捷走近，捷克在欧盟有没有压力？"捷克总统办公室国际关系部主任鲁多夫·金德拉克的答案是：没有。但他指出，跨国公司对中捷走近或许不高兴，如印度钢铁企业认为中国钢铁企业是强有力的竞争对手；汽车行业也感到了中国市场的竞争压力，斯柯达汽车在海外的最大市场一直是中国。

笔者走访了捷中友协。该组织成立于2009年，其主席特弗尔季克是社民党元老、前国防部长和捷克总理中国事务顾问，在捷克政界、商界和媒体领域有着广泛深厚的人脉资源和较高的威望。他指出，"一带一路"倡议促进了中捷两国关系的全面发展，捷克可被看作是"一带一路"倡议的成功案例。2012年，中捷之间没有直航，全年只有3万中国人来捷克旅游，2017年全年来捷的中国游客突破50万人大关。2015年，中捷开通首条直航，目前有4条直航线路（海南航空、东方航空和四川航空、东航西北分公司相继于2015年9月、2016年6月和8月、2017年10月正式开通北京至布拉格、上海至布拉格、成都至布拉格和西安至布拉格的四条直航航线），2018年将达到6条。

在捷克，也发现不少人对中国以及"一带一路"倡议依然存在偏见，其原因在特弗尔季克看来，主要是捷克社会缺乏了解中国的中立客观的信息来源。对此建议加强中捷之间的交流与互动，特别是媒体与学界，在捷克甚至在欧洲对中国持批评态度的评论员以及专家往往是几乎不了解中国的人。

第二部分：超越"'一带一路'陷阱"

2017 年对"一带一路"倡议而言，绝对的"大年"：5 月举办"一带一路"国际合作高峰论坛，9 月金砖国家领导人厦门会晤实现了"丝路"铺"金砖"，10 月"一带一路"写入《中国共产党章程》。但出访期间，笔者的确听到了一些负面评价。

相关负面评价，可以归为两类，在国外特别是在西方国家眼中，常将"一带一路"看作是"中国陷阱"，是中国对冲西方影响、力图另起炉灶的阳谋；在一些发展中国家眼中，又常将"一带一带"看作中国馅饼、中国红包，有利则参与之，无利则摈弃之。在国内，也存在负面评价，如认为"一带一路"体现了中国"救世主"心态，中国热衷于在国际社会"好大喜功"，是"花钱买好评"。

当然，也不赞同另外一种心态，就是一谈"一带一路"就认为好得不得了，纯粹以宣传的口吻与国际社会交流，体现了极强的自负与民族主义心态。其实，"一带一路"就如同一个孩子，未来的发展取决于合作的态度，取决于对其用心推进的程度，对其投入负责的程度。因此，不需要对"一带一路"唱高调，也不需要唱衰这一努力。

在"黑天鹅""灰犀牛"事件频发的时代，"一带一路"增添了一抹亮色以及确定性，即中国全面对外开放的确定性，中国充分融入国际社会的确定性，中国坚定参与全球治理的确定性。判断"一带一路"是机遇还是陷阱，要看其内涵实质，即如何定位"一带一路"，"一带一路"的哲学、经济学、国际关系学基础是互联互通（connectivity），既要打通发展痛点，也要仰望人文高点。今天国际社会需要互联互通，半个世纪、一个世纪之后依然需要互联互通，"一带一路"早期建设需要设施联通、贸易畅通、资金融通，长期建设需要政策沟通、民心相通。

欧洲三国（荷兰、捷克、奥地利）均对"一带一路"高度关注，赞赏的声音不绝于耳。中国机遇对欧洲特别是中东欧的影响是扎实显现的。但在访问期间，笔者看到一则消息，《产经新闻》2017年11月28日报道，美国国务卿蒂勒森（Rex Tillerson）在一场演讲中指出，中国政府正在全力参与太平洋和印度洋国家的基础设施建设，对于这些国家来说祸患远远大于利益。在其眼中，"'一带一路'陷阱"有两重含义：债务风险、就业风险。

债 务 风 险

蒂勒森指出，中国为获得基建项目而进行的投资，将致使接受投资的国家形成庞大债务。从投资合同上分析，蒂勒森还强调称，被投资国很容易陷入债务不履行困境。东南亚国家还是应该以美国为核心，团结一致地对抗中国强势推进的"一带一路"战略，不能被中国庞大的资金所控制。

在早期，基础设施互联互通是"一带一路"的优先领域，重要基础设施项目通常需要数十亿、百亿美元的投资，且投资周期长，中央企业或国有企业是主力。这样的项目往往需要多方或多个国家的参与，中国国内的银行或项目国家的银行在资金规模和服务能力方面都无法满足这一需求，因此需要共商、共建、共享。过去四年，中国政府一方面推动亚投行、丝路基金等融资平台建设，另一方面积极鼓励基于 BOT 形式的 PPP 模式，坚持企业主体、市场导向。同时，"一带一路"越来越重视能够发挥软联通作用的轻资产项目，这些项目的主体往往是民营企业、跨国公司。

对很多国家而言，关键问题不是债务风险而是连必要的基础设施都没有。例如，老挝处于中南半岛的交通枢纽地带，但该国的交通非常不便，国内仅有一条约 3.5 公里长的铁路，还是于 2009 年才通车运营的。在"一带一路"框架下，420 公里的中老铁路开建，承载着老挝从"陆锁国"到"陆连国"的转变之梦。建成后，将极大提高该国运输效率和便利化水平，促进经济发展和社会进步。

中老铁路项目预计总投资 70 亿美元，折合人民币约 400 亿元，由中老双方按 70% 和 30% 的股比合资建设，中老铁路是第一个以中方为主投资建设、共同运营并与中国铁路网直接联通的境外铁路项目。在投融资安排上，曾出现过质疑，认为总投资 70 亿美元，超过老挝年度国内生产总值的一半。认为中老高铁给老挝带来高负债的说法，源于只看到 70 亿美元投资总数额，而中老铁路由中老双方按 7∶3 的股比合资建设，老挝需要承担的只是总投资额中的30%，即为 21 亿美元。而且对于融资，中国给予了老挝足够的优惠政策。首先，中国进出口银行同意提供 30 年期低息贷款，老挝需承担的总额是 21 亿美元，不算利息，按 30 年的还款期限计算，每年也只需要还款 0.7 亿美元。此外，中老双方同意以"资源换资本"，老挝主要向中国提供钾碱。

总体来看，在"一带一路"项目的投融资问题上，中国坚持"一国一策"、因地制宜。例如，中泰铁路，泰方是独立自行融资。在实践过程中，在"一带一路"项目建设中，中国坚持以经济社会效益为导向，严防给项目国造成新的债务风险和财政负担。

就 业 风 险

随着中国加大对外投资力度，美国等西方国家对华的警惕心理正在加强。蒂勒森认为，中国在投资参与海外基建项目时，不会热衷雇用当地居民，反而有大量的中国劳动力被输出到当地，以缓解中国非常严重的失业问题。因此，基建项目与中国的合作，在增加当地就业上也没有好的作用。

从理论上分析，基础设施领域的就业创造潜力十分明显。有研究表明，每10亿美元的基础设施投资将带来13000—22000个就业岗位，而发展中国家的就业创造潜力将更大。此外，中国企业也在改变对社会责任的认识。之前，很多企业在海外认为，有项目、不污染、能纳税就是履行社会责任，但现在越来越多的中国企业明白要解决当地就业问题，即要实现充分"本土化"（in where，for where）。例如，自中远海运集团接手希腊比雷埃夫斯港集装箱业务以来，不但没有无故解雇工人，反而直接提供和创造就业岗位2600多个，间接提供和创造就业岗位8000多个。曾经的债务危机重创希腊，公司和商铺一家接一家关闭，但中远海运比雷埃夫斯港集装箱码头有限公司附近的商铺和公司的合作伙伴则成了例外：不但没有关闭，生意还越来越红火。

持久就业不仅要解决工资问题，还要解决技能问题。柬埔寨西哈努克港经济特区是由红豆集团等中国企业联合一家柬埔寨企业共同建设的境外经贸合作区。笔者与专家于2016年6月赴该园区调研，当时区内已引入来自中国、欧美、日韩等国家及地区的企业102家，其中84家已生产经营，从业人员达1.6万名。西港特区开创了数个"第一"：柬埔寨政府批准的最大的经济特区；西哈努克省发展最好、就业人口最多的经济特区；第一个联合中国高校培养留学人才的经济特区。红豆集团组织了中方大学生免费讲授中文，资助柬埔寨优秀青年来红豆大学和无锡商院深造；联合无锡商院开办西港特区培训中心，至今已培训当地工人 2.3 万人次。

可见，"一带一路"的就业红利是实实在在的。截至 2016 年底，中国企业在沿线国家合作建立初具规模的合作区 56 家，入区企业超过 1000 家，总产值超过 500 亿美元，上缴东道国税费超过 11 亿美元，为当地创造就业岗位超过 18 万个。

分裂欧洲风险

上文已经提到"一个欧洲，两种速度"的问题。但是，目前有人认为，中国加大对这两片区域的投资导致相关国家对欧洲一体化的离心倾向加大。

在奥地利时，正好赶上中国国务院总理李克强访问匈牙利，当时看到一些欧洲媒体的报道，指出中国不断加大对中东欧的投资力度，这对于中国势力"渗透"进欧洲将具有重要意义。美国和欧盟都对于中国的这个动向非常担忧。欧盟担心中国大量参与中东欧国家的基础设施建设，将分裂中东欧与西欧原本就不稳固的同盟基础，令中国在欧洲的影响力急剧增加。西欧国家对于这个趋势难以容忍，与中国的矛盾或将增加。

德国《南德意志报》11 月 28 日就在题为《中国—中东欧领导人会晤：中国使东欧服从》的文章中称，中国在第六次的中国—中东欧领导人峰会上承诺 30 亿元人民币的投资，这一举动其实别有用心并且也在利用欧盟的弱点，欧盟应该团结一致面对中国。

如果说欧洲有分裂趋向，问题的来源是欧洲自身，而不是中国。其实欧洲从来都不是一体的，欧盟有 28 个国家，欧元区是 19

国，申根成员国是 26 国，内部机制安排极其复杂。如果说欧盟有"共识"，那么这个共识，就是欧盟各成员国缺乏共识，没有统一的声音与立场。

最后，从全球范围来看，中国通过"一带一路"弥补美欧自 2008 年国际金融危机以来的治理赤字。2017 年 8 月，麦肯锡的一份研究报告指出，自国际金融危机以来，全球的跨境资本流动缩水了 65%。在一个"去全球化"的时代下，老牌资本主义国家不再像以前那样跑到世界各地慷慨投资，而纷纷提出"××优先"的口号，本国的工人和就业比海外投资更加重要。发达国家对外投资动力熄火。近年来，发达国家对外投资的规模由 1.8 万亿美元下降至近 1 万亿美元，而中国对外直接投资的规模却与日俱增。所以，"一带一路"不仅有经济功能，也有和平与安全功能，金融是经济的血脉，金融流动性变差导致各国的经济黏性变弱，战略互疑大大增强。

经济下行、互动下降、信心缺失，往往使人们主观上认为陷阱颇多，如防范发展中国家发展过程中存在的"中等收入陷阱"、执政者可能遇到的"塔西佗陷阱"现象、新兴大国崛起中潜在的"修昔底德陷阱"、崛起国家面临的"金德尔伯格陷阱"，等等。"一带一路"不是陷阱，而是机遇，致力于解决和平赤字、发展赤字、治理赤字。可以判断，即使没有"一带一路"，中国人也要全面对外开放，中国企业也要"走出去""走进去""走上去"，国际社会也要经济合作、文化通心、智慧对接。"一带一路"的本质是合作共赢的机遇，不要动不动就谈中国在设置陷阱。客观地看待、评估"一带一路"，不需放大，也不必矮化，在这一倡议的建设进程中，大家都是主人。

对中非合作论坛峰会"一带一路"建设的建议 ①

——埃塞俄比亚调研报告

2018 年，中国举办四场主场外交，其中 9 月份将在北京举行中非合作论坛峰会，主题是"合作共赢，携手构建更加紧密的中非命运共同体"，其中，"一带一路"是各方关注焦点，机遇极大，挑战亦不少。2018 年 5 月 28 日—6 月 2 日，笔者赴埃塞俄比亚调研，很多"一带一路"的具体项目在埃塞俄比亚落地，如亚吉铁路、亚的斯亚贝巴轻轨、东方工业园、华坚国际轻工业城等，从某种程度上说埃塞俄比亚已经成为"一带一路"在非洲的样板国家。

一、埃塞俄比亚总体情况

埃塞俄比亚是具有 3000 年文明史的古国，国土面积 114 万平

① 2018 年 9 月 3 日至 4 日，中非合作论坛北京峰会举行。2018 年 5 月 28 日—6 月 2 日，作者赴埃塞俄比亚调研，近距离观察"一带一路"在埃塞俄比亚的具体项目，如亚吉铁路、亚的斯亚贝巴轻轨、东方工业园、华坚国际轻工业城等。

方公里，人口过亿，是非洲第二大人口国家。在埃塞俄比亚，中国有两个外交使团，一个是驻埃塞俄比亚使馆，一个是驻非盟使团。

作为非洲传统政治大国，在 55 年前的 1963 年，31 个非洲独立国家领导人会聚埃塞俄比亚首都亚的斯亚贝巴，通过并签署了《非洲统一组织宪章》，决定成立非洲统一组织（非盟前身）。从此，非统成为非洲最大的区域性组织，是非洲大陆团结的象征。当时选择埃塞俄比亚首都作为非统的总部，很大程度是因为埃塞俄比亚从未被西方殖民过，象征着非洲国家的独立与自强。今天，在非盟很多重要会议结束之后，非洲国家的首脑、政要、企业家等会主动选择中国在埃塞俄比亚的项目进行深度考察，并希望复制成功的经验与模式。

2010 年，埃塞俄比亚政府启动首个"增长与转型"计划(Growth and Transformation Plan I)，类似于中国的五年规划。多年来，埃塞俄比亚政府各级官员高频次到中国考察，回国后积极发展基础设施、能源和电信等基础性行业，大建以出口创汇为先导的工业园，为国民经济的长期发展打下基础。2013 年，埃塞俄比亚政府聘请中国开发区协会为其拟订工业园发展规划。2014 年，埃塞俄比亚政府成立工业园开发公司（IPDC），于 2015 年颁布《工业园法》，将工业化作为重点优先发展方向，工业园开发战略成为其中核心战略举措。

埃塞俄比亚政府积极倡导以农产品加工为核心的农业现代化，夯实农业和畜牧业基础，大力发展咖啡、油料种子、鲜花、牛羊以及皮革出口等传统优势产业。15 年来，埃塞俄比亚 GDP 年均增长率维持 10% 以上。

就产能合作而言，在劳动力密集型产业在中国和东南亚面临成本上升时，埃塞俄比亚希望利用本国劳动力优势承接国际产能转移，复制中国式的工业化路径，实现经济从农业主导向轻工制造业主导的升级，进而使埃塞俄比亚成为下一个全球制造业中心。

笔者抵达埃塞俄比亚的第一天正好是 5 月 28 日，这一天是埃塞俄比亚的国庆日。1991 年 5 月 28 日，以"提格雷人民解放阵线"为主的埃革阵军队进入亚的斯亚贝巴，门格斯图政权宣告瓦解。从此 5 月 28 日成为埃塞俄比亚的国庆日。到达埃塞俄比亚的第一场公务活动，就是 5 月 28 日参加梅莱斯领导力学院研修班在首都举行的开班仪式，这一天是公休日，但是埃塞俄比亚学员没有请假，认真听课，也展现了这一国家良好的发展状态。期间，由于电力不稳定，会场不断停电，一上午停了近十次，但大家依然专注，笔者印象很深。

二、埃塞"一带一路"项目进展情况

亚吉铁路：东非第一条电气化铁路

亚吉铁路全部采用中国标准、中国设计、中国资金、中国监理和中国装备建设而成，全长 751.7 公里，客运设计时速 120 公里，货运设计时速 80 公里，总投资约 38 亿美元，其中约 28 亿美元使用中国进出口银行商业贷款，由中国铁建中土集团、中国中铁二局分段建设，由中国国际工程咨询公司担任工程监理；建成后由中土集团—中国中铁联营体负责运营维护，机车车辆来自中国中车。这是中国在非洲建设的第一条集技术、标准、设备、融资、施工、监理、运营和管理为一体的全流程"中国元素"的电气化铁路。

亚吉铁路被誉为埃塞俄比亚和吉布提两国的"运输生命线"。

埃塞俄比亚是内陆国家，95% 的进出口货物通过吉布提港转运，亚吉铁路为埃塞打通了出海通道，极大地提高了物流效率，亚的斯亚贝巴至吉布提的运输时间从公路运输的 5—7 天降至 15 个小时。对吉布提来说，亚吉铁路将有效扩大吉布提港辐射范围和吞吐效率，奠定其非洲之角物流中枢的地位。亚吉铁路是非洲区域基础设施互联互通的代表性项目，被媒体誉为"新时期的坦赞铁路"。

2018 年 1 月 1 日，亚吉铁路商业运营开通仪式在亚的斯亚贝巴拉布火车站举行。笔者去拉布火车站了解到，目前，早晨 8 点发出一列客车，第二天从终点车站回程一列（两天往返一次）；货车是一天一对。亚吉铁路已经建成 19 个车站，开了 5 个站，远期将达到 45 个车站。

笔者了解到，亚吉铁路 4 月份货物贸运输收入共 235 多万美元，客运量达到 1.2 万人，共收入 15 万美元。票价，当地人最远需花费 1008 比尔，外国人需花费 2016 比尔。

问题：

1. 电力不稳定，火车开着开着就不动了。现在基本上一周累计停电两个小时，原来是一停就两个小时；2. 法律法规不健全，中方企业一边运营，一边推动相关法规制度的完善；3. 全长 751.7 公里（其中，吉布提段 90 公里），沿线不封闭，所以理论上客车时速 120 公里、货车时速 80 公里，但实际情况是平均只能开 60 公里左右（避让行人或动物）；4. 安全问题，全线雇用 798 个保安，仍然偷盗频发，严重影响运行安全；5. 目前，铁路以运输进口货物为主，出口很少，货运量严重不足。进口的集装箱货物多数是中国货物，包括在埃塞中国企业承建使用的建筑材料，少量是其他国家出口埃塞俄比亚的生活用品。

一个无奈的问题是，由于不是全线封闭，当地人养的羊、牛等家畜经常穿行铁道，会有被火车撞死的现象发生，之后企业要赔偿。原来一只羊只需要700—800比尔，撞死后需索赔2000—3000比尔，牛要赔偿1万比尔。导致常常出现生病的、快死的牛、羊被人为推上铁路，期待撞死赔偿。与之形成对比的是，蒙内铁路是内燃机车，但沿线有两道铁丝网封闭，并且当地严格立法，撞死不赔偿。

亚吉铁路的运营方是埃塞俄比亚、吉布提组成的铁路联营体公司。中土集团在吉布提铁路中拥有10%股份，埃塞俄比亚段全资属于埃塞俄比亚铁路公司所有。近期，埃塞俄比亚政策有松动，将对铁路、电信、航空等领域进行部分私有化。

建议：

不论是亚吉铁路还是首都轻轨，建设项目全部采用中方总承包加融资模式，但对相关配套设施以及维修运营等考虑不足，当地政府目前也没有能力跟进。所以，可持续发展能力弱。故此，"一带一路"项目不能只考虑建设周期内的问题，还要在前期规划时充分考虑配套、培训等后期问题。

亚的斯亚贝巴轻轨：中国轻轨在非洲的第一个全产业链项目

亚的斯亚贝巴轻轨是东非第一条现代化的城市轻轨，埃塞俄比亚人民对此非常骄傲。埃塞俄比亚是非洲第二人口大国，亚的斯亚贝巴是非洲最大的城市之一。根据统计，亚的斯亚贝巴的人口已经达到500万。亚的斯亚贝巴轻轨目前有南北线、东西线两条线路，全长共 31.05 公里，设有 39 个车站。轻轨连接了郊区主要居民区和市中心的商务区，大大提高了整座城市的出行效率，成为当地最受欢迎的出行方式。

在亚的斯亚贝巴，经常可以看到人们招手拦下蓝色涂装的面包车。这些面包车价格不贵，但大多陈旧不堪，跑起来会拉起一道长长的黑烟。当地的出租车是苏联时期老式的拉达轿车，被人们称作"Blue Donkey"（蓝驴），打出租车在亚的斯亚贝巴是一件奢侈的事情。

轻轨费用非常便宜，2、4、6 比尔不等，运营时间是早 6 点到晚 10 点。高峰期 15 分钟一列，其他时间是间隔 20 分钟一列。自 2015 年下半年通车至 2018 年 5 月 31 日，轻轨已安全运营 985 天，累计开行列车 23 万列次，运营里程达 584.2 万公里，共计运送旅客 1.29 亿人次，日均客流 10.45 万人次，历史最高单日客流 18.5 万人次（在国内，部分城市的地铁日均客流也就 2 万人次）。轻轨一节车厢最大载客 317 人，地铁载客 1600 人。所以，首都轻轨日均 10 万人次，极其不易。

轻轨在多个方面改变了这座城市的面貌。以前由于缺乏公共交通，到了晚上 8 点，整座城市就进入了睡眠状态。现在轻轨运营到晚上 10 点，商店、餐馆可以开得晚一些，城市的商业因此活跃起来。轻轨成为埃塞的城市品牌，每年有很多非洲大型会议在亚的斯亚贝巴召开，很多国家代表团都会来参观这条轻轨，对它赞不绝口。

亚的斯亚贝巴轻轨由中国中铁二局承建，使用全套中国标准、中国设计和中国设备。同时，轻轨的运营由深圳地铁和中国中铁二局组成的联合体共同负责（笔者主编的《一带一路年度报告 2018：智慧对接》就收录了中铁二局以及深圳地铁的案例），这在非洲尚属首次。联合体提供三年的运营服务，目前已经过去了两年多，埃塞方学习中国轨道交通运营管理以及维修经验，成效显著。深圳地铁还注重培训体系的建立，编制了全套的轻轨培训教材，建立了本地化的师资队伍，当地员工穿的制服也是深圳地铁的工作服。

问题：

轻轨建设耗资 4.75 亿美元，资金 85% 由中国进出口银行提供。轻轨运营费用是 1.16 亿美元。在这一项目中，建设费用主要是中国进出口银行贷款，但后期运营服务费用则是埃塞俄比亚铁路公司自筹，埃方由于缺少外汇和资金，严重拖欠中方费用。目前，深圳地铁等联合体只拿回 25% 的管理费用。在埃塞俄比亚，深圳地铁只收取管理费用，即"管家"，而不获取地铁票务收入。

中国企业在海外很大程度是"汗水经济"，干活的人不少、投入的资金和精力不少，但多为基础设施建设，回收期长；中国企业在海外生产的商品附加值很低、周期很短。在埃塞俄比亚以及其他发展中国家有一个普遍的现象，就是国家虽穷，但大街小巷到处是日系汽车，就是说这些国家的外汇有一部分购买了日本耐用产品。买回来之后，还需要花更多的钱去维修、保养，买配件。在埃塞俄比亚，丰田汽车专业保养一次需 1.5 万比尔左右，还要提前预约（埃塞俄比亚普通工人的月收入不到 2000 比尔，即 400 多元人民币）。

建议：

非洲国家普遍缺乏外汇，项目建成后，没钱买配件。在这一问题上，与前面的亚吉铁路情况基本一样。所以，建议中国进出口银行、国家开发银行贷款也应对运营服务项目做金融支持。

高端制造业是中国企业的发力重点，要高端的前提条件是品质、专业、品牌价值。一位中资企业负责人感叹道："日本汽车是用自身的品质在为自己做最有效的广告。"

产 业 园

目前，埃塞政府主导建设的 8 个在建工业园全部由中资企业承建。已建成的 2 个非政府主导工业园——东方工业园和华坚国际轻工业城全系中国民营企业投资开发。

东方工业园（Ethiopian Eastern Industry Zone）：是中国民营企业投资的产业园，也是该国境内首个由外资建成且正式运营的工业园区，推动了埃塞俄比亚工业园法的落地。2008 年，中国江苏永元投资有限公司在埃投资建设东方工业园，将现代工业园发展理念和模式引入埃塞俄比亚。2013 年之前没有多少企业入园。江苏永元最初来埃塞俄比亚是准备生产自来水管，结果发现本地毫无工业基础，于是做水泥，卖得供不应求，实现财富的原始积累后现在转向做园区投资和运营。作为民营企业，园区靠的是"滚动式发展"，靠在当地投资的东方水泥厂、东方钢铁厂等收入来支撑园区发展，一边赚钱、一边投入。

东方工业园一期工程总投入约 2 亿美元，最艰难的时刻甚至要变卖国内资产来支撑园区发展。最开始的时候，3 万元 / 亩的价格都招不到企业。2013 年是个拐点，国家提出"一带一路"倡议，一大批企业到非洲寻求发展，进入东方工业园的企业迅速多起来了。工业园一期已有 83 家入园企业，解决了 1.4 万当地人员就业。

华坚国际轻工业城：华坚鞋厂是最早落户东方工业园的企业之一，并被视作中国与埃塞俄比亚进行产能合作的样板。进入厂区，可以看到写着"准时是诚信、早到是浪费、迟到是耽误、准时是责任";"热爱家庭、幸福美满、热爱生活、健康快乐"等中文、英文、埃塞文条幅。

非洲园区大多不提供食宿,而华坚为员工提供吃、住、车辆接送等福利。埃塞老百姓爱吃英吉拉(英吉拉是埃塞俄比亚的传统主食,有3000年的历史,外观类似大摊饼,味道偏酸),这里无上限,想吃多少吃多少。员工宿舍一间房有两张上下铺,可以住四个人(笔者在埃塞俄比亚期间,首都到处可见无家可归、露宿街头的人)。截至2017年底,华坚成为中国在埃塞俄比亚最大规模的民营企业,已累计出口创汇超过1.22亿美元,为当地解决了7500多人就业。该企业年产超过500万双女鞋,是埃塞俄比亚最大的鞋业出口企业,占埃塞俄比亚鞋业出口的65%以上。

作为劳动密集型企业,华坚也受益于埃塞低廉的劳动力成本,巩固了企业的国际竞争力。这里的人工成本差不多是国内的七分之一(江苏无锡红豆集团等在海外建产业园区的最初原因也是解决劳动力成本问题),电费是国内的一半。尽管物流成本高,但综合算下来,效益还是国内的若干倍。目前,亚吉铁路已经实现商业化运营,但货物出口流程不畅,华坚等企业依然依赖公路运输,物流成本和时间成本较高。

通过进入非洲开始谋划全球布局,华坚集团国内的两个生产基地仍在生产,高端产品在东莞完成,中低端产品在赣州完成,而未来准备把60%的产能转移到埃塞俄比亚等非洲国家。

非洲以及东南亚国家的产品出口享受免关税、免配额等政策,中国企业在埃塞生产的鞋和服装等产品出口到欧美,可以享受零关税政策,而如果从国内出口则要交高达30%—40%的关税。目前很多纺织企业在建,如江苏阳光、无锡一棉、无锡金茂等纺织龙头。

问题：

到 2015 年 4 月，埃塞俄比亚政府才出台了首部工业园法（Industrial Park Proclamation），这部法在很大程度上与东方工业园的实践有关，但新法的关键词是"park"，东方工业园最初用的是"zone"，因此东方工业园无法享受新的优惠政策。另外，东方工业园归奥罗莫州管辖，国家工业园法的优惠政策无法在东方工业园落地，但遇到现实问题往往州政府又解决不了。

埃塞俄比亚正处于大发展时期，土地价格一路飞涨让工业园区价值迅速攀升。2008 年，东方工业园拿地仅需 1 比尔 / 平方米·年，并享受 99 年租期，而目前，在园区拉动效应下，周边土地已涨到 68 比尔 / 平方米·年，十年涨了 68 倍。但现在的问题是，园区申请的二期土地，政府迟迟不批，在埃塞俄比亚方看来中国企业给的钱"少"了。

华坚国际轻工业城自 2017 年 11 月至今，发生 7 次罢工，累计罢工天数长达 28 天，使外向型民营制造企业遭受巨大损失。华坚共有 5 个国际贸易合作伙伴，但是现在已经有 4 个客人停止下订单了。频繁停电导致很多生产设备损坏，电力专线久拖不决，企业只能自购柴油发电，费用上升。埃塞节日多，再加上税务、银行、海关、交通运输等政府部门办事效率很低，对出口导向的企业来说，无异于"雪上加霜"。目前，华坚希望埃塞政府批准外销 70%、内销 30%，享受与其他工业园一样的政策。

建议：

埃塞俄比亚政府应努力提供规范化的政策条件，在土地、税收、劳工等问题上的政策应清晰、可预期，创造健康的营商环境，要"放水养鱼"，而不是"杀鸡取卵"。积极推动埃塞俄比亚政府将东方工业园以及华坚国际轻工业城等"有功之臣"纳入该国工业园法所覆盖的园区。

对中国企业而言，除了为欧美代工、为非洲解决就业外，企业要致力于打造自身品牌。唯有品牌无法替代，代工以及解决就业，任何企业都可以去做，中国企业参与"一带一路"要真正实现高质量发展。另外，园区建设不是越多越好，要有高附加值的样板项目，不仅要"走出去"，更要"走进去"（知识产权、技术、资质、品牌等软联通）、"走上去"（文化、理念、价值形成国际共振，激发国际社会分享中国企业的冲动）。有一句话，很有道理，即"所有的人都参与，就没有获胜者"（all involved，few win）。

其　他

人福埃塞药业：在埃塞俄比亚，药品85%需要进口，人福埃塞药业第一阶段投资2000万美元，建在阿姆哈拉州，占地7公顷。2017年建成，致力于做成埃塞俄比亚第一的药厂（已经有印度企业在埃塞做药）。目前，该公司试生产抗感染、抗菌、精神类等31个品种，未来超过100个品种，产品将销往整个东非，有望成为东非第一的药厂。现在，中方只有20多人，7、8个埃塞员工配一个中国师傅。

人福医药集团股份公司成立于1993年，于1997年在上海证券交易所上市。人福医药是湖北省第一家上市的民营高科技企业，中国医药工业百强，中国民营企业500强，全国科技创新示范企业。企业创始人团队来自武汉大学研究生。

2017 年营收 154 亿元。全球员工 1.6 万人。公司坚持"做医药细分市场领导者"战略以及"创新、整合、国际化"三大路径，已在国内的麻醉药、生育调节药、维吾尔药等多个医药细分领域建立了领导地位，闯出了一条"人福模式"的国际化先行探索之路。

公司在美国成立人福普克药业（美国）公司，收购美国药企 Epic Pharma，联合汉德资本收购美国最大 BFS 药厂 Ritedose；同时，积极布局非洲市场，在马里建成西非第一座现代化药厂人福非洲药业，在埃塞俄比亚建成人福埃塞药业，在马里和布基纳法索均成立了医药商业公司。目前，人福医药集团已实现在美国、欧洲和非洲等世界范围内的产业、市场和研发布局。

问题：

在埃塞俄比亚，本地药厂基本是工棚化生产，企业感觉与当地政府沟通困难，办事效率慢（但比马里快）；药学人才缺乏，雇用之前得先替雇员交学费，不然这些人需要优先服务国家机构；没有成熟的产业工人，中国企业要先培训，不仅培训技能，甚至需要培训行为规范。

建议：

医药虽然是高门槛，但的确是"一带一路"国家的硬需求。人福在非洲布局，增速很快，是"软联通"的优秀案例。笔者建议，可以推进中埃药品标准互认，药准字号可技术转移，同时在中药国际化方面发力。目前，在东方工业园，重庆三圣也在做药，一期投资规模达 8500 万美元。

力帆汽车：中国车企纷纷落地埃塞市场。埃塞俄比亚每年大概有 18000 台各种车辆的进口，大部分为二手车，在为数不多的大约

3000 台新车销售中，力帆汽车的销售总量占据了约三分之一的份额。在首都街头，偶尔可以看到黄绿色的力帆出租车。

问题：

中国汽车价格有优势，但品质以及售后服务与日企有很大差距。此外，由于埃塞的外汇短缺，企业已经没有美元去购买原材料。因此，力帆已经很长时间关停了生产线。其实企业不是缺乏订单，力帆在埃塞的工厂年产能达 3000 至 5000 台，但实际年产能只有 1000 台左右，主要是因为埃塞实施外汇管制，现在外汇不足，导致企业无法申请到足够的外汇进口零部件。

三、依然存在的问题及相关建议

英国专业咨询机构 Ernst&Young 连续五年推出的非洲国家投资吸引力指数（AAI）报告指出，埃塞俄比亚已取代尼日利亚成为非洲最具吸引力的投资目的国。但实际情况是，方方面面的问题依然不少。

腐败问题虽是非洲的普遍现象，埃塞俄比亚亦不例外，不过比多数非洲国家要好很多。

税收负担：在制定具体政策方面，经常出现政策制定者不了解行业实际情况，对产业链条认知不足等问题，其中税收问题对中资企业影响最大。埃塞俄比亚对产品税收政策制定比较宽泛，通则过多、细则过少，在具体政策执行过程中，税务和海关等官员存在执法自由裁量权较大、税收执法过当等问题，一些本该享受免税或者税收优惠的产品，反而被征重税，让外资企业十分头疼。有中企负责人抱怨，埃塞俄比亚税务机关常有"溯及既往"的制度，比如他们可以随时用新的规定去审视企业过去的经济行为，一旦发现问题，也会实施高额补税以及巨额罚款和罚息。

货币贬值：受国际大宗商品价格低迷影响，埃塞俄比亚咖啡等农产品出口创汇疲软。英国《金融时报》最新的数据显示，埃塞目前的外汇储备为 30.83 亿美元，而外债则累计 231.67 亿美元。攀升的贸易赤字影响着埃塞的偿付能力。国际货币基金组织和世界银行数据显示，埃塞从 2017 年开始，逐步迎来外债还本付息高峰，国家债务风险加剧。

面对外债压力和外汇储备下降，埃塞希望通过本币贬值以刺激出口。2017 年 10 月 11 日，埃塞本币比尔兑美元汇率官价突然从前一天的 23.4∶1 贬至 26.91∶1。这意味着，一夜之间，埃塞的货币贬值 15%。这对外资企业来说，无疑是巨大的冲击。由于埃塞有严格的外汇管制，正在执行的各种工程承包和投资类企业的当地货币收款也迅速贬值。

具体建议

第一，园区建设不是越多越好。目前，与"一带一路"相关的海外产业园区已经多达 56 个，但真正良性运行的可能只是个位数。需要对产能合作与产业园区发展做系统剖析，避免"一哄而上、一抢而光、一拍而散"的情况发生。

2015 年底，埃塞俄比亚政府出台第二个"增长与转型"计划，以发展制造业和基础设施建设为重点。埃塞政府学习中国的做法，希望以工业园的方式带动该国工业化发展。埃塞政府计划投资建设 14 个工业园，并鼓励企业投资建设其他工业园，预计总数 20 个左右。目前建成 7 个，但入驻企业较少。埃塞希望通过出口产品换取外汇。所以，埃塞很多园区的定位是要求企业是出口导向型的，设定出口比例下限为 70%，入驻的企业数量自然更少。

多个中资企业在埃塞投资建设或运营工业园，如东方工业园、华坚国际轻工业城、阿瓦萨工业园二期、德雷达瓦工业园等，这些工业园多半以中国企业和产业为招商对象，希望吸引中国纺织、服装和皮革产业、家居建材业、装备制造业、化工和医药业等领域的公司进驻园区，形成新的中资企业集群。笔者感觉，企业都在做或准备做园区，基本属于"简单重复"，导致园区饱和，企业是相互竞争，而不是形成合力。故此，建议国有企业与民营企业以及埃塞俄比亚政府合作打造一两个示范园区，积累可复制、可推广经验，提升入园企业的品质，对此可借鉴当年新加坡进入中国建的苏州工业园模式（可参见《"一带一路"的新加坡思路》）。

第二，加强电力等关键痛点的合作。埃塞最大的问题是电力不稳定。该国一年只有三季，四个月小雨季，四个月大雨季，四个月旱季。埃塞俄比亚拥有丰富的水能，但开发利用率不足 5%。埃塞官员强调，当前发生的停电现象并不是电力短缺造成的，而是老旧的输配电系统导致的，埃塞正在努力解决停电问题，升级电网和进行电网改造。中国企业在南亚的巴基斯坦以及东南亚的柬埔寨等国有很成功的电力合作经验，在中国企业的帮助下埃塞俄比亚有可能成为东非的主要电力出口国。

第三，加强跨文化管理。中国企业强调勤奋，强调"今天工作不努力，明天努力找工作"（be lazy at work today，be busy for job tomorrow），但埃塞俄比亚等非洲国家可能并不认同这种价值观。在首都的一个广场处，笔者看到一个硕大的条幅，用英语写着"work smarter，not work harder"（聪明工作，不是辛苦工作）。其实，上述两种文化可以并存，重在相互尊重、借鉴、促进。在心态上，中国人不应该在欧美人面前感觉"低人一头"，也不应在非洲朋友面前自恃"高人一等"，上述两种心态都不是文化自信，"一带一路"强调文明互鉴，要真正有助于促进"民心相通"，构建"人文格局"。

当前西方国家对中国在非洲的"一带一路"建设非常关注，认为中国在输出模式、输出价值观，对此，我们不能太在意、不能不在意。不过，西方的鼓噪会触动很多非洲国家的敏感神经，比如有些官员，场面话说得漂亮，但从心底里不愿意说也不认同"中国标准"、"中国模式"和"中国经验"。因此，建议9月份的峰会照顾一下这些国家的心态，多采用诸如"交流"、"沟通"、"合作"等中性词语，不一定非得要求对方进行立场表态或政治宣示。

第四，加强政策沟通。笔者让中资企业选择，"五通"建设（政策沟通、设施联通、贸易畅通、资金融通、民心相通）中哪个问题在他们看来比较棘手、突出。很多企业家选择政策沟通是痛点：中国企业尤其是民营企业与政府沟通不对等，且非洲政局变动频繁，今天谈成的事情，明天就作废了。

在9月份举行的中非合作论坛峰会上，建议选择一些成熟项目纳入政府间合作框架，政府直接谈，推动机制化建设，而不是让企业与政府谈，避免"朝令夕改"。有企业建议，成立"中非产能合作经济特区"，政府谈顶层设计，稳定企业预期，确保企业放手发展。经济特区不仅要实现经济红利，更要助益"有作为的政府、有能力的企业、有需求的市场、有秩序的社会"。

第五，关注教育、医疗等民生问题。要鼓励更多的企业与人才扎根非洲，需要配套教育和医疗支持。无论是国有企业还是民营企业在海外，都希望以政府的力量兴建海外的华人医院与学校。只有把教育和医疗等关键问题解决了，在海外工作的华人才能踏实工作，对人才扎根非洲是有助益的。

建议在非洲不同区域（如东非的埃塞俄比亚、西非的尼日利亚等）建"一带一路"能力中心。目前，很多中资企业将员工派到中国培训，不仅成本极高，且回国后培育人员离开企业的比率极大。能力中心建设有助于解决非洲员工以及非洲官员对中国"一带一路"关键性问题的近距离认知，可以对标联合国2030年可持续发展议程以及非盟《2063年议程》，将是中国软实力提升的重要标志。

在即将离开埃塞俄比亚的时候，笔者让埃塞俄比亚官员选择，在他们心目中，以下项目，他们满意度最高的是：1.亚吉铁路；2.亚的斯亚贝巴轻轨；3.东方工业园；4.其他。对方选择最多的是亚吉铁路，其次是东方工业园，再次是轻轨。原因是亚吉铁路在对方看来真正实现了国家之间的联通，使内陆国家埃塞俄比亚联通了吉布提，从而有了出海口。这对后续项目的立项与建设有参考价值。

总之，中非产能合作不可能一蹴而就，很多非洲国家连产业工人都没有，需要进一步加强交流，增强对关键问题的了解。在笔者授课之前，埃塞官员原本以为"一带一路"就是道路相连，授课结束后他们明白了"一带一路"也是人文相通。因此，9月份的会议要选好故事、选好项目、选好切入点，告诉非洲朋友，"一带一路"不同于西方的殖民主义、不同于"送红包"，而重在共商、共建、共享。

最后，笔者相信"一带一路"一定有美好前程。在办公室谈论机遇，往往是越讨论越感觉"一筹莫展"，走在路上，往往"柳暗花明"，"一带一路"需要"行者智见"。在文章结束时，感谢此行的团友，感谢中国驻埃塞俄比亚大使馆经商处刘峪参赞、李昊等工作人员，感谢参加座谈的所有中资企业，也感谢埃塞俄比亚官员对"一带一路"的真诚评价。上面的朋友不仅提出了很好的建议，甚至字斟句酌地帮我完善全文，看到密密麻麻的修改轨迹，让我感动、钦佩不已。

加强中葡合作　打造"海丝"样板[①]

葡萄牙时间 2017 年 5 月 2 日下午，人民日报海外网葡萄牙新闻网上线仪式暨"一带一路"中葡经济论坛在葡萄牙里斯本隆重举行，来自中葡两国的政界、学界和商界精英、侨团、华文媒体百余人出席。中央党校国际战略研究院教授、"一带一路"重点研究课题主持人赵磊在论坛作主旨发言时表示，在"一带一路"建设的进程中，遍布五大洲的葡语国家能够凭借其充足的自然资源、超过 2.6 亿人口的消费市场和特殊的地理位置，与中国经济发展产生较大的互补合作潜力。

以下为发言全文：

加强中葡合作　打造"海丝"样板

2013 年 10 月 3 日，国家主席习近平在印尼国会的演讲时，首

---

① 2017 年 5 月 2 日，人民日报海外网葡萄牙新闻网上线仪式暨"一带一路"中葡经济论坛在葡萄牙里斯本隆重举行，来自中葡两国的政界、学界和商界精英、侨团、华文媒体百余人出席，作者受邀出席并做主旨发言。

次提出共同建设"21世纪海上丝绸之路"的构想。葡萄牙是"海丝"建设的关键国家，并以创始成员国身份加入亚洲基础设施投资银行。中葡分处亚欧大陆的东西两端，"一带一路"建设将真正助推欧亚大陆一体化，为整个大陆带来经济红利以及充分的流动性与便利性，同时充分展现绿色、健康、智力与和平丝绸之路的时代内涵。

"一带一路"建设从无到有、由点及面，进度和成果超出预期。截至2016年底，已有100多个国家和国际组织表达了对共建"一带一路"倡议的支持和参与意愿，中国与有关国家和国际组织签署了近50份共建"一带一路"合作协议，同20多个国家开展了机制化的国际产能合作；已在沿线国家设立了中白工业园、中泰罗勇工业园等56个境外合作区；中老铁路、瓜达尔港、希腊比雷埃夫斯港等建设取得重大进展，46条中欧班列已经成为"一带一路"的品牌项目。

"一带一路"进展顺利、成果丰硕

"一带一路"是新时期中国对外开放战略的新引擎，是统筹国内国际两个大局的总纲领，也是参与全球治理构建制度性话语权的总抓手。"一带一路"国际合作高峰论坛将于5月14—15日在北京举行，期间，28个国家元首和政府首脑将出席论坛，与会代表总人数将超过1200人。

"一带一路"魅力指数越来越高，已经成为不争的事实。其逻辑清晰、定位基准，展现了中国的使命担当、彰显了国际社会的发展潮流，"一带一路"的逻辑可以概括为三个字，即通、融、荣。

通是前提、条件，"通"凸显经济层面的合作共赢、互联互通、包容性全球化、世界经济再平衡、共同现代化、国际产能合作、共享经济等是理解"通"的关键词汇。三年以来，"一带一路"的互联互通网络逐渐成形，以中欧班列建设为标志，基础设施、贸易、金融、能源等领域取得了一批重要早期收获。

融是本源、实质，"融"侧重文明层面的文明互鉴，通心工程、人文格局、文化条件、重义轻利、亲诚惠容等是理解"融"的关键词汇。"融"意味着中国不是要通过"一带一路"去规划世界，而是要充分融入世界，要打造一个相互欣赏、相互理解、相互尊重的人文格局。"融"强调开放性聚合，而不是生硬地追求趋同，凸显排他性或搞小圈子。

荣是愿景、目标，"荣"强调全球治理层面的使命担当，公共产品、人类命运共同体等是理解"荣"的关键词汇。公共产品的供给不仅要满足国际社会对中国负责任大国的预期，更要增强全球民众对美好图景与光明前途的信心与决心。在全球治理遇困的背景下，中国会在理念、价值、制度等层面发力，助益和平与发展时代潮流。

在"海丝"关键领域精准发力

第一，充分利用澳门资源，加强"海丝"节点作用。澳门是"海丝"的重要组成部分，甚至是联通海上丝绸之路的一个关键节点。在 60 多万人口中有 3 万多名葡语国家后裔在澳门定居和生活，他们接受葡文教育，有葡语国家文化背景，对中葡两国的营商环境、法律法规、文化、风土人情以及生活习惯等有深刻的认识和联系。

中葡两国可以共同支持澳门建设成为世界旅游休闲中心，加快建设中国与葡语国家商贸合作服务平台，以澳门活力带动整个"海丝"潜力。

第二，推动"中葡论坛"融合更多"海丝"合作要素。遍布五大洲的葡语国家，既拥有充足的自然资源，有超过2.6亿人口的消费市场，并各自处于相对优越的地理位置，与中国经济发展有较大的互补合作潜力。2003年10月，由中国中央人民政府发起，澳门特别行政区政府承办的"中国—葡语国家经贸合作论坛（澳门）"在澳门举行。论坛每三年举办一次，其宗旨在于加强中国与葡语国家之间（葡萄牙、巴西、安哥拉、佛得角、几内亚比绍、莫桑比克、东帝汶、圣多美和普林西比）的经贸交流与合作，发挥澳门联系中国内地与葡语国家的平台作用，促进中国内地、澳门特区和葡语国家的共同发展。建议创设"中国—葡语国家'海丝'博览会"，主动向丝路沿线国家推介中葡投资营商环境，促成商业配对和项目对接。

第三，与葡萄牙合作开拓非洲、亚洲、拉美等第三方市场。中国企业愿与发达国家企业一起，在拉美等地开展第三方市场合作。世界经济复苏依然乏力，通过发展实体经济扩大市场需求，是应对经济下行压力的良方。中国拥有大量中端产品、生产线和装备产能，性价比高，适应发展中国家需求；发达国家则拥有高端的技术和装备。推动国际产能合作，把中方和发达国家的优势结合起来，生产关键技术设备，能以较低价格和较高质量满足广大发展中国家需求，带动中国产业升级和发达国家扩大出口。李克强总理多次访问欧洲，不遗余力地推动中欧双方多领域的国际产能合作。他的讲话当中，出现频率最高的话语就是"共同开发第三方市场"。2015年6月30日，中法两国签署了《开发第三方市场合作协议》，之后

中法合作开拓第三方即英国核电市场，可谓"一带一路"的标志性
项目。

第四，加强教育以及体育等人文领域的交流合作。葡萄牙是传
统的足球强国，葡萄牙球星Ｃ罗在中国拥有很高的知名度和大量
粉丝。在"一带一路"合作中，葡萄牙可以发挥自身优势，助推中
国足球事业。除运动员外，教练、裁判、球场管理、体育医疗等都
是可以开拓的领域。"一带一路"需要语言铺路，文化通心。建议
两国政府积极培养中葡双语人才，尤其是经贸类专业人才。在教育
领域，除进行海洋产业合作外，可加强两国对海洋历史与海洋文化
的联合研究，提升国际社会在和平与发展时期对海洋家园的新探
索、新尊重、新利用。

总体而言，两国合作潜力巨大，但对彼此的了解依然不够：葡
萄牙人对中国的印象仅限于澳门以及在葡华人，对中国内地了解甚
少。中国人对葡萄牙的了解仅限于历史上的大航海时代以及今天的
足球。"一带一路"不仅包括基建、能源等硬联通，更包括旅游、
文化、教育等软联通，本质上是"通心工程"。为此，要积极让两
国企业特别是年轻人充分互动起来，只有打通文脉，才能持续地获
得商脉。

"一带一路"需要怎样的企业^①

今天，中国崛起已经成为世界格局变迁的重要变量。作为世界第二大经济体、第一大工业国、第一大出口国和第一大外汇储备国，中国从来没有像今天这样接近世界舞台的中心，从来没有像今天这样引人关注。行百里者半九十，越是接近目标越要保持头脑冷静，我们要清楚，人类历史上从未有过如此巨型国家的快速崛起，从未有过如此众多人口的全面现代化。

理性、客观了解中国和平崛起的战略框架与基本内涵，不仅是中国人的事情，更是国际社会的关注焦点。中国的和平崛起是一个系统战略，可以概括为：一条道路、两大突破、战略三角、四项原则。一条道路是坚定不移地走和平发展道路；两大突破是以"一路一带"建设为突破，统筹国内国际两个大局，协调西北边疆与西南海疆两大重心，其中西北边疆是安全重心，西南海疆是发展重心；战略三角是从全球安全角度构建稳定的中美俄大三角关系；四项原则是中国在新形势下必须要坚持与夯实的四项基本外交原则。

具体来说，四项原则包括：第一，韬光养晦，积极有所作为的

---

① 本文写于 2015 年 5 月 29 日，发表于新浪专栏·意见领袖。

总思路没有变。第二，中国外交布局的总框架没有变。第三，对世界物质贡献和价值贡献相结合的总方向没有变。第四，夯实国家间关系的安全、经贸、人文总支柱没有变。

在"一带一路"背景下，中国企业的崛起不仅应是经济事件，更应该是文化事件。有一句话非常有道理，即五年的企业靠产品，十年的企业靠技术，百年的企业靠文化。中国企业目前可能不缺产品、不缺技术，但文化软实力是中国企业的最大"软肋"。

软实力的核心是文化，文化的核心是价值，世界一流企业一定拥有被世界所分享的核心价值。因此，企业文化的核心就是要成功塑造和有效传播本企业的核心价值。早在 2006 年，国资委就指出，中央企业"软实力"建设框架初现。根据对 146 家中央企业的调查，84% 的企业初步确立了企业精神、核心价值观和经营管理理念，78% 的企业初步建立了理念识别系统、行为识别系统和视觉识别系统。

今天这两个数据可能早就变成了百分之百，但是笔者到央企调研时发现，大多企业高管依然不清楚本企业的核心价值是什么，甚至有人觉得"这个东西可有可无"。虽然国家确定中央企业将要用软实力充实核心竞争力，但软实力在中国依然是一个大家普遍熟悉但严重缺乏共识，都认为重要但在实践工作中常常不被重视的一个事物。

因此，笔者认为不是所有"走出去"的中国企业都能代表中国，都能代表"一带一路"项目。能代表"一带一路"的中国企业应具备以下五点要求：

第一，能代表"一带一路"的中国企业不仅要"走出去"，更要"走进去"。"一带一路"要增进中国企业"走出去"的质量。党的十七大报告明确指出："坚持对外开放的基本国策，把'引进来'

和'走出去'更好结合起来，扩大开放领域，优化开放结构，提高开放质量，完善内外联动、互利共赢、安全高效的开放型经济体系，形成经济全球化条件下参与国际经济合作和竞争新优势。"

党的十八大报告则言简意赅地强调："加快走出去步伐，增强企业国际化经营能力，培育一批世界水平的跨国公司。""走出去"不是目的，这个很容易，"走进去"才是目的，即要赢得尊重、培育具有世界水平的跨国公司。

2011年，美国《世界日报》刊文《中资企业要关注全球化形象》指出："从追求自身经济发展，到在世界经贸体系扮演举足轻重角色，中国企业值此转型期，如何从量的优势过渡到质的优势，易言之，如何从偏重亮丽的销售数据，转变为追寻消费者长期认同与忠诚度，是中国企业现阶段所应思考的课题。"

"走进去"，即追寻消费者的长期认同与忠诚，绝对不是一件容易的事，但不得不做。不论对国家还是对企业而言，"优越文化和更富有吸引力的政治哲学的说服力"显然要比诉诸军事、经济手段更有效，因为"它的目的不是征服领土和控制经济生活，而是征服和控制人民的心灵，以此作为改变国家之间权力关系的手段"。的确，伟大的公司要想生存，必须拥有一个持久的理念。核心价值就是企业员工的信仰。有远见的公司之所以能取得成功，原因就在于不论发生什么变化，它们的核心价值（企业文化）毫不动摇。

第二，能代表"一带一路"的中国企业不仅要卖产品、争夺市场，更要提升自我学习能力、适应能力和整合资源的能力。中国企业改革的目的不是建立所谓现代企业制度或股份制等（这些都是途径），而是要建设"世界一流企业"，即做大，做强，基业长青。所谓"大"，主要指企业规模要做大；所谓"强"，是指创造不俗业绩，在所在行业产生影响力；"基业长青"，则是要建立经得起时间考验的伟大公司。

对中国企业来说，做大并不难，做强和基业长青则需要企业在盈利的基础上，建立长远的愿景、价值观、使命和企业文化。

目前，中国企业与世界一流企业存在较大差距：在创新方面，中国企业的渐进性创新多，但突破性创新少；中国企业还处在模仿世界一流企业的阶段，没有取得实质性的突破；在投资并购方面，企业的资源整合和有效管理力度不够，甚至有的企业规模扩大了，管理水平跟不上，带来较大的经营风险；在国际化经营方面，中国企业跨国指数还比较低，在全球布局、整合全球资源、打造全球产业链方面尚处于起步阶段。

与邻国日本相比，日本早已放弃用军队征服世界，改用"日本制造"征服世界。今天，日本的百年企业共 2.2 万多家，创业超过 1000 年历史的企业有 7 家，超过 500 年的有近 40 家，超过 300 年的有 600 多家。中国大陆的百年企业少得可怜：创业历史超过 150 年的企业不到 10 家。"一带一路"不会一蹴而就，世界一流企业需要做经得起时间考验的伟大事业。

第三，能代表"一带一路"的中国企业不仅要有产品、有技术，更要有品牌、有品牌价值。目前，有产品没有品牌，或者有品牌没有品牌价值，是中国经济的"顽疾"。缺乏品牌价值往往同缺乏大师和大家是分不开的，一想到中国企业，就是密密麻麻的工人、匠人，但普遍缺乏大师和大家，缺乏对产品本身以及生产过程的人文理解，这样的产品是不深刻的，这样的企业是难以征服人心的。

2013 年，全球企业品牌价值 100 强榜单中，中国企业一家都没有（虽然世界 500 强企业中，中国企业已经多达 100 家）。前十名的企业来自三个国家，分别为美国的苹果、谷歌、可口可乐、IBM、微软、通用、麦当劳、英特尔，以及韩国的三星和日本的丰田。报告在罗列评选指标时称："很多时候，一家公司改变我们的生活不仅是由于其产品，也是由于其精神。"有研究显示，消费者正转向能改善人们生活的品牌："类似苹果、谷歌和三星的品牌正在改变我们的行为：我们如何购物，如何相互沟通。它们改变了我们的生活方式。"

第四，能代表"一带一路"的中国企业不仅要受欢迎，更要打造有魅力、可持续的商业帝国。《财富》杂志"全球最受赞赏企业"评选，考量指标包括：（1）产品和服务的地位；（2）长期投资的价值；（3）公司资产的合理利用；（4）创新能力；（5）管理质量；（6）财务稳健程度；（7）吸引和保留人才的能力；（8）社会责任；（9）全球化经营的有效性。

威廉·纽曼提出了有关"世界级企业"的标准：（1）一流的产品和服务；（2）追求合适的规模；（3）有能力与全球企业在国内或者国际市场上竞争；（4）按照世界通行的标准运作；（5）能够跨国界、跨文化管理；（6）具有高度柔性（有能力对顾客需求的不断变化进行动态调整）；（7）善于取舍和保持核心专长。

笔者认为打造商业帝国的中国企业，要朝三大方向努力：第一，基础要素方向，具体包括主业突出，具有较强盈利能力，拥有知名品牌，高质量管理，创新能力强。第二，国际要素方向，即拥有国际化竞争力。第三，主观要素方向，主要包括领导及员工的高素质，企业文化及社会责任等。

第五，能代表"一带一路"的中国企业不仅要讲入耳、入心的企业故事，更要用能够打动自己的优秀案例去征服人心。有一次，一位民营企业的高管按捺不住地与我分享这家企业董事长的故事，她说董事长有一句名言，"我一个人是为这一万人打工的"。这是一家员工1万人的渔业与船舶企业，董事长办公室没有空调，因为董事长一想到自己的员工（水手和渔民）在海上颠簸、风吹日晒，就不会在自己的办公室里吹冷风。

这样的故事虽然小，但体现了一位企业家的务实精神，个人的价值与企业的价值是分不开的，这样的企业故事在国际上是受欢迎的。

中国企业需要集聚"一带一路"的正能量。中信建设有限责任公司是率先走出去的优质企业。2010年11月，时任国家副主席的习近平视察中信建设在安哥拉的项目时，称赞中信建设开创了"安哥拉的南泥湾"。安哥拉总统多斯桑托斯多次视察该项目，称赞其为安哥拉战后重建的典范，是安哥拉乃至非洲大陆上的明珠工程。此外，中信建设成功实施包括阿尔及利亚东西高速公路、安哥拉社会住房、委内瑞拉社会住房、伊朗德黑兰地铁等具有国际影响力的大型工程项目。

促成中信建设成功的要素很多，但其中重要的一点是搭建了中外企业合作共赢的平台——"中信联合舰队"。舰队成员包括中国建筑设计院、中国规划设计院等设计单位，中国铁建、中国十五冶、北京建工等施工单位，三一重工、中联重科、沃尔沃、中国建材等设备材料供应商，中外运等物流企业。定期召开由各单位一把手参加的"高层联系会"，加强内部沟通，整合资源、推进工作。

此外，越南宝钢制罐有限公司是宝钢集团多元板块在海外投资的第一个实体项目，也是宝钢金属包装业务向全球化发展的重要一步。公司于2011年8月18日在越南平阳省注册成立，属于生产制造型企业。

在去越南之前，企业得到的消息是越南员工不愿意加班，没有工作责任心。通过几年的工作接触，发现越南员工工作负责、任劳任怨的大有人在。因此，优化薪资体系，确保员工各司其职，奖罚分明。同时，通过企业文化加强内部凝聚力建设。很多越南员工不理解为什么要有企业文化，为什么要制订职业生涯规划，他们觉得只要做好手头的活，拿到所需的生活费就够了，所以更多的人是因为工资去跳槽。

从建厂初期，企业就把宝钢金属"境界决定格局"的理念移植到越南员工的脑海中。通过"员工集体生日会"、"家庭慰问"等活动，让越南员工逐步改变对中国企业的看法。此外，企业坚持人员属地化原则，销售部经理、财务部经理、综合部主管、生产部品控经理等，都是越南人。目前，除去外派的 8 名中国员工，以及临时从国内罐厂借调的 3 名中国员工，其余 153 人皆为越籍员工。

越南宝钢制罐是宝钢金属跨出海外的第一步，也是宝钢金属国际化的第一站。不同的国家，不同的地域，会碰到不同的文化和挑战，但唯一相同的是，因时制宜、因地制宜、与时俱进。在 2014 年，越南发生暴力排华事件时，很多中资企业遭受冲击，但当时恰恰是宝钢制罐的越南员工主动站出来保护中资企业。

总之，中国企业要认真思考一个问题，我们为"一带一路"准备好了吗？"一带一路"需要什么样的中国企业？以电力工程企业为例，中国国内从事电力工程建设的国有、民营企业至少有 60 家以上，当然大部分电建企业由中国电建和中国能建两大集团管理，但是国内外竞争仍然较为无序、混乱，每家都在各显神通地走出去，不管能不能走下去，先抢个头彩再说。

在这种"蜂拥"的走出去态势下，不分企业业绩、能力、品牌、背景等，统统手里打着中国的旗号、口袋里揣着中国的资金、嘴里喊着"一带一路"的口号，其场面颇为壮观。但是，越火热时越需要冷静，需要国家对参与的中国企业进行分类、分级管理，建立观察名单和黑名单制度，支持有能力的企业做大做强海外业务，鼓励有意愿走出去的企业逐步提升能力、树立品牌，并在综合考评的基础上代表中国去落实"一带一路"倡议。

有些中国企业在非洲的电站出了质量问题，不仅影响中国其他企业投标后续电站项目，连相关基建项目都受到牵连。试想一下，如果所有的中国企业走出去的项目都和"一带一路"挂钩，出了问题必然导致当地政府和民众对中国企业以及"一带一路"倡议的不满与排斥。

中国企业落实"一带一路"需要资金支持。但总体而言，中国的金融机构对国际通行的融资模式还不熟悉。国际上通行的融资模式大多为项目融资，基本原则是以纯商业的模式来组织融资并执行项目，让最有能力承担项目的参与方承担风险。中国的金融机构目前还是更习惯于、倾向于主权担保类项目，而非项目融资。纵观"一带一路"辐射的国家，愿意提供主权担保的政府屈指可数，若中国的金融机构不做改变，很难满足中国企业国际化的迫切需求。因此，中国的金融机构要多做"雪中送炭"的事，而不仅仅是"锦上添花"的事。

目前，中国的融资成本在商业项目上难说有优势。中国目前有巨额外汇储备，也有很多很好的项目想从中国进行融资，但是融资成本很高，还需要支付7%的保费给中信保，很多以商业模式推进的项目就此打住，进而转向了韩国和日本企业。原因很简单，日本和韩国的进出口银行、出口信用保险机构的借贷成本和保险费率远远低于中国，且融资期限长、审批时间短，还不需要主权担保，这些都是目前中国金融机构无法做到的。

以沙特市场为例（国际评级为AA），日本和韩国金融机构的融资利率在Libor+200点左右，融资期限可以长达25年，而中国的融资成本为Libor+350点，期限为15年，这一融资成本折算到

25 年的电站运营期考虑全寿命成本的话，中国的解决方案根本没有吸引力。

现在一个突出的挑战是，中国企业目前"走出去"的很多是重资产项目：港口、运河、高铁、核电、大坝……这些项目投资大、周期长、风险大，我们再怎么低调，都会被人高调看待，都会自然而然地联系到"战略意图"。我们要打造一批能够理直气壮推销的轻资产项目，如农业、中国餐饮、民俗文化、中医药等，但前提不是仅卖历史久远、独一无二、价值连城的稀缺资源，而是要通过资源的整合与转化严丝合缝地对接国际需求，在"必需品"上做文章。

此外，代表"一带一路"的中国企业要处理好企业发展同绿色生态的关系。笔者九年前在加拿大的"中央党校"培训，当时有一个案例在课堂上讨论得非常激烈，即要不要在 BC 省修第二座大型水坝，这一项目修或不修在当时已经讨论了十年，虽然慢但要确保决策科学。可见，中国企业"走出去"，不仅要处理好经济与文化的关系，同时要处理好经济发展与社会责任以及生态友好的关系。否则，"走愈久，越被动"。

现阶段，"一带一路"要首先面向海洋，中国企业要优先增强海洋意识，即开放意识、冒险意识、竞争意识等，要有对细节的关照、对创新的自觉、对博弈的崇拜。为此，要摈弃中国经济中排他主义的地方化倾向、保守主义的本地化倾向。要用海洋意识来重塑中国企业的企业家精神。

未来的全球商业前景可能是西方的术与中国势与道相结合，在"一带一路"建设中，不仅是产品与技术的碰撞与竞争，更是不同商业文明与战略文化的借鉴与博弈。代表"一带一路"的中国企业，在国际社会要慎谈战略问题、政治需求，多谈跨国界的经贸合作，多谈全球化的企业社会责任。中国企业的竞争对手可能不是欧美国家，不是他国企业，而是我们的事业：做伟大的、经得起时间考验的、能够赢得尊重的、有文化底蕴的世界企业。

笔者常常感叹，这是一个最差的时代，但也是一个最好的时代；不是时势造英雄，就是英雄造时势。相信会有一大批中国企业顺势而为，大有作为。

企业要"走出去""走进去""走上去"^①

企业是"一带一路"建设中的重要主体。很多企业在参与"一带一路"建设时总是谈论风险，风险当然要充分重视，但对中国企业而言，不走出去的风险更大，关键是自身要准备好、项目要选好。应该看到，水深、浪急、风大的地方恰恰是产好鱼的地方。融入"一带一路"建设，中国企业应更为积极地"走出去""走进去""走上去"。

企业"走出去"要更全面

企业"走出去"，要首先明确"走出去"的目的。一些企业片面地认为，面向"一带一路""走出去"就是要获取能源资源、占有更多的市场份额、输出过剩产品，这种错误认知会使企业在"一带一路"建设中南辕北辙，甚至导致那些率先"走出去"的中国企

① 原题目是《融入"一带一路"建设——企业要"走出去""走进去""走上去"》，发表于 2017 年 5 月 14 日的《经济日报》。

业"先锋"铩羽而归。

就"一带一路"建设而言，需要企业加快"走出去"步伐，目的是增强企业国际化经营能力，能够有效整合与转化全球资源，不断提升中国企业的学习能力、适应能力，真正培育一批具有世界水平的跨国公司。就地区而言，不仅要走到"一带一路"沿线国家，也要走到"一带一路"相关国家。应该看到，"一带一路"相关国家中，大多是成熟市场国家，如日韩、欧美、澳新（西兰）等。中国企业既要去新兴市场国家，也要去成熟市场国家，多关注成熟市场的资质、技术、标准等，这些恰恰是中国企业的短板和软肋。就类型而言，"走出去"的不仅是中国产品、中国服务，更应是中国品牌，不仅要看体量、规模，更应该重视品牌以及品牌价值。

企业"走进去"要有深度

企业"走出去"不能只注重项目本身和经济红利，更要与驻在国进行文化、民俗等方面的融入。

"走进去"需要打造相互理解、相互尊重、相互欣赏的人文格局，要为"一带一路"建设创造良好的文化条件。首先，要充分调动华人华侨资源，华人华侨对驻在国十分了解，往往能够起到润滑剂和黏合剂的作用，能够最大限度地避免中国企业走弯路。其次，需要激励国内外青年共同参与这一伟大事业。再次，需要重视国际组织以及民间组织的作用，要调动一切资源夯实"一带一路"建设的民意和社会基础。进一步说，"走进去"需要企业不仅重视"商脉"，更要重视"文脉"。与相关各国共同挖掘深藏于"一带一路"中的文化脉络,"文脉"激活了,"商脉"也会更加畅通。

企业"走上去"要加把力

中国企业要积极在文化、价值、标准、话语权等层面发力,在建设"一带一路"的同时,提升自身国际影响力和话语权,以全新的社会责任观、标准对接与提升等方式,全方位塑造中国企业的新形象、新实力。

一方面,应以全新的社会责任观履行社会责任。在"一带一路"相关国家,当企业以更高层面的社会责任观履行社会责任时,会给驻在国带来某一领域的整体提升,获得高度认可。比如,中国企业家成立的民营企业——东南亚电信,就为柬埔寨建设了近万公里的地下光纤网、世界最先进的 4G VOLTE 移动通信网、东南亚地区最大云计算大数据中心、柬埔寨唯一一家青少年科技教育基地,使柬埔寨的电信事业面貌发生巨大变化。这些都体现了中国企业理念与实力的提升。

另一方面,应注重标准上的对接和提升。这方面,中国企业在"一带一路"建设中已经有了初步成果。在非洲,蒙内铁路是首条完全采用中国标准、中国技术、中国管理、中国装备建造、中国运营维护(EPC 合同规定 2 年)的国际干线一级铁路,项目的建设全方位带动了中国标准走出国门。在乌兹别克斯坦,卡姆奇克隧道采用中国技术,按照中国标准建设,创造了"中国速度",是"一带一路"的标杆项目。同时,已经启动的中国—白俄罗斯超级电容汽车标准国际化试点,也将积极推动超级电容优势产业走出国门,力争将代表中国先进技术水平的标准转化成白俄罗斯国家标准。在这方面还需加大力度持续推进。

三方面举措融入"一带一路"

融入"一带一路"建设，中国企业要重点做好以下几方面工作：

第一，增强企业软实力，在国际化经营管理以及品牌建设方面率先发力。在国际化经营管理方面，提升企业跨国指数，在全球布局、整合全球资源、打造全球产业链方面有实质性突破。同时，要大力实施"一带一路"品牌战略，准确把握品牌定位。在加强自主创新的同时，始终追求高品质。让品牌、品质等软实力助推中国企业赢得民心、赢得市场。

第二，要重视法律、传媒、金融、会计、设计、咨询等专业服务业。专业服务业是现代服务业的重要组成部分。从西方发达国家经验来看，专业服务业不仅直接创造经济价值，更有利于推动经济结构调整和产业优化升级，助益这些国家在全球经济治理中牢牢把握制度性话语权。中国企业要补足专业服务业的人才短板，在理念上要真正认同专业服务业的价值。

第三，要推动国有企业与民营企业的协调联动。在"一带一路"建设中，国有企业是主力军，民营企业是生力军，两者缺一不可，需要协同发展。应该看到，"一带一路"建设需要中国企业的群体性崛起，而不是三三两两、三五成群地发展。中国企业之间要避免排挤、诋毁、压价等不良行为，要共同打造"中国企业"这个金字招牌。

在"一带一路"建设进程中，中国企业不仅要"以理服人"，更要"以利服人""以例服人"，切实推进关键项目落地，以基础设施互联互通、产能合作、经贸产业合作区为抓手，实施好一批示范性项目，多搞一点早期收获，让各国企业与人民不断有实实在在的获得感。

尽快打造"一带一路"标志性项目 ①

　　"一带一路"建设开局良好，备受世界关注。当前，在稳步推进"一带一路"建设进程中，仍有四大短板需要克服：服务于丝路建设的现代思路需要进一步明晰，尤其应拓展国际化视野、提升品牌意识；需要着力打造具有强大软实力的世界一流企业；急需培养真正专业的丝路专家与智库；需要确定并实施支撑"一带一路"的标志性项目。"一带一路"旨在推动沿线国家乃至世界各国合作共赢、共同发展，因此需要用事实说话，用实际项目、精品案例去说服沿线国家、企业和人民。因此，随着"一带一路"建设不断推进，打造标志性项目应成为当下的重点工作。

"一带一路"标志性项目须明确
内涵与衡量标准

　　要打造标志性项目，首先需要明确其内涵与衡量标准。

---

① 本文发表于 2016 年 6 月 8 日的《光明日报》。

众所周知，工程项目以及产能合作是"一带一路"的重要组成部分。然而，在衡量标志性项目时，不仅要关注项目的体量和规模，更重要的是看其能否增加国际社会对"一带一路"构想的理解、认同与期待。

以非洲为例，过去中国在非洲修建了很多基础设施项目，但往往只注重施工或提供技术支持，属于低附加值项目。今后，中国在非洲援助建设铁路等基建项目时，不仅要完成工程建设，更要帮助其妥善运营，与非洲共享发展红利。中国走出海外的基建企业需要从承包商提升为运营商，项目应当由低附加值向高附加值发展。据此，笔者认为，"一带一路"的标志性项目必须实现"三结合"，即品牌性销售与精准型购买相结合、硬联通与软联通相结合、痛点经济学与文化经济学相结合。

品牌性销售与精准型购买相结合。品牌性销售，重点在于打造品牌价值。在今天的"一带一路"建设中，企业要以此为契机进一步发展，形成国际竞争力，获得高附加值，就不能只是简单地面向沿线国家售卖产品，而必须在品质特别是品牌上下功夫。与此同时，推进"一带一路"还需要精准型购买，即把中国地方和企业最需要的要素从海外买回来，节约研发成本和时间成本，更快地获得高精尖技术、国际化人才和相关资质。通过有智慧地"买"，"会花钱"的企业有可能率先成为"一带一路"建设中的标志性企业。

硬联通与软联通相结合。软联通，即中国的文化、理念、价值、标准、规范"走出去""走进去""走上去"，让这些要素走到沿线百姓的生活中去，发挥"润滑剂"和"黏合剂"的作用。中资企业开拓丝路沿线市场要注重文化融入。很多中资企业在海外开展业务时不注重融入当地社会和文化，这会在很大程度上限制企业的运营、管理和发展。"一带一路"沿线国家多数是"小政府、大社会"，重视知识产权，我们在推进"一带一路"时，要注重融入其主流社会和主流文化，提升与当地企业、人民打交道的能力。

目前，中国企业"走出去"已有不少成功案例，如港口、高铁、核电、大坝这样的重资产项目。在继续推进和发展此类项目的同时，我们也应该看到：这些项目往往投资较大、周期较长、风险较大，仅依靠此类项目，不利于"一带一路"建设全面深化。因此，应当在此基础上进一步打造一批具有品牌价值的轻资产项目，如餐饮、民俗、文化产业、教育、中医药等。其中，中医药成为"一带一路"标志性项目的潜力巨大。例如，中医药在澳大利亚非常受欢迎，有不少大学成立了中医系。2012 年 7 月，澳大利亚本地的中医师开始由全国统一注册管理。这意味着中医师在澳大利亚获得了合法的行医"身份证"，这也是中医首次在西方国家获得正式承认及注册。建议在"一带一路"建设中，由中澳双方在中医孔子学院模式拓展、中医药国际化研究以及标准认证等领域开展广泛合作，合力开垦中医药走向西方世界乃至国际社会的"试验田"。

痛点经济学与文化经济学相结合。道路、桥梁、港口，这些工程有助于沿线国家互联互通，但基本是物理性存在，缺乏文化提升与价值认同的功能。"一带一路"要发挥风口效应，就应当兼具功能定位和人文定位。具体来说，"一带一路"建设应分为两个层次：首先，要使沿线各国人民实实在在感受到"一带一路"带来的好处，就必须"医治痛点"，打造利益共同体；进一步地，要使"一带一路"赢得各国人民尊重，就必须"展现文明"，打造责任共同体和命运共同体。前者是痛点经济学，是"一带一路"的起点和抓手；后者是文化经济学，是确保"一带一路"可持续发展的血脉和灵魂。文化经济学的着眼点，是打造经济与文化双重意义上的精品项目。其中，人文交流是"通心工程"，要切实推进"一带一路"，必须在沿线国家民众中形成一个相互欣赏、相互理解、相互尊重的人文格局。"一带一路"人文魅力的一大体现，就是可以激发沿线国家分享中国文化的热情，这种热情能够使中国文化在不同文明中"行走起来"，使"一带一路"建设更有温度。

打造"一带一路"标志性项目的对策建议

打造"一带一路"标志性项目应注意哪些问题？具体建议如下：

科学界定"一带一路"构想的内涵与外延，避免引发对"一带一路"的过度解读。要始终秉持政府引导、企业主体、市场导向、项目先行的原则，合理引导沿线国家对此的认识与诉求。

不要过度追求"赚快钱"，精品项目不能一蹴而就。"赚快钱"是一种常见的经营现象，但不应成为被鼓励与提倡的普遍现象。"快钱"是不可持续的，过度追求"赚快钱"将对社会产生一种误导；在"一带一路"建设中，中国企业要专注于技术创新，而不仅仅是模式创新，要慢工出细活，做经得起时间考验的事业，打造出精品项目，用高品质的项目吸引沿线国家寻求合作。

政府应当减少对企业的行政化干预，以市场化运作方式支持企业，即政府引导，充分发挥企业的主体作用，同时要加强商会、行业协会、非政府组织等的作用。

充分利用华人华侨资源，尽快补足人才短板。"一带一路"的人才一定是在沿线实干出来的，而不完全是在国内培训出来的。华人华侨是"一带一路"的优选人才。"一带一路"沿线各国（特别是东南亚地区）是华人华侨聚集区，也是华商力量最强的区域。一方面，华商经济实力不断增强，在许多国家成为当地经济的重要支柱。另一方面，华人华侨参与"一带一路"的意愿很强，且在房地产、教育、金融、律师、会计师等领域有较强的优势和资源整合能力。

要有效对接沿线国家的相关规划。很多项目同"一带一路"有天然的亲近性，如老挝"变陆锁国为陆联国"战略、哈萨克斯坦"光明之路"计划、韩国"欧亚倡议"、俄罗斯"欧亚经济联盟"、印尼"全球海洋支点"发展规划、澳大利亚"北部大开发"计划、英国北方经济引擎规划等等。如果沿线国家的规划同中国"一带一路"倡议有强烈的互补性，那么双方对接起来会比较顺畅。当项目成为精品，就会产生一定的区域带动效用、项目标杆效应。

动态系统评估"一带一路""先期成果项目"①

目前，仍然有很多人一谈到"一带一路"就有不少批评，说沿线国家对"一带一路"有多么反感。但笔者在海外调研时发现，沿线国家高度重视并欢迎"一带一路"，问题是他们不知道该如何对接，反倒是国内部分企业、官员、学者对这一倡议的理解和落实有偏差。国内媒体报道常提及"一带一路"的典范项目、标志性项目、精品项目、旗舰项目等，对于这些刚开始建设的项目，笔者更愿意称之为"先期成果项目"，好不好留给时间检验。

近年来，中国国家领导人出访时，屡屡推销中国高铁、核电等优势产能，既包括基建、设备也包括运营管理等，同时也在加强园区与自贸区建设。目前，需要系统评估"一带一路"的先期成果项目，动态评估与科学决策、扎实努力同样重要。

---

① 原题目是《动态系统评估"一带一路"》，发表于 2016 年 8 月 23 日的《财经》杂志。在本文基础上，2018 年 1 月 15 日，中国首个"一带一路"早期项目动态评估报告在京发布。该报告以"五通"为主线，从硬联通和软联通两个维度，提出国内首个"一带一路"早期项目动态评估指标体系，涉及 6 个一级指标、19 个二级指标、81 个三级指标。

高铁项目：雅万铁路

雅万高速铁路全长 150 公里，连接印尼首都雅加达和第四大城市万隆，最高设计时速 350 公里，计划三年建成通车。届时，雅加达到万隆间的旅行时间，将由现在的 3 个多小时缩短至 40 分钟。

特点：雅万高铁项目是国际上首个由政府主导搭台、两国企业合作建设和管理的高铁项目，也是中国高速铁路从技术标准、勘察设计、工程施工、装备制造、物资供应，到运营管理、人才培训、沿线综合开发等全方位整体走出去的第一单项目，对于推动中国铁路特别是高铁走出去，具有重要的示范效应。

挑战：但项目实施过程中，一直面临着烦琐的手续和印尼国内并不完全一致的态度的挑战；甚至出现了"仅在奠基几日后被迫暂停"的负面舆论，之后开始炒作"中国高铁海外受阻"等论调；三年建成也存在诸多施工难题，如拆迁、环评等。

反思：那么，"无须印尼政府预算及债务担保"被看作是中国企业提供的优厚条件，是否可行？是否可以推广？现在已经出现了其他国家同中国谈判高铁协议时，提出要"印尼标准"，即不需要政府担保。其负面效果是：1. 合作国政府的保障力度不够、积极性和热情难以持续，往往是让中国企业"自生自灭"，或者看中国企业的笑话；2. 商业项目被贴上"政治标签"，认为中国政府不按照市场规律办事是"别有用心"，中国政府不是看重商业利益，而是看重政治利益或地缘战略利益。

相同的问题还有性价比等。例如，一说中国的高铁优势往往强调"高性价比"（价钱便宜）、效率（建设周期短），以及中国拥有世界最长的高铁总里程等，但真正可持续的竞争优势应该是质量、技术、工艺以及能够征服人心的企业文化，不仅能够满足沿线国家的功能定位，也能够展现中国企业自身的人文定位。

评价：随着中国高铁"走出去"步伐的逐渐加快，中国铁路项目在不断落户海外的同时，部分地区的一些铁路合作项目，也出现了或多或少的问题。目前中国正在洽谈的国外高铁项目有 20 个，比如俄罗斯喀山高铁、中泰高铁等。急于求成的心理以及对国际市场竞争残酷认识不足，也是造成高铁海外受阻现象的成因。

但是我们更应该看到，高铁出海受阻，只是中国高铁飞速发展、世界份额逐渐增加大背景下的局部现象。

就原因而言，长期以来，中国企业大多在发展中国家寻求机遇，这些国家配套能力差，经济基础薄弱，目前的发展重点是水利、电力、农业等与民生关系更为密切的"刚需"（Rigid Demand），对于投资额度较大的高速铁路，发展中国家往往是心有余而力不足。同时，在沿线的发展中国家，政治不透明、腐败严重、非政府组织的强烈制约、商业秩序不规范等也增强了中国企业落地的风险。

另一方面，中国企业（特别是基建工程企业）相互杀价和相互诋毁增大了中国企业在海外生存的难度。靠兼并重组并不能从根本上解决问题，还是要按市场规律、竞争原则办事，逐渐将国有企业模式（特别是充分竞争型的企业）向跨国企业模式转型。

港口项目：瓜达尔港

在基建项目中，瓜达尔港被称为是中巴经济走廊的关键项目。

总投资额为 16.2 亿美元，包括修建瓜达尔港东部连接港口和海岸线的高速公路、瓜达尔港防波堤建设、锚地疏浚工程、自贸区基础设施建设、新瓜达尔国际机场等 9 个早期收获项目，预计将在 3—5 年内完成。中国拥有该港 40 年的运营权。

特点：1.港口水深 14.5 米，距离全球石油供应主要通道霍尔木兹海峡仅 400 公里；2.中国收购瓜达尔港的管理权看作是建设中巴经济走廊的第一步，要在瓜达尔港的基础上，建巴基斯坦首个经济特区；3.小项目隶属于大项目，有双方政府背景的强力支持，如中方强调要以中巴经济走廊建设为中心，瓜达尔港、能源、基础设施建设、产业合作为四大重点，形成"1+4"合作布局，带动巴基斯坦各地区发展。

挑战：1.瓜达尔港的经济潜力有限。瓜港目前人口约 20 万，其中 80% 靠打鱼为生。在中国接手经营之前，新加坡港务局曾经花几年时间开发此港，但因经营不善、缺乏业务、持续亏损等原因而放弃；2.国际社会不把瓜达尔港看作是普通的经济项目，而看作是实现中国能源安全以及军事利益的战略性工程；3.俾路支斯坦省分离主义有所抬头，并在瓜达尔港问题上与巴政府对抗；4.多名中国工程师以及工人曾遭遇恐怖袭击身亡；5.国内舆论对瓜达尔港的评价基本是两类：此港建设意在成为中国的军事基地；此港是一个一钱不值的"赔本货"，没有任何价值。

反思：应强调"一带一路"与中巴经济走廊是两类性质不同的事物，就如同"一带一路"在属性上不同于亚投行是一样的道理。"一带一路"的基本属性是经济合作共赢、文化交流与文明互鉴。中巴经济走廊容易让人联想到地缘政治战略，因此最好是与"一带一路"分开建设或分开描述，而不是混为一谈，就如同强调亚投行的属性是公共产品，而不是服务于中国一国战略的工具。

评价：以港口为基础建临港工业园、境外产业园有特点，拉动国内企业集群式走出去，实现企业"组团落户"境外园区，这一模式可以复制、推广。中国企业由港口、园区基建的低附加值升级为运营与管理的高附加值，但由于条件差，高投入、低产出，成本收回的周期十分漫长。

目前，在瓜达尔，除了已建成的港口外，其余设施可谓"一穷二白"，工业基础几乎为零。要想在这样一个地方实现宏大的构想，大量的资金投入不可或缺。企业除考虑收益外，也考虑资本安全与人员安全。目前，恐怖分子和地方分裂势力仍然给当地的安全造成很大麻烦，如不能有效保障瓜达尔地区的安全，将对港口的开发以及园区的建设起到制约作用。

此外，瓜达尔港目前每月来往的商业货船依然寥寥无几，且以单一的渔业产品为主。因此，瓜达尔港的商业价值要充分实现，还有很长的路要走。

丝路基金项目：卡洛特水电站

2015 年 4 月 20 日，丝路基金、三峡集团与巴基斯坦私营电力和基础设施委员会在伊斯兰堡共同签署了《关于联合开发巴基斯坦水电项目的谅解合作备忘录》，这标志着丝路基金按照市场化、国际化、专业化的方向开展实质性投资运作迈出重要一步。

特点：卡洛特水电站是丝路基金成立后的"首单"投资。该水电项目是中巴经济走廊优先实施的能源项目之一，计划采用"建设—经营—转让"（BOT）模式运作，2020 年投入运营，运营期 30 年，到期后无偿转让给巴基斯坦政府。

丝路基金此次的投资方式是股权加债权。在股权投资方面，丝路基金为三峡集团控股的三峡南亚公司注资，提供项目资本金支持。此前，三峡南亚公司已在巴基斯坦投建了一个风电项目，卡洛特水电站是其投资的首个水电项目。在债权投资方面，丝路基金与中国进出口银行、国家开发银行、国际金融公司组成银团，为该项目提供贷款资金支持。

挑战：主要挑战是合作国以及国际社会认为，中国企业建水电站会严重破坏区域生态环境。例如，中国葛洲坝集团建设的蒙古国额根河水电站项目由于俄罗斯等国反对而被叫停。额根河是色楞格河最重要的支流之一，而色楞格河将汇入全球最大的淡水湖贝加尔湖。俄方认为，水电站建成可能会对俄境内的色楞格河三角洲独特的生态系统造成不利影响，同时水电站会对贝加尔湖造成污染，影响俄罗斯布里亚特和伊尔库茨克地区居民饮用水。

此外，在缅甸密松水电站事件中，保护生态系统也成为反坝运动的"群众基础"和"民意压力"。

反思：缺电是制约巴基斯坦经济发展的主要瓶颈，是巴方的"痛点"。巴基斯坦具有丰富的水电资源和非常强劲的电力供应需求，电力缺口严重，卡洛特水电站不仅为巴基斯坦提供优质的清洁能源电力，还将为该国提供2000多个直接就业岗位，同时将大大带动当地电力配套行业的协调发展和产业升级。因此，对方所需、我方所有，往往能够实现供需两侧的精准对接。

与发展中国家以水电、煤电项目为主不同，中国在发达国家的合作重点是核电项目。2015年，中国广核集团和法国电力集团（EDF）合作开发英国新建核电项目的模式值得总结。根据协议，中广核牵头的中方联合体将与EDF共同投资兴建英国欣克利角C核电项目（HPC项目），并共同推进塞兹韦尔C（SZC项目）和布

拉德韦尔 B（BRB 项目）两大后续核电项目，其中布拉德韦尔 B
项目拟采用中国自主三代核电技术"华龙一号"。

评价：卡洛特水电站的建设实现了中国水电"走出去"全产业
链的全面升级，未来三峡集团在巴境内投资建设的清洁能源项目装
机将可能占巴基斯坦全国装机的四分之一。要想成功，企业需要充
分了解合作方，早在 2009 年，三峡集团就已经开始布局巴基斯坦
电力市场，三峡集团希望以此项目为切入点，努力为中国水电技术
和标准走向海外提供一个具体的典范。

应该鼓励中国与核电强国如法国、日本、美国、俄罗斯等合作
开发第三方市场，并积极总结相关经验、适时推广。通过参与英国
新建核电项目，中广核等中国企业将有效带动我国核电装备向欧洲
高端核电市场的出口，同时引领我国核电产业全面参与发达国家核
电市场的建设与管理。

但是，水电、核电项目具有高敏感性（往往上升到国家安
全的高度），在建以及建后的风险和压力均会持续较长时间。最
近，英国突然宣布暂停中法核电项目。卡梅伦政府全力支持该核
电站项目，但新首相特蕾莎·梅的办公室主任蒂莫西曾对该项目
提出质疑：中国可能利用在建设核电站项目中的角色，控制该核
电站。

国际产能合作项目：中白工业园

中白（俄罗斯）工业园，在白首都明斯克以东约 25 公里，土
地使用期限 99 年。2012 年 6 月，卢卡申科签署总统令，以最高立
法的形式规定了入园企业在税收、土地等多方面所享有的优惠政

策，为入园企业减轻成本压力提供了有力的保证。其中最受关注的是"十免十减半"政策。

特点：1.中白工业园是由中白（俄罗斯）两国合资建设，是中国在海外最大的工业园，是中国目前对外合作层次最高、占地面积最大、政策条件最为优越的综合性境外产业园区；2.中白工业园是典型的"一带一路"大项目合作，全面带动两国贸易、投资、金融、地方合作的深入发展；3.重点明确，园区确立"5+1"主导产业，即机械制造、电子信息、生物医药、新材料、精细化工、仓储物流类；4.园区秉持开放性原则，如果是具有较强的园区综合开发运营实力的投资商，也可以入驻园区。

挑战："块头"大，面积相当于白俄罗斯首都的三分之一。中白工业园总面积91.5平方公里，紧临明斯克国际机场，明斯克市的面积为300多平方公里。目前，已经入园的企业包括招商局集团、中国一拖、华为、中兴通讯、中联重科、成都新筑、白俄纳米果胶等。强调"块头""体量"，说明中国企业的海外落地依然有国内粗放发展的影子，其实"一带一路"企业更要避免"虚胖""臃肿"发展。

反思：海外工业园区往往欢迎国内"有资金、没场地、外向型"企业，即缺乏充足土地空间、产品又面向国际市场、资本较为充足的企业。大多企业入园考虑的首要因素，一是优惠，二是成本，即主要是看有没有优惠政策或资金支持，以及劳动力成本、物流成本低，等等。例如，中兴入园，主要考虑将其面向欧亚地区的设备生产转移至白俄罗斯进行，物流成本大大降低。

未来中国企业不仅要建设园区，更要建设智慧园。例如，中兴入园的另一个考虑是要筹备投标参与园区智能楼宇的建设，为工业园这座微型城市提供包括交通、通信、绿色节能等多种技术服务，打造智慧园区。

评价：沿线国家对工业园区以及中国改革开放的经验有需求。1994 年，中国和新加坡合办的苏州工业园开始运作，结果非常成功。今天，沿线国家也希望在境内借鉴一下这一模式，因为它们也要加大对外开放、招商引资力度，也要搞国际合作示范区、创新综合"试验田"。在此背景下，白俄罗斯希望积极借鉴中国经验，邀请中国企业在其国家建设工业园，以吸引更多中国以及其他国家企业的资金和技术。

中白工业园位于中欧物流大通道上，其货运路线可实现与欧亚经济联盟市场以及欧盟市场的无缝对接，可以流畅地在欧洲范围内进行资源配置，可实现产品快速销售至欧盟国家。因此，工业园区与中欧班列"点线面结合"的模式值得推广。

工业园区要因地制宜，不是越多越好。有些国家经济基础薄弱，没有产业工作甚至没有工业聚集的动能，国民经济以农业、畜牧业为主，对此可适时地推动农业合作园区或文化产业、教育产业、创新创业产业等园区的建设。

海外自贸区项目：莱基自贸区

尼日利亚莱基自由贸易区是中国政府批准的国家级境外经贸合作区，位于尼日利亚经济首都拉各斯东南部的莱基半岛，距拉各斯市区约 50 公里，是拉各斯正在发展中的新兴卫星城市，也是当前尼日利亚发展最快的新区之一。莱基自贸区总体规划面积 30 平方公里，以生产制造业与仓储物流业为主导，以城市服务业与房地产业为支撑。土地使用权限 99 年。

特点：2007 年 11 月，莱基自贸区被中国商务部批准为"境外经济贸易合作区"。未来的莱基自贸区规划建成一座"综合新城"，不仅有工业制造加工区块，还有商贸物流园、房地产区、创意产业园、油气仓储区和城市配套区，可涵盖社会发展的各个门类。

挑战：1.尼日利亚虽是非洲第一大经济体，但经济机构仍很单一，原为农业国，上世纪 70 年代起成为非洲最大的产油国。目前。石油业系支柱产业，其他产业发展滞后。粮食不能自给，基础设施落后；2.自贸区比工业园区的经济标准要求更为严格，但目前该地区人口基数太少，该区域内的人口约为 12 万，没有优质的教育资源配套，金融支持就更加缺乏。

反思：目前，海外工业园区或自贸区的发展思路，基本上都是追求功能的综合或全面，或者是依然按照国内房地产开发的思路来建设。其实，评价一个园区或自贸区成功的关键要看其对这个国家的综合贡献，特别是有没有孵化出优秀的企业和产品。

评价：中国企业在东南亚或非洲建园区，主要是考虑区内企业可享受一系列优惠政策，如在莱基自贸区内可以免除所有的税收和进口关税；无进出口许可限制；区内 100% 生产、加工或组装的产品可以在尼日利亚国内市场销售，而关税仅以进口的原材料或零配件价值征收；企业雇用外籍员工无配额限制；工厂建设期的前六个月免收土地租金等。但是仅靠优惠或补贴，是培育不出世界一流企业的。中国企业向世界一流企业的发展要经历三个阶段：企业走出去、企业国际化、企业全球化。其中，企业国际化是企业全球化的初级阶段，前者强调企业每到一地要"谋求改变、服水土"，要进行必要的要素调整与完善，而后者强调企业"一出生"就具有开放性、全球化的性格，就自带最先进的全球要素。

"一带一路"落地要"精准发力"

"一带一路"才刚刚上路，要避免"虚热"。最近几年，"一带一路"的活动和项目越来越"高大上"，但内容供给严重不足：

1."等靠要"现象依然存在，精品太少，为此要避免"粗制滥造"；2.地方、企业按部就班，之前做什么现在还做什么，为此要避免"传统惯性"；3."一带一路"内涵无限扩大、无所不包，但是边界越来越模糊，为此要避免"天方夜谭"；4.理论研究支撑与现实案例支持不够，"边走边学"情况凸显，为此要避免"虚热空洞"。一句话，"一带一路"要落地，要"精准发力"。对此，提出以下建议：

第一，要积累可复制、可推广的"一带一路"合作模式与经验。要按照市场化、国际化、专业化的原则，兼顾经济效益和社会效益，探索互利共赢，以及可复制、可推广的"一带一路"合作模式。模式比资源和市场份额更重要。

第二，要增强中国企业的品牌意识与品牌价值意识。很长一段时期，中国企业的短板是：有企业不一定有产品，有产品不一定有品牌，有品牌不一定有品牌价值；能够做大，但大而未强，很难做到基业长青。诸多项目是"高开低走"，说明企业准备不够充分，在国际博弈中尚显"幼稚"。我们不仅要有在企业工作的高管人员，更要有具有企业家精神的企业家，后者能够帮助企业打造成功的"商业帝国"。在笔者看来，一家企业的崛起，不仅是经济事件，更是征服人心的文化事件。

第三，"中国标准"的国际化是"一带一路"的应有之义。上述项目大多是与土地相关的项目，而不是与人、文化或标准相关的项目。"中国标准"的国际化包括技术、法律、人才的创新与进步。

第四，循序渐进，不可急功近利。要以点带面，在全面推广之前，要找准重点国家、重点领域、重点项目进行充分试验，积累经验，积累实干型人才。目前"一带一路"的早期成果项目大多还是基建等重资产项目，轻资产的示范项目依然太少，甚至很多企业根本想不到要上轻资产项目。在工业产能合作之外，要加强文化产业、教育医疗、农业技术等方面的推进与试点。

第五，充分遵循市场经济规律，实现企业、社会、政府三者良性互动。"一带一路"应该走市场化路径，按照"企业主导、商业运作、社会参与、政府推动"的原则，通过合资、PPP、特许经营权等方式进行项目合作，让有关项目尽快落实。目前，上述大多项目都是"一带一路"倡议提出之前的项目，真正在"一带一路"倡议之后落地的项目太少。所以，严格意义上说，上述很多项目都不能算作"一带一路"的前期成果项目。另一方面，上述项目大多是政府或国有企业主导或推动的项目，民营企业的"生力军"作用以及专家学者的智力支撑作用发挥得不够充分。

对"一带一路"的动态性评估必不可少，评估的目的是"去粗取精""去伪存真"。这一过程，既是对中国人的自我教育，也展现了对国际社会的负责任态度。

"一带一路"华为案例：感受华为 "经济热度"背后的"文化温度" [①]

　　五年的企业靠产品，十年的企业靠技术，百年的企业靠文化。笔者始终坚信，一家企业的崛起，不仅是一个众人皆知的"经济事件"，更是一个"耐人寻味"和需要"细细品味"的文化事件。同理，一家企业的衰败，必然是企业文化开始"停滞""凋零"，员工的"眼神"随之缺乏必需的坚定与灵动。

　　华为作为一家奉行"狼文化"的企业，始终需要专注，需要对主业的顽固"撕咬"。华为不仅仅提供产品与服务，也在共享文化与理念。

　　在全球经济发展史中，一家企业的崛起，就是众目睽睽下的凤凰涅槃，其中的"通则"（一般性规律）是：企业成功的关键如同人的命运，决定成败的不是起点，而是转折点，最终所孕育出的

---

① 2016 年 8 月 9 日，发表于光明网·理论频道。2016 年 3 月，作者到澳大利亚调研，与华为澳大利亚区域负责人座谈，回国后与诸多华为高管交流，最后形成本文。5 的企业靠产品，10 的企业靠技术，百年的企业靠文化。在"一带一路"建设中，一家企业的崛起，不仅是一个众人皆知的"经济事件"，更应是一个值得"耐人寻味"和"细细品味"的文化事件。

"世界一流企业"，一定具有文化识别功能，既是重要的企业，更是受尊重的企业。

一家成功的企业首先需要一个有特点、有性格的企业家，四平八稳、不温不火的人是难以成就大事业的。1987年，43岁的任正非和5个志同道合者在深圳起家创业，集资2.1万元成立华为公司。至今，华为公司由默默无闻的"小作坊"成长为通信领域的全球领导者。从2012年起，华为已连续第四年净利润增长超过30%，增速分别为32%、34%、32.7%、33%。今天人们热烈地谈论、关注华为现象，一则说明中国太缺乏这样的企业。要知道，好的企业是"依次崛起"，是"三五成群"，而不是"群体性崛起"。另一方面，也说明华为的确激起了"文化共鸣"，大家开始品味这家企业及其掌门人的理念，由对华为的好奇上升到对华为理念的欣赏，以及对华为价值的认同。在笔者看来，华为不仅是一家成功的中国民营企业，更是一家成熟的全球化运作的跨国公司。

在笔者看来，创新的模式有三种：

第一种：从0到1，概括为"从无到有"，即"普罗米修斯式"的创新。普罗米修斯把火偷来了，人类便有了火。特点：属于突破性创新或颠覆性创新，难度最大，需要耐得住寂寞坐"冷板凳"，还不一定成功。例如，美国的页岩气革命属于新能源领域的突破性创新，英国的石墨烯革命属于新材料领域的突破性创新。

第二种：从1到N，概括为"率先模仿"。特点：讨巧、捷径，找准对象以及注重时效是关键。日本企业的崛起历程就是率先模仿的典型，日本的商业文化可以概括为"向强者学习"。泰康人寿保险股份有限公司董事长、首席执行官陈东升的一句话广为人知，并且成为中国管理界的经典名言："在中国，创新就是率先模仿。"通俗地说，就是要善于率先找到学习的对象。回想起创办嘉德时，陈东升当时对拍卖一无所知，但陈东升选择了最好的模仿对象：国际最著名的拍卖公司索斯比。做中国的索斯比，嘉德成功了。此外，中国最初的互联网企业以及今天"TABLE"，都是率先模仿的成功案例。

第三种：从 1 到壹，概括为"顽固坚持"。特点："不忘初心"，做的不是产品，而是精品（故是大写的壹）。很多企业一同上路，但漫漫途中诱惑很多、刺激很大，所以诸多企业纷纷走丢了、跑乱了，这时还有人在顽固地坚持本行业最精髓的要素，"剩下的是圣人"。这类创新更像修行，是标准的文化经济学范畴。

德国双立人是典型的"顽固坚持"的案例。1731 年 6 月 13 日，时值西历双子星座，Peter Henckels（彼得·亨克斯）以双子座作为最初的构想，在德国美丽的莱茵河畔小镇索林根创立了双立人品牌，同时也揭开了这一人类现存最古老商标之一不朽传说的序幕。280 多年来，无论是在取材、工艺，抑或设计上，双立人都不断追求完美，打造了世界第一刀具品牌，使得双立人世世代代的消费者在心理上越来越认同其价值，即"没有品质，就没有品牌"。可见，简单是最美。

对德国人而言，对品质的顽固坚持就是德国模式的创新。有人问双立人的负责人，你们是不是傻，产品品质这么好，一个家庭一辈子只需要买一套，日本人就很聪明，一套厨具可以用二三十年，一辈子要买几套，中国人最聪明，两三年就要换一套。结果双立人的负责人回答，我们就是希望当 1 亿人买了双立人产品后，他们可以放心地用一辈子，但为此 79 亿人会选择双立人。

华为精神：一旦咬住，绝不松口

华为精神，就是"狼的精神"，即一旦咬住，绝不松口。对华为而言，顽固坚持就是创新。2016年5月，任正非在接受新华社采访时说："华为坚定不移28年只对准通信领域这个'城墙口'冲锋。我们成长起来后，坚持只做一件事，在一个方面做大。华为只有几十人的时候就对着一个'城墙口'进攻，几百人、几万人的时候也是对着这个'城墙口'进攻，现在十几万人还是对着这个'城墙口'冲锋。密集炮火，饱和攻击。每年1000多亿元的'弹药量'炮轰这个'城墙口'，研发近600亿元，市场服务500亿元到600亿元，最终在大数据传送上我们领先了世界。"这个"城墙口"就是华为的主业，即信息与通信技术（ICT）解决方案供应商。

企业的竞争，说到底是文化与价值的竞争，在全球经济博弈中，文化不仅是阳春白雪，更是刀光剑影。坚守"上甘岭"，必然"心中有理想"。在别人忙着炒股、买房的时候，华为的员工内心平静得像水一样，都在干活，就是专注做一件事情，攻击"城墙口"。任正非把这种状态或文化称为"傻"，即不把钱看成中心，中心是理想，理想就是要坚守"上甘岭"、挺进"无人区"，钱不是最重要的。

有很多人会好奇，华为为什么不上市，是不是因为华为不缺钱？按照任正非的观点，"因为华为把利益看得不重，就是为理想和目标而奋斗。守住'上甘岭'是很难的，还有好多牺牲。如果上市，'股东们'看着股市那儿可赚几十亿元、几百亿元，逼企业横向发展，华为就攻不进'无人区'了。"无论任正非内心是不是真这么想的，但如此的表述本身就令人钦佩。对企业而言，都去"赚快钱"，就没有人"啃硬骨头"，就难以实现突破性创新。

2016年1月18日，省部级主要领导干部学习贯彻十八届五中全会精神专题研讨班在中央党校开班。习近平总书记在开班式上忧心忡忡地说："虽然我国经济总量跃居世界第二，但大而不强、臃肿虚胖体弱问题相当突出。"臃肿虚胖体弱就企业而言,就是片面追求规模、体量,热衷于"赚快钱",而不注重品牌、价值,难以深耕细作,甚至企业主业都不突出了,即企业什么都做,什么赚钱做什么,但很少在精准、极致上下功夫。国企2015年以来利润下滑较多,除了客观因素,更多还是企业自身的问题,如主业不突出、投资分散、同质化经营,大而全、小而全的问题比较突出。在此背景下,华为"傻"到只做一件事情,这种态度对中国国有企业改革以及民营企业发展是有借鉴意义的。

"不在主航道之外浪费资源"是华为顽固坚持的表现,"狼性"就是一旦咬住肉绝不松口。

华为优势:在"冬天"中"苦学"

在国际关系中,国家或企业不需要总是强调善意本性或历史优势,因为善意总是脆弱的,历史则总是健忘的,有远见的企业家早就通过尊重规律把事情办好了。华为之所以大多数时间保持沉默,是因为她在投入地感受"冬天"的刺骨,并以此为乐;在别人纠结与抱怨之时,华为沉浸在"苦学"的修行中。

2004年,哈佛商学院曾经派团在华为调研十天,研究华为案例。来之前,他们的假设是,华为的成功得益于:第一,低价竞争;第二,政府支持。调研之后他们改变了看法,认为华为之所以在海外成功,是积极学习和引进了西方的管理经验。华为走出国门、走向全世界的时候,什么都不会,第一步就得是认真学习。华为每年花上亿美元请IBM顾问团队来提升企业。从某种程度上,任正非的学习能力实际上是公司成长的一把尺子,阅读—写作—分享—反馈，他用这样的循环不断夯实公司的文化和价值观。有人回忆，多次看到他如获至宝地拿到批评华为的好文章反复阅读。平时如果他自己有了什么好的想法，就第一时间写下来，然后让秘书输入到电脑里，最后他再修改，用最快的速度将学习体会传递给公司所有人。

正是由于任正非的学习能力，导致华为 17 万员工具有了"文化共振"：任正非虽然很少接受采访，但笔者在同华为高管以及员工的接触中发现，大家对待企业战略、企业文化有高度相似的理解甚至话语表述，由此可见华为文化的穿透力极强。

今天，仍有很多人质疑，为什么中国企业非得"走出去"，其实不是愿不愿的事情，而是不得不的问题。十年前，笔者问很多企业家为什么到海外发展，很多人泛泛地回答：服务于"国家战略"，但今天要问他们为什么到"一带一路"沿线去，答案就务实了，还是四个字，但换成了"生存压力"。可见，好企业都是逼出来的。

"危机意识"是好企业的催化剂，华为也不例外。1998 年，华为下决心拓展海外市场。"走出去"的初始动因，是当时国内电信设备市场一度趋于饱和。起初，与其他中国企业一样，华为把重心放在了中东、非洲和亚洲等发展中国家市场。2004 年，任正非提醒华为面临严峻困难，要注意"冬天"。之后，华为将海外市场从发展中国家逐步延展到欧洲高端市场。在欧洲，华为从俄罗斯和东欧国家做起，逐步进入英、法等发达国家，从欧洲边缘运营商的边缘业务，攻入欧洲主流运营商市场。

进入欧洲主流市场，华为的很多理念发生转变：由价格依赖提升为品质依赖。今天，很多人认为华为站到了行业之巅，但华为很少用"成功"二字，用得更多的是"成长"，华为依然是"光脚的"

害怕"穿鞋的"，战战兢兢需要每时每刻接受竞争对手的挑战，但最大的敌人还是自己。在华为看来，最大的弱点：是华为人的安逸懈怠。

任正非强调，华为也面临诸多问题与挑战。第一，公司也会懈怠，企业增长的速度非常快，但是增长完了以后会不会变懒呢？任正非最担心的是，华为的员工有钱了，怕苦了，往海外派人都派不出去，大家都想在北京买房、陪小孩，都想在好地方待。对此，华为目前的应对策略是，提高海外一线员工的待遇，鼓励年轻人到海外艰苦的地方拿高薪。但是，笔者认为，通过薪资不可能从根本上解决问题。笔者在调研中发现很多企业面临同样的问题，有一家地方国有企业，该企业的高管都需要在海外项目部任职一段时间，虽然薪资是国内的数倍，但他们依然想回国发展，用他们的话来说："我们虽然赚得多，但我们是活着，你们是生活。"

总之，无论是企业还是政府，最缺乏的不是资金和项目，而是永不懈怠的人才和思想。对中国企业来说，做大并不难，做强和基业长青则需要企业在赢利的基础上，建立长远的愿景、价值观、使命和企业文化。伟大的公司要想基业长青，必须拥有一个持久的理念。这种理念不从属于某个人，必须从属于整个公司。因此，有远见的公司之所以能取得成功，原因就在于不论发生什么变化，它们的核心理念（企业文化）以及昂扬的精神毫不动摇。

华为定位：全球化，而非国际化

在 2016 年一次高管和员工对话会上，任正非非常直接地批评了一位员工提出"华为作为中国公司领袖"的观点，他说："你说未来有一个中国公司领导世界，我相信那一定不会是华为，因为华为是全球化公司，不是一个中国公司。为什么有这么狭隘的荣誉感呢？"

今天，华为的设备销售给全球 170 多个国家，但任正非并不喜欢所谓"国际化"的说法，他更愿意别人将华为当作一家"全球化"的公司。任正非认为国际化是以中国为中心，指的是中国人往外走；而全球化是以世界为中心，利用全球的优势资源为全球市场服务。"一带一路"的精神实质也是要摒弃以中国为中心的观点，强调所有成员与要素的互联互通。在实践中，华为高层并不对具体业务、技术路线进行干预，而是着眼于制度化建设和全球布局，以寻找优势资源，建设全球化的能力中心。目前，华为在全球有 26 个能力中心，且大部分位于欧洲，包括伦敦的全球财务风险控制中心、匈牙利的物流中心、意大利的微波中心、德国的工程能力中心，等等。

能力中心建设与华为的人才观有密切关系，即努力共享全球人才，而不仅仅是据为己有，人才既有流动的，更是共享的。华为重视人才，起初尝试过将人才集中到华为总部，但很快发现效果不好。能力中心建立后，华为加大了海外业务本土化力度，将聘请的外籍员工安排到离家较近的中心上班，如果不适应某个能力中心，还可以就近安排到其他地区。截至今天，在全球的 17 万多名员工中，非中国籍员工达 3 万多人，海外本地化率约为 75%。在一定程度上，全球化就是充分的本土化，把了解情况的当地人的能力发挥到极致，让他们忠诚于自己的岗位和职位，而不是要他们忠诚于提拔他们的中国高管，由此为企业建立良好的商业生态与人文环境。

"狼性"：就要挑食，只做高端

华为手机，"是被逼出来的业务，因为当年华为卖 3G 网络设备，客户要求必须有终端，没有终端就不买华为的 3G 设备。"任正非说。2011 年初，华为将整个架构调整为运营商业务、企业网业务、消费者业务三大业务板块。消费者业务即是手机。华为手机的发展思路是：手机不能只是走低价格、低成本、低质量的路线，这条路线有可能摧毁中国 20 年之后的战略竞争力。

市场普遍认为，现在的华为已经完成了原始积累，在全球通信设备市场占据了稳定的市场份额，低价路线已经不能够为华为带来更大的市场份额扩张，反而会降低华为的利润。不过，在手机业务上由低端向高端的转轨并不那么容易，尤其是对于华为这样一家从给运营商做定制手机起步的企业而言。

华为手机成功的重要原因是其专注于做高端手机的执着，"是狼就要挑食，不是什么都吃"。华为坚持做高端的具体原因：

1.高端市场利润高。在价格战硝烟还未散去的手机市场中，低端机可以走量却不能为厂商带来多少利润，只做中高端机的苹果占据了全球手机行业 91% 的利润，而三星也获得了全球手机行业利润的 14%，苹果和三星的利润一共加起来得有 105%，怎么会出现这样的情况呢？这是因为其他手机制造商要么未能实现盈利，要么在主动赔钱。

2.企业品牌形象的需要。如果一味地推出低端产品，那么在大众眼里你的企业品牌、企业形象终将是一个低端品牌，无法在更多的领域里为自己带来价值。

3. 企业全球化战略的需要。笔者咨询过华为的高管，为什么华为只做高端智能手机，他们的回答是："如果华为什么都做，就成为下一家诺基亚了。"华为在努力避免"诺基亚式"的悲剧：低端机销量远超高端机，企业的利润空间越来越小。当年，当诺基亚手机成为低端机的代名词时，这样的品牌定位就开始排挤高端客户，最后"灰溜溜"地离开中国市场。

因此，华为进军高端市场算是顺势而为，赢取市场的同时获取高额利润，同时成就华为"高大上"的印象，甚至开始展现华为的"商业美学"。2015年，华为手机不仅出货量首次突破1亿台，成为中国第一家、全球第三家智能机年发货量过亿的厂商，全球市场份额排名第三。华为还给出了一个形象的比喻：一亿台华为手机立起来的累积高度，相当于1175座珠穆朗玛峰。

大道至简，能够做高端，还得是"质量与技术决胜"。为此，企业要舍得花钱，更要会花钱。在科技行业，如果想要走在行业的最前端，就要有足够的研发费用作支撑，华为2015年的研发投入费用是1000亿元（收入约3900亿元人民币），折合约154亿美元，这是个什么概念呢？作为对比，苹果2015财年收入2330亿美元，实际投入研发的费用为81.5亿美元，谷歌收入650亿美元，投入研发费用99亿美元，高通收入253亿美元，投入研发费用55.6亿美元。

总之，华为是一家奉行"狼文化"的企业，华为始终需要专注，需要对主业的顽固"撕咬"。华为不仅提供产品与服务，也在共享文化与理念。企业文化的衡量指标，就是看企业能不能"激发出一种与人分享的冲动"。对中国人而言，对处于巅峰、或吃力爬坡、或处于逆境的企业要有成熟与包容的态度，不要"造神"、"捧杀"，也不要"诋毁"、"踩杀"。今天，华为过度高调的"低调"，就是为了更好地生存，就是为了确保企业能够基业长青。不是企业非得积极表态要对接"一带一路"，才是所谓的"一带一路"企业，其实只要企业专注于自己的事业，专注于全球化和品牌价值建设，能够赢得口碑和尊重，就是"一带一路"真正需要的企业。

大风起兮云飞扬　"一带一路"兮通八方 ^①

——阿拉山口"一带一路"建设调研报告

口岸以及中欧班列是衡量"一带一路"健康状况的重要指标。目前，"一带一路"在国内有东线、中线、西线三条物流大通道以及阿拉山口、霍尔果斯、满洲里、二连浩特4个沿边陆路口岸节点。

2017年2月18—20日，笔者赴阿拉山口市调研口岸与中欧班列建设情况。阿拉山口市积极助力新疆丝绸之路核心区建设，全力打造"新亚欧大陆桥经济走廊"战略支点城市，现将相关情况整理如下：

一、阿拉山口市基本情况

阿拉山口市位于新疆西北部，隶属于博尔塔拉蒙古自治州，边

---

① 2017年春节假期期间，作者赴阿拉山口调研中欧班列与口岸建设，此报告引起中央高层高度重视，随即中央调研组赴阿拉山口直接听取"一带一路"的口岸建设情况。

境线长 26.3 公里，铁路、公路分别距乌鲁木齐市 477 公里和 500 公里，距相邻的哈萨克斯坦多斯特克口岸 12 公里。全市总面积 1249 平方公里，常住人口 1.1 万人，流动人口 3.2 万人。

1990 年 6 月，国务院批准设立阿拉山口口岸；1991 年 7 月，铁路口岸临时过货营运；1995 年 12 月，开放公路口岸；2003 年，被国家列为重点建设和优先发展口岸；2006 年 7 月，中哈原油管道一期建成运营；2012 年 12 月，国务院批复设立阿拉山口市；2014 年 6 月，阿拉山口综合保税区正式封关运营，形成了阿拉山口市、阿拉山口口岸管理委员会、阿拉山口综合保税区"三位一体"的管理架构。

阿拉山口市地处西部开放最前沿，凭借全长 10900 公里、辐射国内国外两个 13 亿人口的新亚欧大陆桥优势，成为丝绸之路经济带上的重要节点和新疆对外开放的重要门户。经过 26 年的建设发展，阿拉山口市基础设施逐步完善，通关过货能力不断增强，国际物流网初步形成，已发展成为集通关、贸易、保税物流、加工、仓储、金融、旅游等多功能于一体的沿边新兴口岸城市。

在"一带一路"建设中，阿拉山口依托口岸及综保区优势，大力发展外向型经济。多年来，阿拉山口持续加大口岸基础设施建设，自口岸设立以来已累计完成投资 100 余亿元，建设形成了铁路口岸区、公路口岸区、边境互市区、商业区、仓储区、行政办公区、生活服务区、绿化环保区和综合保税区等九大功能区，城市框架初步形成，功能更加完善，承载能力进一步增强，服务对外开放的水平全面提升。

铁路 H986、公路 H986、出入境动植物检疫隔离场、货物车辆全天候车体检查室等一批通关保障基础设施相继投入使用，积极推行 24 小时预约通关等通关便利化措施，通关效率不断提高。获批

大风起兮云飞扬　「一带一路」兮通八方

为进口粮食、整车、活畜、植物种苗指定口岸和铁路国际邮件交换站，获批筹建进口肉类指定口岸。

阿拉山口综合保税区作为新疆第一个、全国第十六个获批的综合保税区，重点围绕"一个中心、六大产业平台和四大加工制造业"，全力推进园区基础设施建设，筑巢引凤，目前已入驻各类企业150余家，园区进口油气、粮棉油、金属矿产品、木材、跨境电子商务、整车进口等六大产业均有若干家企业支撑。

综保区相继完成了园区服务中心、商品展示交易中心、宽准轨铁路专用线、整车进口检测线、标准化厂房仓库、货物堆场等一批基础设施建设，欧亚商品、韩国商品直销中心投入运营，复制推广了上海自贸区海关监管创新制度，成功获批铁路专用线集装箱换装资质。

综保区具有全疆边境口岸货物换装能力最大的优势，承担着中国与中亚、俄罗斯、欧洲等贸易往来的战略任务。一是具有"境内关外"保税政策，降低企业运营成本的优势。二是国内唯一拥有宽准轨铁路、公路、管道"三位一体"运输方式的综合保税区。不同目的地的大量货物在综保区实现聚集落地后，可以充分利用综保区货物集拼运输优势，采用铁路、集装箱及公铁、海铁多式联运向国外和国内定点配送，将实现货物快速、低成本的运输和配送，有效控制物流成本，提高货物物流配送效率。三是拥有全国唯一铁路国际邮件交换站优势。

二、阿拉山口"一带一路"建设的突出优势

新亚欧大陆桥以及中欧班列是阿拉山口"一带一路"建设的两

大突出优势。

新亚欧大陆桥通道辐射区域：东起连云港、日照，经陇海、兰新铁路线至新疆，经过中亚、西亚、欧洲到达荷兰鹿特丹港，是除俄罗斯西伯利亚大陆桥以外连接太平洋和大西洋的运输大通道。新亚欧大陆桥经阿拉山口出国境后可形成 3 条线路抵达荷兰鹿特丹港。中线途经阿克斗亚、切利诺格勒、古比雪夫、斯摩棱斯克、布列斯特、华沙、柏林达荷兰的鹿特丹港，全长 10900 公里，辐射 30 多个国家和地区，比北线大陆桥减少行程 3000 公里，比走海路费用节约 20%，时间减少一半。北线经阿克斗亚、切利诺格勒，到彼罗巴甫洛夫斯克纳，再经莫斯科、布列斯特、华沙、柏林到达鹿特丹港。南线经过阿雷西、伊列次克、布良斯克，再经过布列斯特、华沙、柏林到达鹿特丹港。

新亚欧大陆桥比西伯利亚大陆桥缩短陆上运距 2000—5000 公里。从远东到西欧的运输线距离，经新亚欧大陆桥比绕过好望角的海上运输缩短 15000 公里，比经苏伊士运河缩短 8000 公里，比经巴拿马运河缩短 11000 公里，比经北美大陆桥缩短 9000 公里。整个新亚欧大陆桥避开了高寒地区，无封冻期，气候条件优越，可以常年作业。目前，除我国内地外，日本、韩国、东南亚各国、一些大洋洲国家和我国的台湾、香港、澳门，均可以利用此线开展运输。

新亚欧大陆桥在国内全长 4213 公里，联接了我国 11 个省（区）89 个地（州、市）的 570 多个县（市），辐射全国 35% 的人口和 37% 的国土面积。对外，联通了世界 30 多个国家和地区，辐射了 3970 万平方公里的陆域面积，向东、向西延伸区域各居住着约 13 亿人口，通过阿拉山口出境后，形成北线和中线两条运输线路（这两条线路覆盖了哈萨克斯坦 14 个行政区划州中的 10 个州及主要能源资源产地）。

中亚五国大部分矿产资源主要分布在北线和中线区域，新亚欧大陆桥经阿拉山口口岸全线贯穿中线，这为双方进一步经济合作奠定基础。其中，中亚五国有丰富的能源资源优势，该地区探明天然气储量居世界第三位，铀储量居世界第二位，还有富铁、铜、铬、铅、锌、镍、金、铝土、磷、钾盐等储量丰富的矿产，开发前景广阔。据有关部门统计，与我毗邻的哈萨克斯坦，至 2016 年已探明重要矿藏有 90 多种，石油蕴藏量 170 亿吨，油气探明储量列全球第 9 位；天然气预测储量 146 万亿立方米；煤炭储量 345 亿吨，其开采量居世界第 10 位；铀矿储量 85 万吨，居世界第 2 位。此外，哈萨克斯坦钨储量居全球第一位，铬和磷矿石占第二位；铜、铅、锌、钼和磷储量占亚洲第一位。

2016 年 10 月 8 日，国家发改委对外公布了《中欧班列建设发展规划（2016—2020 年)》，这是我国对中欧班列发展的首个顶层设计。规划确定东线、中线、西线三条物流大通道和满洲里、二连浩特、阿拉山口、霍尔果斯 4 个沿边陆路口岸节点，并明确了五年发展目标，即 2020 年基本形成布局合理、设施完善、运量稳定、便捷高效、安全畅通的综合服务体系，力争实现中欧班列年开行 5000 列左右。

目前，中欧班列特别是几大品牌班列（蓉新欧、渝新欧、汉新欧、义新欧等）基本都经过阿拉山口。经阿拉山口出境的中欧、中亚国际货运班列已达 35 个，全年开行 1200 余列，较 2015 年增长 1 倍以上，阿拉山口"丝绸之路"号货运专线班列开通运行。

"一带一路"建设对阿拉山口的影响是积极可见的。2014 年，途经阿拉山口出境的西行班列（包括中欧班列、中亚班列等）累计 361 列。2015 年，途经阿拉山口出境的西行班列累计 650 列。2016 年，途经阿拉山口出境的西行班列累计 1220 列。

2016 年途经阿拉山口口岸的西行班列统计表

单位：列

西行班列名称	1—12 月	主要货物品类
蓉新欧	279	电脑及其配件、液晶显示器、电冰箱、抽油烟机、电视、灯具、电子仪器等
渝新欧	206	电脑、打印机、百货、汽车零配件、机顶盒、灯具等
汉新欧	111	电脑、打印机、剪切机、服装、自行车配件、玩具等
义新欧	82	服装、鞋类、布、玩具、电子仪器、灯具、家用电器等
长安号	76	切片、耐火材料、电子仪器、化工产品等
南京—中亚	63	服装、玩具、设备、瓷砖、家具、家用电器、扶梯等
兰州号	62	瓷砖、复合地板、玻璃制品、生活用品等
青岛号	50	汽车配件、棕榈油、家具、建筑材料、灯具等
乌西班列	47	化工产品、服装、钢材、番茄酱、生活用品等
郑新欧	45	电脑及其配件、服装、生活用品、电子产品等
合新欧	44	太阳能光伏、电子及家用电器、轻纺、灯具、机械设备等
乌北班列	37	聚氯乙烯、切片、钢材等
粤新欧	29	服装、电子产品、日用百货等
连云港—中亚	19	电子产品、汽车配件、医疗器械、家具、纺织品等
石河子班列	16	聚氯乙烯、切片、钢材等
伊犁号	11	聚氯乙烯、切片、建材等
包头—中亚	8	石油钻杆、电子产品、机械设备、轮胎等工业制品及部分日用品等
白银—中亚货运班列	7	冷柜、电热水壶、日用电器等
中阿号	8	化工、机械设备、汽车配件、日用百货等
青州号	6	电子产品、轮胎等汽车配件等
兰州—明斯克货运专列	5	瓷砖、复合地板、断路器、玻璃制品、生活用品等
滨新欧	5	电子产品、轮胎等汽车配件等
南通—阿富汗·海拉顿	2	电子产品、机械设备、轮胎等工业制品及部分日用品
夏蓉欧	1	电子产品、服装鞋帽、建材、食品、轻工机械等
新疆三葛庄—莫斯科	1	聚氯乙烯、切片、钢材等
合计	0	

此外，在阿拉山口通关过货的商品多是大宗商品。2016年，口岸累计过货3.01亿吨。其中，进口原油1.11亿吨、金属矿石6246.6万吨、钢材3908.6万吨，三项物资占通关过货总量的70.6%，累计进出口贸易额1419.2亿美元，海关税收入库1090.7亿元，已发展成为全国贸易量最大、发展速度最快的"黄金"陆路口岸和新疆"由交通末端变对外开放前沿"无可替代的龙头口岸。

近年来途经阿拉山口口岸的"五定班列"运行情况

（"五定班列"指定点、定线、定车次、定时、定价班列）

序号	班列名称	始发地	运行路线	运行里程（公里）	运行时间（天）
1	渝新欧	团结村（重庆）	团结村（重庆）→达州（四川）→安康（陕西）→西安（陕西）→兰州（甘肃）→乌鲁木齐（新疆）→阿拉山口→多斯特克（哈）→阿斯塔纳（哈）→彼得罗巴甫洛夫斯克（俄）→叶卡捷琳堡（俄）→莫斯科（俄）→明斯克（白俄）→布列斯特（白俄）→华沙（波兰）→马拉舍维奇（波兰）→杜伊斯堡/汉堡（德国）	11179	13—15
2	郑新欧	莆田（河南郑州）	莆田（河南郑州）→西安（陕西）→兰州（甘肃）→乌鲁木齐→阿拉山口→多斯特克（哈）→阿斯塔纳（哈）→彼得罗巴甫洛夫斯克（俄）→莫斯科（俄）→明斯克（白俄）→布列斯特（白俄）→华沙（波兰）→马拉舍维奇（波兰）→汉堡/杜伊斯堡（德）	10214	13
3	汉新欧	吴家山（湖北武汉）	吴家山（湖北武汉）→安康（陕西）→西安（陕西）→兰州（甘肃）→乌鲁木齐（新疆）→阿拉山口→多斯特克（哈）→阿斯塔纳（哈）→彼得罗巴甫洛夫斯克（俄）→叶卡捷琳堡（俄）→莫斯科（俄）→明斯克（白俄）→布列斯特（白俄）	11300	15—17

序号	班列名称	始发地	运行路线	运行里程（公里）	运行时间（天）
3	汉新欧	吴家山（湖北武汉）	→华沙（波兰）→柏林（德）→汉堡/杜伊斯堡（德国，1线终点，15天）/里昂（法国，2线终点）	11300	15—17
4	蓉新欧	青白江集装箱中心站（四川成都）	青白江集装箱中心站（四川成都）→宝鸡（陕西）→兰州（甘肃）→乌鲁木齐（新疆）→阿拉山口→多斯特克（哈）→阿斯塔纳（哈）→彼得罗巴甫洛夫斯克（俄）→叶卡捷琳堡（俄）→莫斯科（俄）→明斯克（白俄）→布列斯特（白俄）→华沙（波兰）→罗兹（波兰）	10045	13—15
5	合新欧	合肥北站（安徽）	合肥北站（安徽）→信阳（河南）→商洛（陕西）→西安（陕西）→兰州（甘肃）→乌鲁木齐（新疆）→阿拉山口→多斯特克（哈）→阿克斗卡（哈）→阿斯塔纳（哈）/阿拉木图（哈，中亚线，里程4954公里，7天）→彼得罗巴甫洛夫斯克（俄）→叶卡捷琳堡（俄）→莫斯科（俄）→明斯克（白俄）→布列斯特（白俄）→华沙（波兰）→汉堡（德）	10600	13—15
6	义新欧	义乌（浙江）	义乌（浙江）→合肥（安徽）→信阳（河南）→商洛（陕西）→西安（陕西）→兰州（甘肃）→乌鲁木齐（新疆）→阿拉山口→多斯特克(哈)→阿克斗卡（哈）→阿斯塔纳（哈）→托博尔（俄）→奇什梅（俄）→乌里扬诺夫斯克（俄）→萨兰斯克（俄）→莫斯科（俄）→明斯克（白俄）→布列斯特（白俄）→华沙（波兰）→柏林（德）→汉诺威（德）→阿姆斯特丹（荷）→布鲁塞尔（比利时）→巴黎（法）→马德里（西班牙）	13052	16—18

续表

序号	班列名称	始发地	运行路线	运行里程（公里）	运行时间（天）
7	粤新欧	石龙（广东东莞）	石龙（广东东莞）→武汉（湖北）→安康（陕西）→西安（陕西）→兰州（甘肃）→乌鲁木齐（新疆）→阿拉山口→多斯特克（哈）→阿克斗卡（哈）→阿斯塔纳（哈）/中亚五国（1线）→彼得罗巴甫洛夫斯克（俄）→叶卡捷琳堡（俄）→莫斯科（俄）	10500	12—15
8	天马号	武威保税物流中心（甘肃）	武威保税物流中心（甘肃）→乌鲁木齐（新疆）→阿拉山口→多斯特克（哈）→阿克斗卡（哈）→阿拉木图（哈）	2646	5
9	湘新欧	长沙霞凝货场（湖南）	长沙霞凝货场（湖南）→武汉（湖北）→安康（陕西）→西安（陕西）→兰州（甘肃）→乌鲁木齐（新疆）→阿拉山口→多斯特克（哈）→阿克斗卡（哈）→阿斯塔纳（哈）/中亚五国（1线）→彼得罗巴甫洛夫斯克（俄）→叶卡捷琳堡（俄）→莫斯科（俄）→明斯克（白俄）→布列斯特（白俄）→华沙（波兰）→汉堡/杜伊斯堡（德）	10808	13—15
10	洛新欧	洛阳（河南）	洛阳（河南）→西安（陕西）→兰州（甘肃）→乌鲁木齐（新疆）→阿拉山口→多斯特克（哈）→阿克斗卡（哈）→阿拉木图（哈）→阿雷斯（哈）→塔什干（乌）	5200	7
11	夏蓉欧	厦门（福建）	厦门（福建）→成都（四川）→宝鸡（陕西）→兰州（甘肃）→乌鲁木齐（新疆）→阿拉山口→多斯特克（哈）→阿克斗卡（哈）→中亚五国（1线，5310公里，运行5—7天）/阿斯塔纳（哈）→彼得罗巴甫洛夫斯克（俄）→叶卡捷琳堡（俄）→莫斯科（俄）→明斯克（白俄）→布列斯特（白俄）→华沙（波兰）→罗兹（波兰）	12733	14—16

序号	班列名称	始发地	运行路线	运行里程（公里）	运行时间（天）
12	长安号	西安新筑站（陕西）	西安新筑站（陕西）→兰州（甘肃）→乌鲁木齐（新疆）→阿拉山口→多斯特克（哈）→阿克斗卡（哈）→阿拉木图（1线，里程3866公里，运行6天）/阿斯塔纳（哈）→彼得罗巴甫洛夫斯克（俄）→叶卡捷琳堡（俄）→莫斯科（俄）→明斯克（白俄）→布列斯特（白俄）→华沙（波兰）→柏林（德）→汉堡（德）/汉诺威（德）→鹿特丹（荷）	9850	11—13
13	兰州号	兰州新区（甘肃）	兰州新区（甘肃）→乌鲁木齐（新疆）→阿拉山口→多斯特克（哈）→阿克斗卡（哈）→阿拉木图（1线，里程2683公里，运行5天）/阿斯塔纳（哈）→彼得罗巴甫洛夫斯克（俄）→叶卡捷琳堡（俄）→莫斯科（俄）→明斯克→布列斯特（白俄）→华沙（波兰）→汉堡（德）	9300	10—13
14	昆明班列	昆明王家营铁路集装箱中心站（云南）	昆明王家营铁路集装箱中心站（云南）→成都（四川）→宝鸡（陕西）→兰州（甘肃）→乌鲁木齐（新疆）→阿拉山口→多斯特克（哈）→阿斯塔纳（哈）→彼得罗巴甫洛夫斯克（俄）→叶卡捷琳堡（俄）→莫斯科（俄）→明斯克（白俄）→布列斯特（白俄）→华沙（波兰）→罗兹（波兰）	10956	12—14
15	青岛号	青岛胶州（山东）	青岛胶州（山东）→济南（山东）→商丘（河南）→郑州（河南）→西安（陕西）→兰州（甘肃）→乌鲁木齐（新疆）→阿拉山口→多斯特克（哈）→阿克斗卡（哈）→阿拉木图（哈）→比什凯克（吉尔吉斯斯坦）	6800	7—9

续表

序号	班列名称	始发地	运行路线	运行里程（公里）	运行时间（天）
16	奎屯班列	奎屯（新疆）	奎屯（新疆）→阿拉山口→多斯特克（哈）→阿克斗卡（哈）→阿拉木图（哈）、比什凯克（吉）、杜尚别（塔）（1线，中亚地区）/扎雷克（哈）→萨克绍利斯基（哈）→十月城（哈）→阿克萨莱斯卡亚(俄)→巴库（阿塞拜疆）→第比利斯（格鲁吉亚）	5470	7—9
17	"新疆—德国"西行班列	乌鲁木齐（新）	乌鲁木齐（新疆）→阿拉山口→多斯特克（哈）→阿克斗卡（哈）→阿拉木图（哈）、比什凯克（吉）、塔什干（乌）（1线，中亚地区）/阿斯塔纳（哈）→彼得罗巴甫洛夫斯克（俄）→叶卡捷琳堡（俄）→莫斯科（俄）（2线，莫斯科）→明斯克（白俄）→布列斯特（白俄）→华沙（波兰）→柏林（德）→杜伊斯堡（德）	8000	8—10
18	"新疆—伊朗"西行班列	乌鲁木齐（新）	乌鲁木齐（新疆）→阿拉山口→多斯特克（哈）→阿克斗卡（哈）→阿拉木图（哈）→阿克套（哈）→海运至安扎利港（伊朗）→德黑兰（伊朗）	5500	8—10
19	"新疆—土耳其"西行班列	库尔勒（新疆）	库尔勒→多斯特克（哈）→阿克斗卡（哈）→扎雷克（哈）→萨克绍利斯基（哈）→十月城（哈）→阿克萨莱斯卡亚（俄）→新罗西斯克（俄）→海运至伊斯坦布尔／梅尔辛（土）	8000	11—13
20	"伊犁号"西行班列	伊犁（新疆）	伊犁→精河→阿拉山口→多斯特克（哈）→阿克斗卡（哈）→阿斯塔纳（哈）→彼得罗巴甫洛夫斯克（俄）→叶卡捷琳堡（俄）→基洛夫（俄）→库帕夫纳（俄）	5000	7—9

序号	班列名称	始发地	运行路线	运行里程（公里）	运行时间（天）
21	"中阿号"西行班列	银川（宁夏）	银川（宁夏）→武威（甘肃）→乌鲁木齐（新疆）→阿拉山口→多斯特克（哈）→阿克斗卡（哈）→阿拉木图（哈）/比什凯克（吉）/塔什干（乌）（中亚地区）	4000	6—8
22	"南京—中亚"西行班列	南京北	南京北→徐州（江苏）→商丘（河南）→郑州（河南）→西安（陕西）→兰州（甘肃）→乌鲁木齐（新疆）→阿拉山口→多斯特克（哈）→阿克斗卡（哈）→阿拉木图（哈）/比什凯克（吉）/塔什干（乌）（中亚地区）	4200	7—10
23	石河子班列	石河子天业专用线（新）	石河子天业专用线（新疆）→奎屯（新疆）→阿拉山口→多斯特克(哈)→阿克斗卡（哈）→阿斯塔纳（哈）→彼得罗巴甫洛夫斯克（俄）→库尔干（俄）→车里雅宾斯克州南乌拉尔斯克物流园区（俄）	2400	4—6
24	"连云港—中亚"班列	连云港（江苏）	连云港→徐州（江苏）→商丘（河南）→郑州（河南）→西安（陕西）→兰州（甘肃）→乌鲁木齐（新疆）→阿拉山口→多斯特克（哈）→阿克斗卡（哈）→阿拉木图（哈）/比什凯克（吉）/塔什干（乌）（中亚地区）	5000	7—10
25	"鲁新欧青州号"西行班列	青州港天物流园（山东潍坊）	青州港天物流园（山东潍坊）→济南（山东）→商丘（河南）→郑州（河南）→西安（陕西）→兰州（甘肃）→乌鲁木齐（新疆）→阿拉山口→多斯特克（哈）→阿克斗卡(哈)→阿拉木图（哈）	4900	6—8
26	"滨新欧滨州号"西行班列	博兴县经济开发区的京博铁路物流园（山东滨州）	博兴县经济开发区的京博铁路物流园（山东滨州）→济南（山东）→商丘（河南）→郑州（河南）→西安（陕西）→兰州（甘肃）→乌鲁木齐（新疆）→阿拉山口→多斯特克（哈）→阿克斗卡（哈）→阿拉木图（哈）→钦格利迪（哈）→塔什干（乌）	5630	8—10

续表

序号	班列名称	始发地	运行路线	运行里程（公里）	运行时间（天）
27	"义乌—德黑兰"班列	义乌（浙江）	义乌（浙江）→合肥（安徽）→信阳（河南）→商洛（陕西）→西安（陕西）→兰州（甘肃）→乌鲁木齐（新疆）→阿拉山口→多斯特克（哈）→阿克斗卡（哈）→阿拉木图（哈）→钦格利迪（哈）→塔什干（乌）→撒马尔罕（乌）→土库曼纳巴特（土）→萨拉赫斯（伊朗）→德黑兰（伊朗）	10399	14—16
28	"南通—阿富汗·海拉顿"班列	南通铁路货运东站（江苏）	南通（江苏）→南京（江苏）→徐州（江苏）→商丘（河南）→郑州（河南）→西安（陕西）→兰州（甘肃）→乌鲁木齐（新疆）→阿拉山口→多斯特克（哈）→阿克斗卡（哈）→阿拉木图（哈）→钦格利迪（哈）→塔什干（乌）→撒马尔罕（乌）→铁尔梅兹（乌）→海拉顿（阿富汗）	7300	11—13
29	"义乌—阿富汗"班列	义乌（浙江）	义乌（浙江）→合肥（安徽）→信阳（河南）→商洛（陕西）→西安（陕西）→兰州（甘肃）→乌鲁木齐（新疆）→阿拉山口→多斯特克（哈）→阿克斗卡（哈）→阿拉木图（哈）→钦格利迪（哈）→塔什干（乌）→撒马尔罕（乌）→铁尔梅兹（乌）→马扎里沙里夫（阿富汗）	7500	15
30	"丝绸之路"班列	阿拉山口市（新疆）	阿拉山口（新疆）→多斯特克（哈）→阿克斗卡（哈）→阿拉木图（哈）→钦格利迪（哈）→塔什干（乌）	1800	9—11
31	"青海—比利时"中欧班列	西宁双寨物流中心（青海）	西宁双寨物流中心（青海）→兰州（甘肃）→乌鲁木齐（新疆）→阿拉山口→多斯特克（哈）→阿斯塔纳（哈）→彼得罗巴甫洛夫斯克（俄）→叶卡捷琳堡（俄）→莫斯科（俄）→明斯克（白俄）→布列斯特（白俄）→华沙（波兰）→马拉舍维奇（波兰）→杜伊斯堡（德）→安特卫普（比利时）	9838	12

序号	班列名称	始发地	运行路线	运行里程（公里）	运行时间（天）
32	"包头—中亚"西行班列	包头西站（内蒙古）	包头西站（内蒙古）→银川（宁夏）→武威（甘肃）→乌鲁木齐（新疆）→阿拉山口→多斯特克（哈）→阿克斗卡（哈）→阿拉木图（哈）/比什凯克（吉）/塔什干（乌）（中亚地区）	4332	8
33	兰州—明斯克货运专列	马家坪站或中川北站（甘肃兰州）	马家坪站或中川北站（甘肃）→乌鲁木齐（新疆）→阿拉山口→多斯特克（哈）→阿克斗卡（哈）→阿斯塔纳（哈）→彼得罗巴甫洛夫斯克（俄）→叶卡捷琳堡（俄）→莫斯科（俄）→明斯克（白俄，中白工业园）	7200	10
34	"白银—中亚"西行班列	白银站（甘肃白银市）	白银站（甘肃白银市）→兰州（甘肃）→乌鲁木齐（新疆）→阿拉山口→多斯特克(哈)→阿克斗卡(哈)→阿拉木图/奇姆肯特等	2700	5
35	西安—莫斯科中欧班列	西安新筑站（陕西）	西安新筑站（陕西）→兰州（甘肃）→乌鲁木齐（新疆）→阿拉山口→多斯特克（哈）→阿斯塔纳（哈）→彼得罗巴甫洛夫斯克（俄）→莫斯科（俄）	7423	11
36	义乌—伦敦中欧班列	义乌西站（浙江）	义乌西站（浙江）→合肥（安徽）→信阳（河南）→商洛（陕西）→西安（陕西）→兰州（甘肃）→乌鲁木齐（新疆）→阿拉山口→多斯特克（哈）→阿克斗卡（哈）→阿斯塔纳（哈）→托博尔（俄）→奇什梅（俄）→乌里扬诺夫斯克（俄）→萨兰斯克（俄）→莫斯科（俄）→明斯克（白俄）→布列斯特（白俄）→华沙（波兰）→柏林（德）→汉诺威（德）→阿姆斯特丹（荷）→布鲁塞尔（比利时）→里尔（法）→加来（法）→多弗尔（英）→伦敦（英）	12000	18

序号	班列名称	始发地	运行路线	运行里程（公里）	运行时间（天）
37	乌兰察布—阿拉木图中亚班列	七苏木站（内蒙古乌兰察布市）	七苏木站（内蒙古乌兰察布市）→呼和浩特(内蒙古)→包头（内蒙古）→银川（宁夏）→武威（甘肃）→乌鲁木齐（新疆）→阿拉山口→多斯特克（哈）→阿克斗卡（哈）→阿拉木图（哈）	4532	8

三、几点建议

第一，建议将阿拉山口升级为经济特区，并开展"一带一路"口岸以及中欧班列的先行先试。2010 年 5 月，中央新疆工作座谈会将喀什、霍尔果斯两座西北边陲小城定为经济特区，在税收、人才等方面享受诸多优惠政策。阿拉山口市成立于 2012 年，但发展很快，特别是其中欧班列优势凸显，但诸多政策缺口限制了其进一步发展，招商引资特别是集聚人才十分困难。故此，建议将阿拉山口升级为新疆第三个经济特区，条件成熟时或可考虑将阿拉山口定为国家"一带一路"先行先试实验区。

第二，在资源能源运输以及通道建设的同时，加大金融改革与话语权建设力度。阿拉山口口岸多年来一直是我国进口哈萨克斯坦、俄罗斯石油的重要通道。截至目前已累计进口石油产品 11262 万吨，其中中哈石油管道 9830 万吨，铁路运输 1432 万吨。未来，需要加强以油气为核心的保税仓储物流加工产业聚集区，形成能源资源合作上下游一体化产业链。同时，需要积极探索石油等大宗资源能源交易中心与配套的人民币结算机制。长期以来，中国等发展中国家既是大宗商品的卖方，也是买方，但欧美市场却操纵了多种大宗商品价格，赚取了巨额金融利润。因此，在"一带一路"建设中，要在金融、价格、标准、话语权等方面发力。

第三，谋划跟进重大项目，加快机场口岸、高铁项目建设，提升流动性与便利性。建议将博乐机场升级为国际机场，构建铁路、公路、航空、管道、网络"五位一体"的国际运输格局，特别是高铁建设需适时推进。

第四，提升人气，不断提升旅游品质。2009 年 3 月，阿拉山口正式开通边民互市贸易，哈国公民享受一日免签旅游，可在阿拉山口边民互市贸易区购买服装、食品、小商品等。未来仍应充分打造"边境旅游品牌"，挖掘边疆文化、红色文化、丝路文化，建设较为完善的旅游产业体系。要大力推动建立中哈跨境旅游合作区或边境旅游试验区。充分整合中哈两国旅游资源，利用阿拉山口口岸以北 12 公里处是哈国多斯特克口岸，30 公里处是旅游观光胜地——阿拉湖，异国风情、旅游购物对中国游客极具吸引力，很多到阿拉山口的国内游客十分向往过境到多斯特克口岸和阿拉湖游览观光。以 2017 年哈萨克斯坦阿斯塔纳举办世博会为契机，积极争取外国人口岸签证、哈国公民入境"三日免签"和中国公民免签证赴哈旅游等政策，推动跨境旅游加快发展。

第五，举办"丝路口岸城市"论坛，提升阿拉山口等丝路口岸城市的国际知名度。目前，国内很多口岸的建设起点较低，各自为战，有效沟通、共享信息不足。甚至，中欧班列企业存在杀价、诋毁等恶性竞争的情况。在论坛期间，邀请口岸城市以及中欧班列企业与会，互通有无，交流经验，通过具体问题的讨论共享知识，共推标准，真正实现中国海关与沿线国家海关"监管互认、执法互助、信息互换"。在论坛期间，积极邀请国外沿线口岸城市与企业参会，真正体现"一带一路"的开放性、国际化以及服务对接、标准对接、智慧对接的导向。

第六，扩大口岸的进口品类和来源。调研中发现，通过阿拉山口口岸进口的货物主要为中亚国家的油气、金属矿石、农副产品、木材、皮革等，其中大部分是来自于毗邻的哈国，约占到进口总量的 80% 以上。货品较为单一是"痛点"，建议积极将进口货物的视野扩大到中东欧以及西欧地区，由此吸引致力于开拓中东欧以及西欧市场的企业进驻。其实，国内诸多口岸基本上是"挨着谁，就跟随合作"，邻居有什么就进口什么。但真正的"一带一路"思维，应整合全球资源，消费者需要什么就进口什么。

第七，加强中欧班列的标准化与品牌化建设。目前，中欧班列缺乏统一的认定标准，造成报道口径不一致，数据统计不准确的问题。中欧班列的品牌标识在部分集装箱上有喷涂，但大多实际运营的班列仍是"五花八门""五颜六色"。口岸海关按照铁路部门的统一品牌标识作为标准来判定中欧班列，上述情况导致实际工作中无法操作，服务成本加大。由于目前对哪些专列应该列入"中欧班列"范畴，给予通关便利，海关至今没有统一标准，使一线口岸海关的操作难度加大。而各级政府和各地海关都要求口岸海关给予通关便利，也给口岸海关工作带来巨大压力。因此，建议海关总署与铁路总公司尽快明确中欧班列的认定标准，以提高中欧班列的规范性与安全性。

第八，推动哈国口岸设施建设，充分体现"一带一路"的共商、共建、共享原则。国际货运班列在哈方境内运行时间久、距离长，尤其是在多斯特克站换装时间较长。同时，随着"一带一路"建设的推进，国际铁路大通道影响力将显著提升、业务量会大幅增加，对沿途的通关必然会提出更加迫切的现实需求。为扩大口岸通行能力，加强口岸联检合作，有必要加快阿拉山口至多斯特克铁路口岸基础设施建设，以保障中欧班列运行高效便利。

在调研期间，笔者遇到了十级大风以及震撼的"风吹雪"。这里虽然自然条件恶劣，但人们充满激情，身上热血沸腾，正谓"大风起兮云飞扬，'一带一路'兮通八方"。

"一带一路"需要什么样的中国城市①

　　丝路城市成功与否，不应单纯看经济增速高低。"一带一路"的目的是，将国际社会对中国城市的好奇，上升到由内而外的欣赏与认同。

　　旅游与文化产业是带动能力很强的综合产业，该产业的发展首先要找准突破口，要发挥以点带面的作用。其次，要有国际化视野和品牌意识。下面我将选取有特色且有过直接接触的三个案例作为分析对象，以推动相关丝路城市的深入思考。

重庆武隆：户外运动圣地

　　2014 年 3 月，重庆武隆县生态文明建设培训班在中央党校举办，来自重庆武隆的 62 名领导干部参加了此次培训。我作为授课

---

① 本文于 2015 年 5 月 14 日为英国《金融时报》中文网撰稿，以内蒙古乌海、新疆阿勒泰、重庆武隆为案例，指出"丝路城市成功与否，不应单纯看经济增速高低"。"一带一路"的目的是，将国际社会对中国城市的好奇，上升到由内而外的欣赏与认同。

老师开始接触这个有特色的中国城市。

中国不缺山水，很多城市都习惯于在山水上做文章，但由此导致旅游市场缺乏错位竞争的优势。重庆市武隆县则主要在山地户外运动上做文章。该县属于典型的喀斯特地貌，拥有世界自然遗产和国家 5A 级景区两张金字招牌。其山地户外运动公开赛把体育、文化、旅游、生态、环保等多层面的现代理念与雄奇秀美的湖光山色融为一体，成为国内唯一的国际山地户外体育运动 A 级赛事，是世界上影响力最强、规模最大、水平最高的三大山地户外运动赛事之一（其他两大赛事为"英国莱德加洛斯赛""澳大利亚艾科挑战赛"）。

武隆的旅游定位是清晰的，即打造"户外运动圣地"。一般而言，旅游有三个层次，第一个层次是观光游和购物游，第二个层次是休闲游和体验游，第三个层次是商务游和健康游。越高端的游客越喜欢"无雕琢"的自然环境，而 80 后、90 后甚至是 00 后，非常热衷于寻求挑战与刺激。为此，武隆的发力点就是要争取高端游客、争取年轻人，要通过越野跑、山地车、攀岩、皮划艇、漂流、溜索、滑翔伞等户外运动吸引国内外高端与年轻游客，打造中国户外旅游的国际品牌，带动中国健康产业与户外运动产业的良性发展。

当然，良好的品牌，除了自身定位之外，也要会宣传、会包装。《战国策·燕策》有一则"马价十倍"的故事，大意是：有个卖骏马的人，在集市上待了三天，却没有人知道他卖的马是骏马。他拜见相马的专家伯乐说："我有匹骏马想要卖掉它，连着三天站在市上，没有人来问过。希望您能围着我的马看一圈，离开的时候再回头恋恋不舍地望一眼，我将奉送给您一天的报酬。"次日，伯乐就走过去围着那匹马看一圈，离开的时候又回头望了一眼，于是这匹马的价钱翻了十倍。武隆非常擅于借力发力，在电影《满城尽带黄金甲》唯一外景地选取在该地后，武隆又成为《变形金刚 4》在中国大陆取景的唯一旅游景点。2014 年，《爸爸去哪儿 2》首站开拍地点也选在了重庆武隆县仙女山镇白果村一个叫作下石院的村庄拍摄。在一系列大动作之后，很多游客慕名而来，火了武隆旅游。

新疆阿勒泰：构建"全天候、全覆盖"旅游发展新格局

新疆阿勒泰的喀纳斯湖，被称作"人间净土"，很多人都想去看看，甚至有人说："不到阿勒特，人生极不完整"。但是，阿勒特旅游的主要瓶颈是季节性非常强，内地人在 7—9 月扎堆来、扎堆走，机票难买、旅店难住、景区超负荷，旅游体验普遍不好，高峰时间重点景区旅游人数常常超过极限容量，而且当地老百姓也只能赚跟农家乐有关的很低端的钱。为此，阿勒泰政府坚持"国际视野、世界精品"的发展定位，致力于打造"冰雪旅游"品牌，着力提升阿勒泰地区冬季冰雪旅游的知名度和影响力，将阿勒泰地区建设成为全国一流的体育冰雪项目训练比赛基地、大众冰雪旅游基地和全国重要的冬季旅游目的地，构建起阿勒泰"全天候，全覆盖"旅游发展新格局。

2012 年初，我见到阿勒泰地委书记刘剑，同他交流时有一句话印象深刻，即"雪是白色鸦片"。在冬季，欧洲的有钱人都奔赴阿尔卑斯山，北美的有钱人有奔赴美国的阿斯平小镇。刘剑书记要把阿勒特打造成为"东方的阿尔卑斯和阿斯平"，因为越是西方社

会精英就有"逐雪而居"的习惯，他们会把钱花在当地，而且属于生态友好型旅游模式。新疆阿勒泰属典型的温带大陆性寒冷气候，积雪时间长达200天左右，平均厚度1米以上，而且风力小、雪量大、雪质优，是一个可以穿单衣滑雪的冰雪胜地。特殊的自然环境和气候条件，为发展冬季冰雪旅游和滑雪运动提供了优越的条件。

对此，阿勒泰政府委托相关研究院所编制完成了《阿勒泰地区冬季旅游发展专项规划》《喀纳斯国际滑雪运动村规划》等，成功举办了"中国·新疆·阿勒泰国际冰雪节"、大众野雪邀请赛、全国成人和青少年高山滑雪赛、新疆大众滑雪积分赛等一系列冬季旅游节事活动。在产业上，加大招商引资力度，重点规划建设一批国际化的冰雪度假娱乐设施，不断完善基础设施和接待服务水平，着力打造具备举办国际一流冰雪活动的度假基地。

国际雪联组织的技术官员在考察阿勒泰雪场后评价说："这样具备天然优势的雪道，在欧洲都很难找到。这么好的雪道，既需要技术，又有一定的难度，对专业滑雪人士具有挑战。如果欧美国家的滑雪爱好者来到阿勒泰，会给他们一个颠覆性的感觉。"的确，"一带一路"旅游新格局对新疆而言，不仅要吸引内地游客，更要吸引欧美社会的高端游客。

内蒙古乌海：从"煤炭的颜色"到 "墨汁的颜色"

2011年11月，我受邀为内蒙古乌海市的领导干部作党的十七届六中全会精神辅导报告。我当时十分好奇，为什么西北那么偏远的城市如此重视文化建设。当时，我最难忘的一句话就是：这个城

「一带一路」需要什么样的中国城市

市要由原来的"挖煤"升级为"挖文化"。

乌海市是内蒙古自治区西部的新兴工业城市，人口 50 万，因煤而生所以叫"乌海"。乌海煤炭现有探明储量 24.4 亿吨，多为优质焦煤，占内蒙古自治区已探明焦煤储量的 60%，是国家重要的焦煤基地。今天，乌海市已经举办了六届"黄河明珠·中国乌海书法艺术节"、三届国际书法产业博览会。

2008 年乌海市被中国书协正式命名为"中国书法城"，乌海这座年轻的城市，正在以书法带动城市旅游与文化发展。原来，煤炭是这座城市的品牌，今天"翰墨飘香"为乌海打造了一张走向全国乃至全世界的城市名片。

2012 年 8 月，由中国书法家协会、中央数字电视书画频道、内蒙古乌海市联合举办的首届国际书法产业博览会暨第四届黄河明珠·中国乌海书法艺术节在乌海市隆重举行。来自日本、韩国、法国、匈牙利等 16 个国家的大使、参赞、著名艺术家、学者和国内 40 多个城市的著名书法家和各界人士参会。这次国际书法产业博览会面向全球征集书法作品 300 余幅，组委会从中选出 200 余幅，连同邀请的名家作品共计 600 幅，在国际书法艺术大展上进行了展览和拍卖，展拍的直接销售额近 2000 万元人民币。

书法这一中国古老的文化艺术，能在乌海这样一个建市仅 30 多年、50 万人口的工业城市得到广泛普及和快速提高，绝非偶然。乌海市曾经因煤而兴，但也因煤而困。上个世纪 90 年代之前，几乎每个家庭都有矿工，矿工升井之后，由于要释放压力，往往选择打牌、赌博、酗酒，整个城市乌烟瘴气、酒气熏天，很多人坚决地远离这个"文化沙漠"。为此，1994 年市政府作出了《关于创建书法城的决定》，当时有很多人认为让大家习练书法是"形式主义、走马观花"，但这个"走马观花"一走就是 20 年，已经发生了量变到质变的转化。乌海书法从最早的矿工书法陶冶，到工会、企业、民间书法组织的诞生，到乌海书法家协会的成立，到中国书画函授大学乌海分校的建立；从书法爱好者自己组建书法文化沙龙，到成立乌海书画院，到获得国家级书法城的美誉。以文化带动经济发展，成为这个黄河之滨资源型城市调整经济结构的一大亮点。

目前，全市共有中国书协会员 21 人，自治区书协会员 121 人，市级书协会员 1500 人，全市成人常年习书者 5000 多人，大、中、小学生习书者近 80000 人；书法作品在全国参展、获奖的数量占到内蒙古自治区参展、获奖总数的四分之一强。该城市未来的方向是，以国际书法产业博览会为契机，努力打造乌海市全国书法书画培训与教育、奇石观赏品鉴平台的建设。

今天，一些乌海书画名家的作品由几年前的百元升值到现在的几千元，甚至上万元；出现了经营书画艺术的中介机构，全市画廊、字画店、装裱店已发展到近百家；"家中无字画，不是乌海人"已成为乌海的一种社会风气。乌海市将书法城建设与发展旅游业结合起来，正在建造以书法文化特色为主体的书法名山——中华书法山公园，甚至街路两旁的路灯都被设计成了毛笔形状。

总之，丝路城市的成功与否不单纯看经济增长指数的高低，更重要的是看文化建设在社会发展中的含金量。经济与文化的联姻，是全球化时代的突出特征，也是丝路城市魅力的应有之义。

对此，中国丝路城市要做精致资源，要打造有品质、有品牌的旅游与文化产品，要展现中国城市的美好态度。2014 年底我去英国访问，从机场往爱丁堡走的时候，一位英国朋友指着我面前的一片城市建筑说："这是我们的新城，是 18 世纪的。"我以为是自己听错了，追问道："新城是 18 世纪的，老城是什么时候的？"对方淡淡且自豪地回答："老城是 14 世纪的。"这个时候我突然明白了一个道理：时间就是金钱，即要做经得起时间考验的伟大事业。

还有一次我去意大利访问，在罗马市中心广场有一个建筑，从外表看它显得破旧、杂乱，但听了介绍之后，敬仰之情油然而生。这个古老的建筑由三部分拼凑而成，下面的地基部分是 2000 年前古罗马的建筑，上面的主体部分是 1000 年前中世纪罗马的建筑，旁边的附属部分是 500 年前文艺复兴时期的罗马建筑。可见，一个建筑将 2000 年、1000 年、500 年巧妙地融合在一起，真正展现了一个国家和民族对历史与文化负责任的态度，这样的城市是永恒之城，每一块砖石都会呼吸，会有持久的吸引力。"一带一路"对中国而言，不仅是经济崛起的良好契机，更是中华民族文明性崛起的自我要求，其目的是要将国际社会对中国城市的好奇上升到由内而外的欣赏与认同。

江苏镇江——打造江河联动、文化经济并行的丝路城市①

2015 年 3 月 28 日，商务部、国家发改委、外交部联合发布了《推动共建丝绸之路经济带和 21 世纪海上丝绸之路的愿景与行动》，阐明了"一带一路"倡议的时代背景、共建原则、框架思路、合作重点、合作机制、中国政府为之做出的积极行动和中国各地的开放态势。不过，在文件公布的 18 个上榜省份中，并没有江苏。事实上，江苏拥有很多条件非常好的城市，比如，连云港作为丝绸之路经济带和 21 世纪海上丝绸之路的交会点，具有独特地理区位和资源优势；比如镇江，区位交通优势突出——镇江地处长江下游与中上游联系的核心区位、长江与京杭运河"十字"交汇点，是实现长江上下游、长江运河联动的重要区域。

其实，上不上榜并不重要，是不是"一带一路"城市关键要看

---

① 2016 年 8 月 28 日，由"一带一路"百人论坛、商务印书馆、北京语言大学、镇江市创业精英联合会联合主办的"一带一路"百人论坛第二届年会在江苏省镇江市举行，主题'"一带一路'双引擎：城市与企业"。此次年会吸引了来自全国 200 余名政府、企业、高校和智库的代表参加。作者是"一带一路"百人论坛的发起人和召集人，本文是作者的主旨发言。

其能否提供"一路一路"精品，即一个典型的丝路城市要有内容、有品牌、有品质、有人才、有人气。因此，对接"一带一路"重大战略机遇，就需要不断深化镇江市与"一带一路"沿线国家以及国内省区市的经贸合作与人文交流。笔者认为，镇江有条件成为打造江河联动、文化经济并行的"丝路城市"。

一、镇江思路：一国、一城、一企、一人

为对接"一带一路"，镇江准备开展"四个一"工程，即"一国、一城、一企、一人"：在"一带一路"沿线选择一些社会环境相对稳定的国家，每个国家优选一个与镇江经济互补性强或交往密切的城市，入驻一家镇江市龙头企业，精选一名"当地通"作为镇江市驻该国经贸代表。具体的内容是：在"一带一路"沿线，筛选出与镇江市结成友好城市或交往密切的国家城市名单，根据镇江市的产业结构和经济现状，以产业互补、产能合作为宗旨，确立具体合作国别和城市；以《镇江市前沿产业调研报告》和《镇江市新兴产业发展报告》为依据，评选出可列入"四个一"工程的镇江市龙头企业；借助市侨办、侨联、市工商联海外联络平台和江苏大学、市外国专家局国际交流平台，以精通当地语言、熟悉当地文化、掌握当地法律法规和在当地生活较长时间为标准，在"一带一路"沿线国家的相关企业里评选出"本土通"，聘请为镇江市经贸代表，引领和深化镇江市与当地的合作。上述思路，非常符合目前国家"一带一路"的基本定位，即找准"重点区域、重点国别、重点领域、重点项目"，在杠杆效应的国家做有辐射性质、示范意义的标志性项目。

二、构建全方位对外开放新格局

对接"一带一路",要稳步提升镇江与丝路沿线国家的经贸合作水平,增强镇江外向型经济的比重,构建全方位对外开放新格局。具体来说,镇江的思路和做法是:

(一)强化与"一带一路"相关国家的经贸合作

强化与"一带一路"相关国家的经贸合作,主要有四种模式:

第一,加强对丝路沿线国家的海外并购。鼓励镇江企业走出去并购,获取先进的生产技术以及运营管理经验。大亚、天工、飞达等重点企业,通过收购、兼并、控股等方式与境外企业合作,迅速建立起销售网络,融入销售主渠道,成为根植本土的跨国企业。例如,江苏天工集团 2004 年利用美国知名工具企业 UCT 公司全球出售股权的机会,投资 500 万美元,收购了 UCT 公司的全部股权,年出口美国达到 2000 万美元,占领美国 50% 的工具市场。海外并购的目的,不仅仅是寻求市场份额,关键要获得企业升级所需的技术、资质。通过并购等方式获取先进技术、管理经验、优秀人才以及国际化思路,逐渐培育出一两家具有全球品牌价值的民营企业。

第二,在产品主营市场设立销售公司或办事处。鼓励企业真正"上路",近距离地接近丝路市场,把握丝路"痛点",迅速获取第一手的市场信息,掌握第一手的商业需求,从事面对面的售后服务。目前,丹阳华昌钻石工具公司、哈特工具公司、正大钻石工具公司等企业，已分别在德国、美国、印度等地区设立了销售网点。

第三，直接在丝路沿线国家投资建厂。在境外开展加工贸易，把生产、销售的主要战场放到国外。鼓励出口企业完善价值链，加快在沿线国家布局研发、设计、营销和售后服务网络。例如，丹阳柏盛服装公司在柬埔寨投资200万美元成立利昌盛（柬埔寨）有限公司，直接生产销售各类服装，不仅节约了成本，占领了本地市场，又可以享受到东道国的优惠待遇。

第四，着力扩大对于沿线国家的服务贸易规模。提升国际服务外包业务能力，拓展服务外包新领域，支持以研发外包为核心的KPO业务，推动企业发展"众包"等新模式。打造跨境电子商务载体，建设跨境贸易电子商务孵化基地和产业园，引进和培育一批骨干企业，做大跨境电子商务规模。加大服务外包培训基地建设和人才培养力度，争取新加坡、以色列等发达国家的服务外包业务，招引沿线国家知名外包企业落户。

（二）"走出去"与"引进来"并重

"走出去"与"引进来"的双向开放向纵深发展是历史趋势，也是中国经济健康发展的必然要求。其中，加快"走出去"步伐以及加大"引进来"力度，目的是增强企业国际化经营能力，培育一批世界水平的跨国公司。

第一，加快企业"走出去"步伐。积极实施"走出去"战略，全面扩大对外开放，需要提升与"一带一路"沿线国家和地区合作水平，加强经贸往来，提升产业国际竞争力。

镇江应积极利用中国东盟自贸区、中澳自贸区、中韩自贸区、中瑞自贸区政策，深度开拓东南亚、澳大利亚、东北亚、欧洲市场，重点开拓俄罗斯、新加坡、澳大利亚、韩国、德国、瑞士等辐射带动能力强的国家。具体做法有：

1. 引导优势产业在"一带一路"沿线国家布局，带动相关设备和产品出口。大力推进镇江市船舶、光伏、轻工、化工、电子、建材等优势产业加大对"一带一路"沿线国家的投资，以规避美国、欧盟针对中国的光伏、钢铁紧固件和轻工纺织等产品征收惩罚性的反倾销关税和《贸易技术壁垒协议》中的"绿色技术壁垒"。例如，大亚集团为规避欧洲和美国市场对中国产品的反倾销政策，2011年在美国收购了著名的家居建材零售商 Homelegend 公司 50% 的股权，在德国成立圣象控股（欧洲）有限公司，大大提高了圣象品牌地板在欧洲和美洲的销售额。又如中电电气在土耳其设立投资公司后，成功避免了欧盟光伏产品"双反"问题。

2. 在重点国别、优先领域、关键项目上培育一批龙头企业和"走出去"联盟，形成辐射效应和示范带动作用。以镇江船厂、东方电热、恒宝股份在新加坡投资企业为主，鼓励其以新加坡为基地深耕东南亚船舶销售、电气销售等贸易市场。以中电电气、稳润光电、天工工具在土耳其投资为契机，成立西亚北非镇江企业商会，在西亚和北非进一步扩大光伏器件、电子配件、电动工具的生产规模。以建工集团、德丽斯特半导体和天工工具在俄罗斯投资项目为载体，大力拓展独联体和中东欧国家的建筑材料、钢铁模具的销售市场。培育沪运制版、省交通工程公司和镇江国际公司等骨干企业成为市级本土跨国企业。

3. 鼓励镇江工程企业对接央企"航母"，"借船出海"。一是发挥镇江市工程承包企业在公路、码头、电力建设、水泥厂、园林景观等诸多领域的优势，在"一带一路"沿线国家承接相关基础设施的建设。二是支持镇江市龙头企业加强与具备总成套、总承包能力的大型企业开展战略合作，提供施工建设、装备供应、运营维护等相关配套服务。三是以镇江市电建三公司对接中国原子能对外工程有限公司获得巴基斯坦电站建设项目、中交二航三公司对接华电集团获得越南永新电厂工程项目为基础，加强市工程企业同央企的对接，促进镇江市工程企业积极参与"一带一路"沿线国家基础设施的互联互通建设。从长远来说，要鼓励企业逐渐由基建向运营与管理等高端业务上拓展，推动镇江企业由分包商稳步向总包商推进，积极向下游产业链延伸，采用 BOT、PPP、EPC 等形式，促进对外工程承包和对外投资并向发展，同时带动设备、产品、服务出口，扩大镇江企业的国际品牌影响力。

4. 支持有实力的企业探索建设境外产业园区，鼓励镇江企业"抱团出海"。支持镇江市船舶、化工、航天、建材、食品、金属加工等传统优势产业开展境外投资合作，建设境外产业园区。鼓励有意愿、有能力、有社会信用的企业参与投资、建设和管理境外产业园区。一是在取得成功实践的基础上，优选目标，开展镇江市与"一带一路"沿线国家生态（农业）园区合作。二是在中电光伏土耳其电池片厂和组件厂已投产的基础上，帮助中电电气打造土耳其光伏产业园。三是抢抓《中韩自贸协定》机遇，推动中电电气韩国项目，引导本地及周边城市关联企业在韩国形成产业集聚区。

第二，加大企业"引进来"力度。精准对接"一带一路"，对中国城市和企业而言，首先需要想明白两个问题：第一，它们要卖什么（产品、技术、服务、标准、话语权），卖给谁（国家和地区）？第二，它们要买什么（产品、技术、服务、标准、话语权），从哪里买（国家和地区）？

鼓励镇江企业利用沿线国家和地区丰富的自然资源、矿产资源、人力资源，扩大来自中亚、西亚、东盟、南亚等国家的油气、矿产、农产品以及加工生产半成品和成品进口。积极争创国家级进口基地，帮助企业全力争取国家进口贴息、进口信贷、进口资质和配额等支持，鼓励重点生产企业加大对先进技术、先进装备、关键零部件的进口，鼓励外贸流通企业适度增加消费品进口。同时，支持镇江市企业在沿线国家稳步开展产品初加工、深加工和技术研发，提高资源就地加工比例。同时发展沿线国家的特色商品的进口，在印度红茶、以色列葡萄酒、捷克水晶、越南工艺品的进口上有突破。引导企业扩大自主品牌、自主知识产权产品出口。对企业在"一带一路"国家注册商标，提高注册费用补贴标准。对"一带一路"沿线国家在镇江市投资的企业，提高服务水平争取增资扩股和"以外引外"。在上述过程中，"走出去"与"引进来"实现了有效互动。

"引进来"的重要一环是加强境内对外开放平台的品牌建设。镇江深入推进中瑞镇江生态产业园和中意农业创新示范园建设，确定目标企业并打造首批示范项目，力争建成中瑞自贸示范区和中意经贸文化合作示范区。同时，积极推进海峡两岸新材料产业示范区等对外开放平台新项目建设。

其中，中瑞镇江生态产业园，占地 20 平方公里，分创新研发区、生态产业区、低碳生活区和健康休闲区四大功能区。目前，一期已正式开园。中意农业创新示范园，规划核心区 10 平方公里，双方将按照"三中心""三基地"，即农业科技创新中心、绿色食品科技中心、综合农业工程中心、花卉蔬果粮油基地、农业旅游观光基地、健康养老服务基地，在农业技术研发、食品安全、农业种植、农产品精深加工、农产品物流贸易、农业生态旅游、老年保健等方面开展全面国际合作。目前，该项目已正式签约。

需要强调的是，有远见的政府和企业，不仅要引资、引企业，更要引智，要充分体现"借智发展"。2011年，江苏沃得机电集团在美国内布拉斯加州投资9000万美元，收购了美国昂科制造有限公司，成立沃得草坪机公司，不仅获得了巨大市场，年销售额超过1亿美元，而且得到强大技术支撑，每年将国内技术人员派往美国公司与国外技术人员共同开发设计新产品，大大提高了企业技术能力。江苏恒神纤维材料有限公司为吸引国外先进人才及技术，支撑国内碳纤维及其产品开发，在英国设立了研发型境外投资企业，目前已有10余名国际一流的碳纤维材料应用专家在恒神英国公司从事研发，为企业大力发展碳纤维应用市场奠定了坚实基础。大全集团加强与ABB、施耐德等国际著名电气公司进行技术合作，并与德国西门子、美国伊顿、瑞士赛雪龙、丹麦安凯特等成立合资企业，并在北美、欧洲、中东、非洲建立20多家分支机构，全球雇员已达1万多人。

（三）不断夯实城市、教育、医疗、体育、科技等人文交流

深化友好城市结好工作。充分发挥"一带一路"沿线国家现有友好城市作用，巩固和发展镇江市与德国曼海姆市、俄罗斯斯塔夫罗波尔市、土耳其伊兹米特市等友好城市关系，积极争取和推进镇江市与马来西亚古晋南市、丹阳市与俄罗斯电钢市、句容市与俄罗斯米开依洛夫斯科市缔结友好城市关系。丰富友城交流内容，深化友城合作成果，形成友城集聚反应和互动效应，促进镇江能够更顺畅参与"一带一路"建设。

积极推进教育、医疗、体育交流合作。以江苏大学与日本三重大学、泰国清迈大学开展的"三国三校"合作为重点,与"一带一路"沿线国家建立国际学术交流机制,推动江苏大学、江苏科技大学与沿线国家建立职业培训学校和研发机构,以教育带动扩大开放和加快"走出去"步伐。深化与巴基斯坦、印度等国在医疗等领域的交流合作。发挥镇江市作为全国乒乓球重点城市、全国象棋之乡等品牌优势,促进"一带一路"沿线青少年体育交流,积极推动国际重大体育赛事落户镇江。

深入推动科技与创新合作。结合镇江产业转型需要,与具有学科优势的国内外著名高校院所建成全面合作关系,构建产学研协同创新平台,适时推动江苏教育、科技、创新"走出去"步伐。

精心打造镇江文化的国际知名品牌。扩大《白蛇传》等地域文化的影响力。积极发挥镇江博物馆、镇江民间文化艺术馆在考古研究、文物修复、文物展览、民俗文化研究等方面的优势。鼓励社会演出团体、民间组织、民营企业及个人从事对外文化交流,扩大商业性展演、展映和文化产品销售(云南文投的柬埔寨项目《吴哥的微笑》可以借鉴)。重点扶持具有镇江本土特色的文化艺术、演出展览、出版物、音乐舞蹈和杂技等产品和服务的出口,支持动漫游戏、电子出版物等新兴文化产品进入国际市场,发挥国有文化企业在对外文化贸易中的作用,形成一批具有竞争优势的品牌文化企业和企业集团。

三、总结以及相关建议

镇江有资源,但实现资源的产业化、国际化还有很长的路要走，特别是关键的几步要走好。其中，核心工作是要实现文化经济联动，发挥镇江对接"一带一路"的后发优势，在"文化丝路""绿色丝路"上率先突围，且要成为国内"一带一路"思路、人才的聚集地、优质企业与项目的孵化器。

（一）增强镇江整合国内以及国际资源的能力

进一步增强"走出去"与"引进来"的双向互动，提升镇江城市、港口、园区的开放功能，增强镇江对接国内、国际城市的充分流动性。对外加强与沿线国家的经贸合作与人文交流，对内强化与中西部重点丝路省份的互联互通。

在物理上，突出港口特色，打造区域物流中心。在思路上，要充分激活，不仅冲着沿线，也不要忘记故人和家乡。中国西部是生态环境脆弱区、民族宗教关系复杂区、能源资源集聚区，相关省份希望从改革开放的末梢变成新时期对外开放的前沿。这片热土有充分的开放开发意愿和潜力，镇江在支持中西部经济腾飞的过程中也可以促进自身实现跨越式发展。

镇江要有效利用对口支援新疆四师的有利条件，积极参与国家级霍尔果斯经济开发区兵团分区建设，发展商贸物流、矿产、农产品资源精深加工等重点业态和项目，使之成为服务镇江对接中国西北以及中亚、俄罗斯市场的"一带一路"飞地，以增强同中国西北省份以及中亚和俄罗斯经贸往来的便利性。同时，要充分利用新疆亚欧博览会、广西中国东盟博览会、宁夏中阿博览会、生态文明贵阳国际论坛、海南博鳌亚洲论坛等平台，鼓励本市企业赴相关丝路重点省份投资特色农产品加工、矿产资源深加工、建材生产、小商品出口等外向型经济。

（二）丝路定位要有特色：强化 "文化丝路""绿色丝路"品牌

能源、资源总是越挖越少，但文化、生态资源则是越挖越多。未来，"一带一路"的风口效应必然是从功能定位走向人文定位。在这一进程中，镇江有优势，但要提早谋划。积极探索文化类企业、服务类项目在"一带一路"投资的可行性，激活"文化＋生态＋丝路"的潜力与活力，在文化创意、文化旅游、文化地产、生态养身等方面做出样板工程。

"文化丝路"，既要展现中国城市的文化底蕴、核心价值、人文情怀，也要聚化"一带一路"的文化品牌项目。通过具体项目的打造，使镇江成为"一带一路"的重要旅游目的地城市。建议引进国内外文化地产企业，开发丝路体验与互动性的大型主题公园，大力发展邮轮经济，提升镇江的国际美誉度与人气。

进一步加强东南亚等传统客源国的旅游宣传推广工作，逐渐增强对欧美、日韩等丝路重点区域的宣传针对性。其中，大力开发海外旅游市场，围绕"赛珍珠系列旅游产品"对接欧美市场。赛珍珠故居是美国作家赛珍珠（Pearl S.Buck）19 世纪末到 20 世纪初时在江苏省镇江的故居，位于润州山路 6 号。赛珍珠是以中文为母语之一的美国女作家。1973 年 3 月 26 日，美国前总统尼克松在赛珍珠葬礼的悼词中称她是"一座沟通东西方文明的人桥"，"一位伟大的艺术家，一位敏感的富于同情心的人"。1998 年美国前总统布什访问中国时告诉中国朋友："我当初对中国的了解，以至后来对中国产生爱慕之情，就是赛珍珠的影响，是从读她的小说开始的。"

赛珍珠才华横溢，一生创作了 115 部作品，是世界上最多产的作家之一，1938 年获诺贝尔文学奖，获奖理由是"对中国农民生活史诗般的描述"，得奖作品有《大地三部曲》《异邦客》《东风西风》等，主要描写 20 世纪 30 年代中国人的生活。

其次，围绕"大韩民国临时政府资源"对接日韩市场：1919 年，韩国被日本吞并，成为日本附属国，大批进步青年和爱国志士流亡海外，其中以中国居多。大韩民国临时政府于 1919 年 4 月在上海正式成立。从成立到日本投降后回国，临时政府驻中国长达 26 年之久。在这 26 年间，大韩民国临时政府曾秘密迁至镇江，并在镇江活动整整两年，即 1935 年 11 月上旬到 1937 年 11 月下旬。

2014 年 2 月，镇江大韩民国临时政府史料陈列馆正式开馆，并接待了首批来自韩国益山市和韩国驻上海总领事馆的 81 位客人。对韩国人而言，重访这些地方，就相当于回顾一场韩国人的"红色之旅"。临时政府史料陈列馆，已成为镇江继赛珍珠纪念馆后第二个和国际交流的窗口。

现在很多韩国人都知道南京、杭州，对镇江却并不熟悉。但当韩国朋友真的来到镇江之后，才发现镇江不仅有着悠久的历史文化，本身也是一座与韩国有深厚渊源的城市，如果韩国人来得多了，韩国企业也就来得多了。

最后，要围绕"文化旅游资源"对接港澳台和东南亚市场。

"绿色丝路"，即要促进丝路沿线的生态文明与治理理念的交流合作，打造"一带一路"的生态典范城市。积极加强与"一带一路"沿线国家城市及国内相关城市在生态文明、能源环保、智慧城市、低碳城市建设、治理现代化等领域的交流合作，实现生态文明区域协同发展，打造"一带一路"建设的"生态云"。

建议加强中医药资源国际推广在镇江的试点工作。中医药是中华民族最宝贵的文化财富，但中医药的国际化是"痛点"。镇江可以结合中医药资源，积极开拓养身清心、健康管理、银发经济等产业，打造国内一流的中医药养生休闲基地。主要项目可以包括中医药文化主题公园、中医药主题酒店、中医药绿色种植园、中医药国际化发展研究所、中西医高端诊断中心、中医药康护养老中心等。

总之，"一带一路"定位不需要大而全，关键要有特色，而且要落到实处，人们可见、可闻、可思、可分享，用说服中国人自己的精品案例去说服丝路沿线的民众与企业。

（三）加强"一带一路"的智力支持

有思路才有丝路。建议聘请"一带一路"专家以及成功的"一带一路"企业家作为镇江市的决策咨询顾问，一是建立专家库、企业资源库；二是请专家定期为全市领导干部、企业家讲授"一带一路"的最新进展以及分享"一带一路"的实践经验，重点讲解国家有关"一带一路"的宏观政策以及企业在海外实践的成功经验和失败教训；三做好"一带一路"名师计划，请成功的企业家以及专家手把手地指导、把脉已出去、刚出去和想出去镇江企业，以使企业家实实在在获得"一带一路"的经济红利和知识红利；四是建议筹备"镇江市丝路企业商会"，推动相关中小企业组成联合体，为企业可持续对接"一带一路"机遇搭建务实平台。在此，"一带一路"百人论坛愿意提供智力支持。

最后需要强调的是，"一带一路"城市必须要善于借力，从"他山之石"身上不断提升危机意识、学习能力。一方面，建议镇江加强与重庆、二连浩特等"一带一路"节点城市的交流互动，深入调研"一带一路"成功案例中的可复制经验；另一方面，也要与南京、无锡、连云港等省内城市加强联动，形成合力。比如，作为中国民营企业对接"一带一路"的先行者，无锡红豆集团投建西哈努克港经济特区的经验，就值得学习。

新疆、陕西、甘肃在"一带一路"
建设中的比较优势与相关建议 ①

中国西北五省区，即陕西、宁夏、青海、甘肃、新疆，是丝绸之路经济带建设的前沿地区。在制定发展规划时，这些省份既要突出各自的比较优势，又要注重区域协调，避免不必要的恶性竞争和低水平重复。目前，新疆、陕西、甘肃三省区发力较早，下文将重点分析这三个省区的比较优势和未来规划。

新疆、陕西、甘肃的比较优势

新疆的比较优势有六点：（1）区位优势：新疆临近中亚，在其 5600 多公里的漫长边界线上，与 8 个国家接壤，拥有 17 个对外开放一类口岸。（2）资源优势：新疆是我国能源资源的战略基地。（3）政策优势：新疆作为西部大开发的重点，新一轮 19 省市对口支援，在经济社会发展的方方面面都享受了国家的倾斜政策和

---

① 本文发表于 2015 年第 3 期的《西部大开发》。

照顾，拥有财税、金融、土地、产业等诸多的优惠政策。（4）航空优势：目前，新疆通航机场达到 22 个，成为全国支线机场数量最多的地区；国际航线可通土耳其、中亚五国、阿塞拜疆、俄罗斯、巴基斯坦、中东迪拜等。（5）平台优势：亚欧博览会。（6）人文优势：新疆与周边国家交往便利直接，宗教、民族习俗相近。

　　其中，新疆在历史、文化、宗教等方面与中亚国家有着天然的相似性和关联性，具有与其进行经贸往来的诸多优势和便利，如（1）便利的穆斯林礼拜环境。相比较而言，国内很多经济发达的地方不具备这一条件。例如，浙江义乌有很多穆斯林商人，当地政府也拨款为穆斯林商人租用和修建了礼拜场所，但数量有限而且没有清真寺。（2）完善的穆斯林教育环境。在义乌，有些穆斯林小孩在普通幼儿园就读，他们的父母中午还得专程给他们送清真午餐。但新疆拥有高质量的穆斯林教育环境。这为穆斯林商人留驻新疆解除了后顾之忧。（3）标准规范的清真饮食环境。清真饮食是穆斯林食用的、符合伊斯兰教饮食律例的食物统称。新疆有非常便利的清真饮食环境，这对来中国投资经营的国外穆斯林商人而言有极强的吸引力。

　　陕西的比较优势有五点：（1）金融优势：陕西围绕丝绸之路，建设五大中心，即金融中心、物流中心、使领馆中心、文化交流中心、商贸中心。其中，金融是重头。（2）旅游资源丰富：陕西资源品位高、存量大、种类多、文化积淀深厚，地上地下文物遗存极为丰富，被誉为"天然的历史博物馆"，对相关国家有极大的吸引力。（3）工业优势：陕西工业基础雄厚。（4）教科文优势：陕西拥有丰富的科研院校资源，能够吸引中亚国家精英阶层人士及其子女前来留学，把西安作为一个文化交流中心。（5）平台优势：欧亚经济论坛。

甘肃的比较优势有四点：（1）区位优势：丝绸之路全长近7000公里，在甘肃有1600多公里，是世界丝绸之路的精华路段。（2）旅游优势：著名景点如敦煌，"敦煌行·丝绸之路国际旅游节"品牌知名度越来越高，现已举办了三届。（3）交通优势：整个陇海线、兰新线是经济通道中国段的主轴，而兰州是主轴的中心节点城市。（4）平台优势：申请将兰洽会升格为"丝绸之路兰州国家贸易洽谈会"；筹办丝绸之路经济带向西开放（兰州）论坛。

新疆、陕西、甘肃的未来规划及相关建议

新疆的未来规划主要集中在：（1）产业建设上，加强纺织服装产业发展，努力完善纺织服装产业"三城七园一中心"的规划和建设。（2）加工制造业（特别是出口加工业）的升级换代。2012年，新疆的非石油工业增加值首次超过石油工业，显示出新疆经济在结构上正在发生一定调整。（3）谋划"新疆—中亚（上海合作组织）自贸区"建设。（4）铁路—公路—航空—信息—能源管道"五位一体"的立体网络建设。（5）准予中亚各国在乌鲁木齐设领事馆。

陕西的未来规划主要集中在：（1）呼吁国家设立丝绸之路经济带自由贸易区，并将围绕自贸区建设五大中心，即金融中心、物流中心、使领馆中心、文化交流中心、商贸中心。（2）西安作为承东启西的地方，可以成为能源交易、结算中心，甚至还可以做能源期货市场，围绕能源推动金融中心建设。（3）与中亚国家商谈设立产业园，为西安民企进入中亚创造条件。（4）在浐灞生态区设立中亚使馆区的方案已获外交部批复。

甘肃的未来规划主要集中在：（1）在兰州新区设立综合保税

区、设立国际港务区。(2)争取中西亚留学生教育项目在兰州布点。
(3)设立上合组织兰州代表处。(4)申请将兰洽会升级为丝绸之路
兰州国家贸易洽谈会。(5)争取丝路沿线国家在兰州设立领事馆或
商务机构。(6)筹办丝绸之路经济带向西开放(兰州)论坛。

对相关省份的总体建议是:丝绸之路经济带建设不仅要服务于
经济发展,更要立足于周边国家同我国政治关系更加友好、安全合
作更加深化、人文联系更加紧密。因此,要讲平等、重感情;常见
面,多走动;多做得人心、暖人心的事;要本着互惠互利的原则同
周边国家开展合作,编织更加紧密的共同利益网络。

对西北五省区而言,丝绸之路经济带的建设与发展是实现西北
地区整体跨越式发展的难得机遇。在经贸、人文等领域,这些省份
与中亚国家合作前景广阔,有很大的物理相似性——拥有丰富的能
源、大力发展旅游业并存在严重的水资源短缺等。因此,相关省份
可与上述国家在能源利用、节水技术、防沙治沙、旅游开发等方面
开展深度合作。此外,还可以在如下领域重点发力:

(1)建立丝绸之路经济带的全国教育研究与培训中心:为经贸
合作的可持续发展提供智力支持,并为全国从事丝绸之路经济带合
作的部门和人员提供语言翻译、信息保障和专业培训等服务。例
如,可率先在西安成立国家级"丝绸之路研究院",在乌鲁木齐成
立"中亚研究院",在宁夏成立"中阿研究院",并支持相关院所横
向开展学术合作以及联合培训等业务,等等。

(2)吸引中亚国家企业和工商会驻华代表处落户西北省会:其
功能主要是向中亚国家推荐西北企业和产品,为西北企业出访提供
邀请函,并提供介绍经贸合作伙伴等方面的服务。

(3)明确合作对象和引进重点:一方面,要积极引进国内外影
响力大的尤其是世界 500 强和国内 100 强企业总部或地区总部,特

别是吸引国内有意开拓丝绸之路市场的企业总部落户西北省会。另一方面，培养西北本土特色产业总部，大力培育龙头企业、特色产业，努力提升西北本土特色产业的竞争力和研发能力。

（4）除不断扩大农业和工业合作外，西北省份与中亚国家可逐步开拓战略性新兴产业合作，如新能源、新材料、电子信息产业、生物医药、节能环保、新兴服务业，尤其是生产性服务业，其中包括现代物流、金融、会展、文化创意等，这些产业也是资金乐于流向的地方。

（5）以金融业和服务业为突破口：应借鉴上海自贸试验区、深圳前海服务业试验区的经验，积极积累金融改革以及服务业改革的优秀做法，共同规划"丝绸之路自贸试验区"落户西北。推动成立"丝绸之路基础设施投资银行""欧亚银行"，前者侧重跨国高铁、高速公路、国际航空港建设，后者侧重于资源开发和产业发展等。

（6）推动西北五省区人才储备库建设：在高校学科建设上以及人才培养上开设相关专业，以培养专业人才。支持和鼓励大学生的海外留学项目，提升西北省份高校对中亚国家来华留学的整体吸引力，并与丝路沿线国家大学建立校际合作交流联系。需要强调的是，储备库的人才要打破地域限制，坚持"不求所有，但求所用"的理念，充分发挥各类人才的潜质和能力。

（7）联合打造中国"丝绸之路—国家形象"宣传片。各地外宣办应在自身定位准确、清晰的基础上，塑造完整的丝路形象，既要突出自身优势，更要强调地区规划的整体框架。而且，形象塑造不仅要展现人文山水、历史风光，更要展现中国城市的精神风貌，以细化国内外受众对中国梦的进一步理解和尊重。

总之，经贸发展以及丝路规划的目标是不断促进西北边疆民族地区的民族和睦与社会稳定。经贸合作是平台和途径，终极目的是西北五省区全体人民群众的发展和幸福。归根结底，经贸发展所需的市场和机遇主要在国内，而不是在国外，搭丝绸之路经贸合作的平台，最终目的是为相关省份争取国家优惠政策，吸引国内外投资，创造良好的经济社会发展环境，"不能为了发展而牺牲稳定"。

结　语

目前，美国高调"重返亚太"，对中国的海洋安全带来巨大压力，在此背景下，重视西向战略，重视丝绸之路经济带建设，不仅能够有效地进行战略缓冲，而且能够把握战略主动。总体原则是，要加强顶层设计，获得制度支持。把经济带建设纳入国家整体战略，统筹国内国际两个大局，即把国内段发展与国外段发展结合起来。必要时可以成立经济带办公室及跨国协调委员会。需要强调的是，中国应同俄罗斯等区域大国进行充分的政策协调以及信息沟通。中国的战略抱负不仅是经贸领域的合作共赢，更是安全领域的信任建立。在此过程中，应特别注意以下要点：

第一，生态脆弱，绝不能以牺牲生态环境为代价换取经济的一时发展。西部地区是生态环境脆弱区。在建设丝绸之路经济带时，既要实现工业化、城镇化、信息化、农业现代化等目标，更要重视生态环境保护和生态文明建设。因此，在经济带建设中，要充分保护和改善国内外共同拥有的自然环境，消除能源运输等经济因素造成的消极影响；严格避免引进国内外的淘汰落后产业，应因地制宜大力发展商务会展、商贸物流、旅游休闲等现代服务业。

第二，突破交通物流瓶颈，建成发达的辐射状经济区域。丝绸之路经济带首先是交通物流经济带，要以交通干线和综合运输通道作为发展主轴，在轴线上以大中城市为依托，以发达的产业特别是二三产业为主体，建成发达的辐射状经济区域。目前，中国连接中亚地区的交通运输基础条件差，物流成本高，是经济带建设的主要瓶颈。就产业而言，要进一步明确陕西、甘肃、新疆等省区的功能定位和产业发展方向，以省会城市为轴心，逐步建立各节点城市分工明确、功能互补、各具特色的现代产业体系和以促进丝绸之路经贸合作为目的的现代产业集群。

第三，补齐人才短板，加强具有国际视野的外向型人才培养。丝绸之路经济带涉及的省区主要是西部地区、边疆地区，人才总量相对不足，人才开发社会化、市场化的体制机制尚未完全形成，在人才培养与引进合作、人才信息与资源共享、人才自由流动等方面，还存在着体制机制性障碍。特别是外向型人才不足，人才国际性交往较少，访问学者和留学人员互派尚未形成规模，具有国际视野、了解国内外市场经济运行规律、熟悉国际规则和惯例并能参与国际竞争的高素质外向型人才严重缺乏。所以，经济带建设首先要补齐西部地区的人才短板。从某种意义上说，没有人才就没有推动"丝路"建设可持续发展的"思路"。

第四，民族宗教因素复杂，绝不能为了经济发展而影响社会稳定。中央实施西部大开发战略主要考虑两个方面的原因：其一是边疆因素，中国2.1万公里的陆地边界线大部分在西部，其二是民族宗教因素，因为西部地区集中了全国80%以上的少数民族。现实中，广大民族地区依然是中国最贫困落后的地区，国际反华势力极易利用这一点，推动中国民族问题的国际化。因此，不能"为合作而合作"，丝绸之路首先是一条和平与稳定之路。我们要未雨绸缪，对一些国际合作的负效应保持警惕，如非法移民、恐怖主义等问题。

"一带一路"：香港经济需要新方向 [1]

"一带一路"旨在推动沿线国家乃至世界各国合作共赢、共同发展，因此需要用事实说话，用实际项目、精品案例去说服沿线国家、企业和人民。因此，随着"一带一路"建设不断推进，打造标志性项目应成为当下的重点工作。

凤凰评论《高见》：随着内地经济的不断崛起，香港的经济地位似乎在日益边缘化，特别是在全球经济不景气的情况下，这座金融之都、贸易之都也似乎在逐渐褪色，转型也迫在眉睫。你如何看待香港经济未来转型？

赵磊：香港经济，其实不是被中央政府或者中国其他城市所边缘，目前的情况很大程度上还是自我边缘、自我孤立。但是，这个自我边缘、自我孤立也不是香港的主观行为，而是一种客观现实。为什么？

---

[1] 2016 年 6 月 22 日，凤凰评论《高见》栏目专访作者。一段时间以来，号称"亚洲国际都会"的香港，一直在为经济低迷寻找出路，特别是随着内地北京、上海、广州、东北部、中西部五大会展经济带的崛起，如何重振香港经济也成为焦点。作者指出，香港的国际化和影响力依然是其他国内城市难以超越的。但是这些优势，如果不孵化、不转换，特别是如果产生了"宠儿"的"优越感"，比较优势是不会成为竞争优势的。

首先，这是全球经济转型一个阶段，所以香港需要接受阵痛，任何经济都有成长周期，这个必须要承认。在经济下行趋势来临之时，寻求结构转型是未来重新崛起的突破口。

　　曾经内地需要香港的港口，香港的企业，香港的金融……借助香港桥梁，香港发挥了不少重要作用。但是，确实就目前来说，内地的城市也好，自贸区也好，已经到达了相当的水平，同样也具有不输于香港的区位优势，同时在地理位置、人口规模上更胜一筹，那么香港必然就不如以往那样受到大家关注了。

　　凤凰评论《高见》：经济问题是不是与民众始终未能取得社会文化等一致的认同有关系？

　　赵磊：我们从经济意义上来看，香港与内地在社会文化上的冲突确实也倒映到经济的运行中。比如说为什么投资少了、游客少了，购买力少了，当一个城市变得“不友好”“不包容”了，她的活力和动力自然会受到影响，这是香港每一个公民都必须要认真反思的问题。

　　凤凰评论《高见》：以往我们问的许多是中国经济转型向何处去，在中国全局视野下，香港作为曾经重要的桥梁，你认为，其经济转型向何处去？

　　赵磊：此前很长一段时间，香港都成为内地与世界的桥梁，有其格局和优势，现在香港其实依然可以借势内地开放的政策，比如说可以对接海上“一带一路”，对接东盟。这方面香港有无可比拟的优势。

　　具体说，从以往的金融角度看，香港是国际化企业总部的基地，也是一个中央国有企业走出去海外的第一站。那么东南亚有很多中国企业，在当地发展也发现很多商机和机遇，可是它们很容易遇到融资困难。而当地银行（大多是私人银行）不会也没有能力提

「一带一路」：香港经济需要新方向

供那么大规模资金的支持，而国有银行目前在这些国家的网点包括金融服务还是相对有限，所以中国企业需要资金支持，这个需求是硬需求。

就此，香港的金融服务优势就体现出来了，完全可以进一步拓展开来。今天的金融优势，最终还是跟着企业走的，跟着项目走的，东南亚依然有很大的金融需求，可以成为香港金融拓展的方向。只不过，原来香港金融做的都是大单、大客户，现在需要有一些调整，要做一些小单、小企业。其实，国内的几大行也好，互联网金融也好，都在往普惠的方向发展，香港的金融优势有进一步挖掘的空间。

凤凰评论《高见》：金融之外，贸易合作也是香港以往的区位标签，但是在珠三角、长三角等经济带兴起之后，香港的贸易合作优势也被认为被削弱。凤凰卫视董事局主席、行政总裁刘长乐近日就建言香港可以大力发展会展业。你怎么看？

赵磊：可以说，发展会展经济这是一个潮流，是"服务业占比上升"时代潮流的具体表现。服务业包括文化产业、金融服务业、教育培训等等，其中会展属于生产性服务业。会展经济要服务于贸易，要能够吸引人才、集聚人气。

香港现在到底缺什么？其实最终缺的就是，精英人群以及优质项目的流失。而会展经济能够弥补这个漏洞。会展经济带来的效应，第一个是收益的问题，这个不必多说。第二个是香港需要重新吸引人才、集聚人气。

但是，发展会展经济要注意很多问题，比如说，北京怀柔就是重点打造会展经济的，因为它依托于 APEC 峰会留下了诸多现代化会址，这些硬件极具优势，但是遗憾的是依然遇到瓶颈。虽然定位很精准，但是怀柔的会展经济并没有做得特别好，因为会展经济得有条件，要有现代产业支撑，要有服务配套，服务配套不仅指硬件，还包括软件在内。比如，服务人员的服务效率、开放水平、商业意识、国际化视野、品牌自觉，这些都十分重要。为什么香港很适合发展会展经济？因为香港完全具备以上这些特质，特别是国际化的优势。

凤凰评论《高见》：会展经济是否能成为香港经济的下一个新风口？

赵磊：这还需要进一步努力。会展经济的关键要素不单单只是开会，而是要把经济做活。

那么，如何做活？在会展结束以后一定要有项目落地，不是人来开会、吃饭、旅游就走了。中国内地有很多会展，但是项目落地很弱。香港的地理环境决定了很多项目在香港落地很难，甚至不需要在香港落地，但是可以发展"在香港办展、在内地落地或在'一带一路'沿线落地"的模式。通过会展经济，香港完全可以成为互联互通、产能合作、人文交流的孵化器、催化剂，换句话说，香港不一定非要去生产面包，但它可以提供面粉，或提供生产面包的机器。

凤凰评论《高见》：这个孵化器和以往的桥梁有什么不一样？

赵磊：以往的桥梁更多是通道作用，发挥的是物理反应，但孵化器、催化剂的作用意味着重在"资源整合与转化"，发挥的是化学反应，真正把香港经济与内地经济融为一体。

其实，在香港与内地的经济发展过程中，极其容易产生一种误解，比如说上海建自贸区、广东建自贸区是对香港的"排挤"或"替代"，这是一种错误的观点。

上海建自贸区，并不是要把上海建成下一个香港，而是要在上海自贸区内积累金融开放的经验，并将这个经验复制、推广到其中国城市。按照这个逻辑，天津自贸区的发力点是租赁、东北亚，福建自贸区的发力点是两岸经济，广东自贸区的发力点是海上丝绸之路建设，等等。可见，每个城市各自的工作重点是有针对性的。都不是为了让某个城市在金融上超过香港，都是一奶同胞，不会顾此失彼，手心手背都是肉。在全球化的今天，大家要发挥错位竞争优势，不存在主观上相互挤压的问题。

那么香港的传统优势是贸易、金融，但是在新的经济周期，香港的定位是什么？香港可复制、可推广的经验是什么？所以刘长乐提出一个建议就是会展经济，会展经济是一个方向，延伸下去就是要成为孵化器。

凤凰评论《高见》：就是通过孵化来利用香港那些潜在的优势。

赵磊：对，会展经济做到了第一步，就是把精英、把企业、把项目请到香港。那么第二步是什么？就是这些项目要进一步孵化，要精准地对接资源。但是，如果香港对内地没有了解的意愿和能力，对丝路沿线没有了解的意愿和能力，任何"高大上"的定位都是没有生命力的。

目前，香港的国际化和影响力依然是其他国内城市难以超越的。但是这些优势，如果不孵化、不转换，特别是如果产生了"宠儿"的"优越感"，比较优势是不会成为竞争优势的。

责任编辑：刘敬文
装帧设计：胡欣欣
责任校对：吕　飞

图书在版编目（CIP）数据

"一带一路"：一位中国学者的丝路观察／赵磊 著．—北京：
人民出版社，2019.1

ISBN 978－7－01－020315－7

I.①一… II.①赵… III.①"一带一路"－国际合作－研究
IV.① F125

中国版本图书馆 CIP 数据核字（2019）第 007514 号

"一带一路"：一位中国学者的丝路观察
YIDAIYILU YIWEI ZHONGGUO XUEZHE DE SILU GUANCHA

赵　磊　著

人 民 出 版 社 出版发行
（100706　北京市东城区隆福寺街 99 号）

北京汇林印务有限公司印刷　新华书店经销

2019 年 1 月第 1 版　2019 年 1 月北京第 1 次印刷
开本：710 毫米 ×1000 毫米 1/16　印张：20.75
字数：250 千字

ISBN 978－7－01－020315－7　定价：55.00 元

邮购地址 100706　北京市东城区隆福寺街 99 号
人民东方图书销售中心　电话（010）65250042　65289539